Complete Norwegian

For Tom, Annie, Billy and Edgar.

Teach Yourself®

Complete Norwegian

Margaretha Danbolt Simons

First published in Great Britain in 1993 by Hodder and Stoughton. An Hachette UK company.

This edition published in 2017 by John Murray Learning

Copyright © 1997, 2003, 2004, 2010, 2013, 2017 Margaretha Danbolt Simons

British Library Cataloguing in Publication Data: a catalogue record for this title is available from the British Library.

Library of Congress Catalog Card Number: on file.

9781444195040

3

Cover image © Johner Images/Alamy

Typeset by Cenveo® Publisher Services.

Printed and bound in Great Britain by CPI Group (UK) Ltd., Croydon, CR0 4YY.

John Murray Learning policy is to use papers that are natural, renewable and recyclable products and made from wood grown in sustainable forests. The logging and manufacturing processes are expected to conform to the environmental regulations of the country of origin.

Carmelite House
50 Victoria Embankment
London EC4Y 0DZ
www.hodder.co.uk

Contents

Acknowledgements

My greatest thanks are due to my very helpful and patient editor Sindith Kuster. I would also like to thank Karen Short from the University of Surrey and John Hart from Esher College. A big 'thank you' goes to my son, Nick, for all his work keeping my computer going. The encouragement of my family, William and Fiona, Steven and Pooh, Rebekka and Graeme and Nick and Rachel has, as always, been a great inspiration.

Meet the author

My first teaching job was at a small school in a remote area of North Norway. From the start I knew that I was going to love teaching.

I have been living in England now for a very long time, where I teach Norwegian at many levels: at the University of Surrey (Norwegian ab initio on the MA in Translation Studies), at Adult Learning evening classes, as well as privately, and my love of teaching is as strong as ever. The courses I've written for the Teach Yourself series (*Complete Norwegian* and *Speak Norwegian*) naturally reflect the way I teach.

My students at the University of Surrey have been linguists and translators who wanted another language.

My other students come from all walks of life, with various reasons for learning Norwegian. Some are would-be or frequent travellers, others want to live and work in Norway. Some have Norwegian spouses or grandchildren.

Every summer I stay in Norway for almost 3 months, catching up on new trends, slang expressions and literature. This also gives me the opportunity to bring back new material for my classes.

Complete Norwegian, now in its 5th edition, progresses from simple greetings to more advanced topics. The essential grammar is clear and the cultural notes helpful. The book covers shopping and money, hotels and travel, accidents and parties as well as Norwegian festivals. The feedback I get is very rewarding.

My students like the continuing story about the ups and downs of an English girl during her first year of living in Norway. Her Norwegian boyfriend puts up with a lot!

Margaretha Danbolt Simons

Introduction

The aim of this course is to enable the student to speak and read everyday Norwegian, and to gain insight into the Norwegian culture and way of life.

Complete Norwegian is designed for the absolute beginner; no previous knowledge of any foreign language is required. Grammar is kept to a minimum; only what is necessary for this course is included, and grammatical terms are carefully explained.

Complete Norwegian is written in Bokmål. Bokmål is the standard Norwegian language, used by approximately 85–90% of Norwegians. It developed from the Dano-Norwegian, originating during the 400 or so years when Norway was part of Denmark, a union which ended in 1814. Nynorsk is the other official language of Norway and comprises a collection of Norwegian dialects. The remaining 10–15% of the population uses Nynorsk as their written language.

Norwegian is not a difficult language for an English-speaking person. Many words are similar. Pronunciation may at first seem a bit difficult, but there are some basic rules to follow. These are covered in the following section. The recording is a further help.

Remember that the best way to learn a language is to listen and read a little and often and to increase your confidence gradually – this is far better than spending long infrequent sessions poring over the books!

Throughout the book there are sections giving you lots of useful information about the Norwegian way of life: just the sort of thing you will find most intriguing whenever you visit Norway, or if you get talking to a Norwegian abroad.

Finally, it is a good idea to do the exercise section soon after reading the language discovery sections so that the grammar is still fresh in your mind. However, remember to look back at previous units' language discovery sections to revise as you work through the course. At the back of the book there is a useful index to the grammar subjects. There are also lists of irregular nouns, irregular verbs and modal verbs as a useful reference once you are producing written Norwegian and you need to pay attention to the details.

All the answers to the exercises are listed in the back of the book, but make sure you complete each exercise, or even each unit of exercises, before looking up the answers.

Listen to the recording as much as you can. Even when you are not actually working with the book, remember to take the recording with you in case you have a few spare moments to listen to it – in the car, on a personal stereo on the train, while gardening or doing housework! It is a good idea to listen to the dialogues that you have worked on so that you refresh your memory of all the words and phrases used.

How this book works

This course assumes no previous knowledge of Norwegian. The emphasis is first and foremost on using the language, but we also aim to give you an idea of how Norwegian works, so that you can create sentences of your own. The course covers all four of the basic skills – listening and speaking, reading and writing. If you are working on your own, the audio will be all the more important, as it provides you with the essential opportunity to listen to native Norwegian voices and to speak Norwegian within a controlled environment.

Don't expect to be able to understand everything you hear or read straight away. If you listen to Norwegian audio material, or watch a Norwegian programme or film, or are able to get newspapers or magazines, you should not get discouraged when you realize how quickly native speakers speak and how much vocabulary there is still to be learned. Just concentrate on a small extract – either a video/audio clip or a short article – and work through it till you have mastered it. In this way, you'll find that your command of Norwegian increases steadily.

All the units in *Complete Norwegian* are structured in the following way:

▶ **What you will learn**. A set of learning objectives identifies what you will be able to do in Norwegian by the end of the unit.

▶ **Culture point**. An opening passage about a cultural aspect related to the unit theme introduces some key words and phrases.

▶ **Vocabulary builder**. This section, along with the accompanying audio, brings in the key vocabulary you will learn in the unit.

▶ **Dialogues**. New language is presented through a series of recorded dialogues. Each dialogue is preceded by key words and comprehension questions to support your comprehension and focus your attention before you listen.

 ▶ **Language discovery** questions guide you to consider language points in the conversations. Look to the light bulb icon to *discover* how the language works, whether it is a grammar rule or a way of saying things. The **Language discovery** section presents the forms of the language in a systematic way, leading you to construct your own sentences correctly. **Obs**! exercises allow you to practise and confirm your understanding of the language forms you have learned. Try to do these as you come to them.

▶ **Practice**. A variety of exercises, including speaking activities and role plays, gives you a chance to 'pull it all together' and use your Norwegian actively and creatively. Some exercises help you to understand written and spoken Norwegian, but right from the start, you are given specific guidance and models so that you can speak, write, and express yourself.

▶ **Language tips**. Throughout the book, you will find tips on language, vocabulary or culture. This information is given in English to provide insights about life and customs in Norway.

▶ **Test yourself** will help you assess how much you have learned. Do the tests without looking at the language notes. **Self-check** lets you see what you can do in Norwegian. When you feel confident that you can use the language correctly, move on to the next unit.

Study the units at your own pace, and remember to make frequent and repeated use of the audio.

SYMBOLS

To make your learning easier and more efficient, a system of icons indicates the actions you should take:

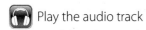 Play the audio track

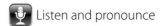 Listen and pronounce

 Figure something out for yourself

 Culture tip

 Learn key words and expressions

 Exercises coming up!

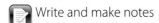 Write and make notes

 Speak Norwegian out loud

 Check your Norwegian ability

As you work your way through the course, you will also become familiar with studying on your own, looking things up, and checking your Norwegian ability.

You can consult at the beginning of the book:

▶ **Pronunciation**: an overview of Norwegian sounds, and a logical starting point.

And at the end of the book:

▶ A **Grammar glossary**
▶ An **Answer key** to check your answers to all the exercises and self-tests in order to monitor your progress and performance.
▶ A **Norwegian–English** and **English–Norwegian vocabulary**, which includes most of the words used in the course.

ABBREVIATIONS USED IN THIS BOOK

m	masculine
f	feminine
sing	singular
pl	plural
fam	familiar (or informal)
lit	literally

Learn to learn

THE DISCOVERY METHOD

There are lots of approaches to language learning, some practical and some quite unconventional. Perhaps you know of a few, or even have some techniques of your own. In this book we have incorporated the Discovery Method of learning, a sort of DIY approach to language learning. What this means is that you will be encouraged throughout the course to engage your mind and figure out the language for yourself, through identifying patterns, understanding grammar concepts, noticing words that are similar to English, and more. This method promotes language awareness, a critical skill in acquiring a new language. As a result of your own efforts, you will be able to better retain what you have learned, use it with confidence, and, even better, apply those same skills to continuing to learn the language (or, indeed, another one) on your own after you've finished this book.

Everyone can succeed in learning a language – the key is to know how to learn it. Learning is more than just reading or memorizing grammar and vocabulary. It's about being an active learner, learning in real contexts, and, most importantly, using what you've learned in different situations. Simply put, if you figure something out for yourself, you're more likely to understand it. And when you use what you've learned, you're more likely to remember it.

And because many of the essential but (let's admit it!) dull details, such as grammar rules, are taught through the Discovery Method, you'll have more fun while learning. Soon, the language will start to make sense and you'll be relying on your own intuition to construct original sentences independently, not just listening and repeating.

Enjoy yourself!

BECOME A SUCCESSFUL LANGUAGE LEARNER

1 Make a habit out of learning

Study a little every day, between 20 and 30 minutes if possible, rather than two to three hours in one session. Give yourself short-term goals, e.g. work out how long you'll spend on a particular unit and work within the time limit. This will help you to create a study habit, much in the same way you would a sport or music. You will need to concentrate, so try to create an environment conducive to learning which is calm and quiet and free from distractions. As you study, do not worry about your mistakes or the things you can't remember or understand. Languages settle differently in our brains, but gradually the language will become clearer as your brain starts to make new connections. Just give yourself enough time and you will succeed.

2 Expand your language contact

As part of your study habit try to take other opportunities to expose yourself to the language. As well as using this book you could try listening to radio and television or reading articles and blogs. Remember that as well as listening to online radio live you can use catch-up services to listen more than once. Perhaps you could find information in Norwegian about a personal passion or hobby or even a news story that interests you. In time you'll find that your vocabulary and language recognition deepen and you'll become used to a range of writing and speaking styles.

3 Vocabulary

▶ To organise your study of vocabulary, group new words under:

    a generic categories, e.g. food, furniture.

    b situations in which they occur, e.g. under restaurant you can write waiter, table, menu, bill.

    c functions, e.g. greetings, parting, thanks, apologizing.

▶ Say the words out loud as you read them.

▶ Write the words over and over again. Remember that if you want to keep lists on your smartphone or tablet you can usually switch the keyboard language to make sure you are able to include all accents and special characters.

▶ Listen to the audio several times.

▶ Cover up the English side of the vocabulary list and see if you remember the meaning of the word.

▶ Associate the words with similar sounding words in English, like **informasjon**, **orkester**, **alkohol**.

▶ Create flash cards, drawings and mind maps.

▶ Write words for objects around your house and stick them to objects.

▶ Pay attention to patterns in words, e.g. starting a phrase with **god** usually indicates a greeting, **god dag**, **god kveld**, **god natt**.

▶ Experiment with words. Use the words that you learn in new contexts and find out if they are correct. For example, you learn in Unit 9 that **jeg er lei av** … means *I am tired of* …. In Unit 14, you learn that **jeg er lei meg** means *I am sorry*. **Jeg er lei for at** … means *I am sorry because* …. By using different prepositions you create different expressions. Check the new phrases either in this book, a dictionary or with Norwegian speakers.

▶ Make the best of words you already know. When you start thinking about it you will realize that there are lots of English words and expressions which are commonly used in Norwegian: **restaurant**, **museum**, **hobby**, **platform** and many more.

4 Grammar

▶ To organize the study of grammar write your own grammar glossary and add new information and examples as you go along.

▶ Experiment with grammar rules. Sit back and reflect on the rules you learn. See how they compare with your own language or other languages you may already speak. Try to find out some rules on your own and be ready to spot the exceptions. By doing this you'll remember the rules better and get a feel for the language.

▶ Try to find examples of grammar in conversations or other articles.

▶ Keep a 'pattern bank' that organizes examples that can be listed under the structures you've learned.

▶ Use old vocabulary to practise new grammar structures.

▶ When you learn a new verb form, write the conjugation of several different verbs you know that follow the same form.

5 Pronunciation

▶ When organizing the study of pronunciation keep a section of your notebook for pronunciation rules and practise those that trouble you.

▶ Repeat all of the conversations, line by line. Listen to yourself and try to mimic what you hear.

▶ Record yourself and compare yourself to a native speaker.

▶ Make a list of words that give you trouble and practise them. Study individual sounds, then full words.

▶ Don't forget, it's not just about pronouncing letters and words correctly, but using the right intonation. So, when practising words and sentences, mimic the rising and falling intonation of native speakers.

6 Listening and reading

The conversations in this book include questions to help guide you in your understanding. But you can go further by following some of these tips.

▶ Imagine the situation. When listening to or reading the conversations, try to imagine where the scene is taking place and who the main characters are. Let your experience of the world help you guess the meaning of the conversation, e.g. if a conversation takes place in a snack bar you can predict the kind of vocabulary that is being used.

▶ Concentrate on the main part. When watching a foreign film you usually get the meaning of the whole story from a few individual shots. Understanding a foreign conversation or article is similar. Concentrate on the main parts to get the message and don't worry about individual words.

▶ Guess the key words; if you cannot, ask or look them up. When there are key words you don't understand, try to guess what they mean from the context. If you're listening to a Norwegian speaker and cannot get the gist of a whole passage because of one word or phrase, try to repeat that word with a questioning tone; the speaker will probably paraphrase it, giving you the chance to understand it. Of course a good solution is to say: **Jeg forstår ikke ...** (*I don't understand...*) Norwegians are generally so pleased when you try to speak their language and will always be happy to help.

7 Speaking

Rehearse in the foreign language. As all language teachers will assure you, the successful learners are those students who overcome their inhibitions and get into situations where they must speak, write and listen to the foreign language. Here are some useful tips to help you practise speaking Norwegian:

▶ Hold a conversation with yourself, using the conversations of the units as models and the structures you have learned previously.

- After you have conducted a transaction with a salesperson, clerk or waiter in your own language, pretend that you have to do it in Norwegian, e.g. buying groceries, ordering food, drinks and so on.
- Look at objects around you and try to name them in Norwegian.
- Look at people around you and try to describe them in detail.
- Try to answer all of the questions in the book out loud.
- Say the dialogues out loud then try to replace sentences with ones that are true for you.
- Try to role-play different situations in the book.

8 Learn from your errors

- Don't let errors interfere with getting your message across. Making errors is part of any normal learning process, but some people get so worried that they won't say anything unless they are sure it is correct. This leads to a vicious circle as the less they say, the less practice they get and the more mistakes they make.
- Note the seriousness of errors. Many errors are not serious, as they do not affect the meaning; for example using the wrong article for a noun (**en** for **et**) , wrong plural of nouns or wrong adjective ending (as in **god** for common gender, **godt** for neuter and **gode** for plural). So concentrate on getting your message across and learn from your mistakes.
- As you progress you will also be aware of 'false friends'. Some English words are the same as Norwegian words, but have a different meaning. An example of this is **dress**. In English this is a female garment, while in Norwegian it means a man's suit! Confusing is also the Norwegian **biff** meaning *steak* and **stek** meaning *roast*.

9 Learn to cope with uncertainty

- Don't over-use your dictionary.
  When reading a text in the foreign language, don't be tempted to look up every word you don't know. Underline the words you do not understand and read the passage several times, concentrating on trying to get the gist of the passage. If after the third time there are still words which prevent you from getting the general meaning of the passage, look them up in the dictionary.
- Don't panic if you don't understand.
  If at some point you feel you don't understand what you are told, don't panic or give up listening. Either try to guess what is being said and keep following the conversation or, if you cannot, isolate the expression or words you haven't understood and have them explained to you. The speaker might paraphrase them and the conversation will carry on.
- Keep talking.
  The best way to improve your fluency in the foreign language is to talk every time you have the opportunity to do so: keep the conversations flowing and don't worry about the mistakes. If you get stuck for a particular word, don't let the conversation stop; paraphrase or replace the unknown word with one you do know, even if you have to simplify what you want to say. As a last resort use the word from your own language and pronounce it in the foreign accent.

Pronunciation

00.01

Norwegian is quite easy to pronounce, because it is usually spoken as it is written. There are some rules to follow, and some special sounds to get used to. When you have managed these, you will not find it difficult to pronounce Norwegian.

It is a good idea to listen to the recording and imitate the Norwegians you hear. If you live in the UK, you will be able to find Norwegian radio stations, but the reception is usually best late at night.

The most important thing to remember is that each letter is pronounced. An 'e' at the end of a word is always pronounced distinctly.

The Norwegian alphabet has 29 letters. There are three extra letters at the end of the alphabet used by English speakers. These are: Æ (as in cat), Ø (as in first) and Å (as in awful). The letters in brackets below indicate the pronunciation of the letter.

A a (ah)	K k (kaw)	U u (oo)
B b (beh)	L l (el)	V v (veh)
C c (seh)	M m (em)	W w (dobbeltveh)
D d (deh)	N n (en)	X x (eks)
E e (eh)	O o (o)	Y y (ee)
F f (ef)	P p (peh)	Z z (set)
G g (geh)	Q q (koo)	Æ æ (a)
H h (haw)	R r (air)	Ø ø (ir)
I i (ee)	S s (ess)	Å å (aw)
J j (yod)	T t (teh)	

Y is always a vowel in Norwegian and is pronounced more as in *typical* than *type*.

VOWELS

00.02

There are nine vowels in Norwegian: **a, e, i, o, u, y, æ, ø, å**. The vowels are pure sounds as in French or Italian, and not diphthonged as in English.

The Norwegian vowels may be short or long. As a general rule vowels are long in open syllables, e.g. **si** (*say*), or if followed by a single consonant, e.g. **tak** (*roof*).

Vowels are short before a double consonant, e.g. **takk** (*thank you*).

hat	(*hatred*)	**hatt**	(*hat*)
dit	(*there*)	**ditt**	(*yours*)

Exceptions: Norwegian words cannot end in a double **m**, so there are some words which are pronounced with a short vowel even if there is only one consonant. For example:

rom   *(room)*

hjem   *(home)*

Also with a short vowel and single consonant are some common words:

han   *(he)*

hun   *(she)*

den   *(it)*

The vowels are divided into two groups:

a, o, u and **å** are hard vowels

e, i, y, æ and **ø** are soft vowels

This distinction is important for the pronunciation of words starting with **g** or **k**.

Norwegian vowel		Pronunciation	Example
a	long	like a in *father*	**far** *(father)*
a	short	"	**hatt** *(hat)*
e	long	like ai in *air*	**sted** *(place)*
e	short	like e in *bed*	**gress** *(grass)*
i	long	like ea in *eat*	**min** *(mine)*
i	short	like i in *kiss*	**sild** *(herring)*
o	long	like o in *moor*, but with tightly rounded lips	**bok** *(book)*
o	short	like or in *organ*	**sokk** *(sock)*
u	long	like u in *true*	**hus** *(house)*
u	short	like u in *full*	**full** *(full)*
y	long	ee with	**by** *(town)*
y	short	rounded lips	**kyss** *(kiss)*
æ	long	like a in *cat*	**vaere** *(to be)*
	short		**lærd** *(learned)*
ø	long	like ir in *bird*	**dør** *(door)*
	short		**først** *(first)*
å	long	like aw in *awful*	**år** *(year)*
	short	like o in *not*	**åtte** *(eight)*

The pronunciation as described is only approximate. Listen carefully to the recording.

Pronunciation exercise

 00.03

	Long vowels	Short vowels
a	Kari	Anne
e	Erik	Bente
i	Nina	Nils
o	Ole	Trond
u	Rut	Tulla
y	Yberg	Yngve
æ	Sæverud	Kjærstad
ø	Søren	Sølvi
å	Åse	Bård

DIPHTHONGS

 00.04

There are three important diphthongs in Norwegian:

ei	as in the English *might*.	vei	*(road)*
		reise	*(travel)*
øy	no English equivalent.	høy	*(tall)*
	Don't say *Oi*!	øye	*(eye)*
	Say 'ø' and then add the 'y'.		
au	'a' as in *cat* followed by 'u'.	au!	*(ouch!)*
		sau	*(sheep)*

CONSONANTS

 00.05

Norwegian consonant	Pronunciation	
b	like b in *bed*	bok *(book)*
c	only used in foreign words, pronounced as s in front of soft vowels,	centimetre
	and k in front of hard vowels	camping
d	like d in English	dame *(lady)*
f	like f in English	fem *(five)*
g	like g in *go* in front of hard vowels or consonants	gate *(street)*
		gris *(pig)*
	like English y in front of soft vowels	gi *(give)*
h	like h in *hat*	han *(he)*

j	like y in *yes*	ja *(yes)*
k	like k in *kite* in front of hard vowels or consonants	Kari
		klær *(clothes)*
	like h in *Hugh* in front of soft vowels	kyss *(kiss)*
l	like l in *life*	liv *(life)*
m	like m in *miss*	mor *(mother)*
n	like n in *not*	ny *(new)*
p	like p in *pig*	pen *(pretty)*
q	like q in *queen*. Only used in foreign words	quiz
r	in some parts of Norway the r is rolled	reise *(travel)*
s	like s in *sense*	se *(see)*
	as sh in front of l	slå *(hit)*
t	like t in *train*	tog *(train)*
v	like v in *very*	vil *(will)*
w	as v. Only used in foreign words	WV *(toilet)*
x	as s. Only used in foreign words	xylofon
z	like s. Only used in foreign words	zoo

CONSONANT COMBINATIONS

 00.06

ng	as in *ring*. The 'g' is not really sounded	ring *(ring)*
gn	as in *rain*, *slain*.	regn *(rain)*
sk	becomes **sh** before soft vowels	skitt *(dirt)*
skj	as **sh**	skjorte *(shirt)*
rs	often becomes **sh**	norsk *(Norwegian)*

SILENT CONSONANTS

 00.07

d	at the end of a word is almost always silent. Exceptions are: ned *(down)*, sted *(place)*.	
g	is silent in adjectives and adverbs ending in -ig	deilig *(delicious)*
		ledig *(free)*
h	is silent before j and v	hjem *(home)*
		hva *(what)*

t	is silent at the end of a definite neuter noun and at the end of det (it)	huset (the house)
v	is silent at the end of some words	tolv (twelve)
		halv (half)

STRESS

 00.08

In Norwegian the stress is normally on the first syllable. But there are many exceptions to this rule. This is particularly so with words of foreign origin. Words with German prefixes will usually have the stress on the second syllable:

| **betale** | (pay) |
| **forklare** | (explain) |

Words of Greek and Latin origin are stressed on the last syllable:

stasjon	(station)
telefon	(telephone)
universitet	(university)

ACCENT

 00.09

Peculiar to Norwegian and Swedish is the existence of two types of speech melody. This gives the languages that special singing sound. There are two 'tones': the single tone and the double tone.

The single tone is used for words with one syllable and for longer words ending in -**el**, -**en** and -**er**. It starts rather low and rises towards the end of the word:

| **pen** | (pretty) |
| **vakker** | (beautiful) |

The double tone is usually found in words with two or more syllables. It starts on a higher note than the single tone, dips about three tones and rises to a higher pitch than where it began:

| **pike** | (girl) |
| **deilig** | (delicious) |

Some pairs of words take on a different meaning by changing the tone:

Single tone	**Double tone**
hender (hands)	**hender** (happens)
ånden (the spirit)	**ånden** (the breath)

In essence, the single tone is a single increase in pitch in the course of a word. The double tone has a similar overall increase in pitch, but there is a slight fall initially before the increase takes place.

The Norwegian flag

Hei!

Hi!

In this unit you will learn how to:
▶ *greet people.*
▶ *introduce yourself.*
▶ *form simple positive statements and questions.*
▶ *form simple negative statements.*

CEFR: (A1) *Can introduce oneself; Can ask and answer questions about personal details; Can produce simple phrases to describe personal details.*

 ## Hilsener *Greetings*

Norwegians like to shake hands, and invariably do so when they meet. Nowadays a peck on the cheek or a hug is common after having met a few times. **Hei** is by far the most common greeting these days, and is used when one would say hi or hello. **Morn** is another informal greeting. A formal way of greeting people is **god dag** *good day*, **god morgen** *good morning*, **god kveld** *good evening* and **god aften** *good evening*. The most common way to say goodbye is **ha det bra**, which means: *have it well*. This is often shortened to just **ha det**. A formal way of saying goodbye is **adjø**, which of course is French, but with Norwegian spelling. You often hear **på gjensyn**, meaning *see you soon*. More common today is saying **hei!** when you meet and **hei hei** when you leave. *How are you?* which is: **hvordan har du det?** is commonly used. The answer to this is usually: *Fine, thank you,* in Norwegian: **Fint, takk,** or **Takk, fint**. This phrase you can easily turn round by saying: *and you?*, which is in Norwegian: **og du?**

Norwegians tend to introduce themselves, perhaps saying: *Hi! I am called* _____, which is: **Hei! Jeg heter ...** Now answer this question: **Hvordan har du det?**

 ## Vocabulary builder

HEI OG FARVEL *GREETINGS AND FAREWELLS*

01.01 **Listen to how these people introduce themselves and repeat what they say.**

Hei! Jeg heter Arne.	*Hi! I'm called Arne.*
God dag. Jeg heter Sue.	*Good day. I'm called Sue.*
God morgen. Jeg heter Odd Andersen.	*Good morning. I'm called Odd Andersen.*
God aften. Jeg heter Randi Berg.	*Good evening. I'm called Randi Berg.*

NEW EXPRESSIONS

 01.02 Look at the word list and complete the missing English expressions. Then listen and try to imitate the speakers.

Hva heter du?	*What is your name?/What are you called?*
Hvor kommer du fra?	*Where do you come from?*
Er du norsk?	_____
Er du engelsk?	*Are you English?*
Jeg heter ...	*I am called ...*
Han heter Odd.	*He is called Odd.*
Hun heter Randi.	*She is called Randi.*
Jeg er student.	*I am a student.*
Han kommer fra Oslo.	*He comes from Oslo.*
Hei, Sue!	_____
Ha det!	_____
Jeg vil gjerne reise til Norge.	*I would like to travel to Norway.*
Jeg vil gjerne ha en kopp kaffe.	*I would like a cup of coffee.*
Jeg vil gjerne ha en kopp kaffe til.	*I would like another cup of coffee.*

Dialogue 1

jeg	*I*
du	*you*
heter (å heter)	*am called/are called/is called*
er (å være)	*am/are/is*
fra	*from*
kommer (å komme)	*come/comes*
hva	*what*
hvor	*where*

 01.03 The main character in this course is Sue. She wants to go to Norway to work, so she has started going to a Norwegian class. Now she is in a café reading her Complete Norwegian. A boy stops at her table and looks at her book.

1 Listen to the conversation. Where do Sue and the boy live?

Boy	Hei! Jeg er norsk!
Sue	Hei! Jeg er ikke norsk! *He sits down at her table.*
Boy	Er du engelsk?
Sue	Ja, jeg er engelsk. Jeg bor i London. Hvor kommer du fra?
Boy	Jeg kommer fra Norge. Jeg kommer fra Bergen, men jeg bor i London nå.
Sue	Hva heter du?
Boy	Jeg heter Arne. Hva heter du?
Sue	Jeg heter Sue.
Arne	Hei Sue!
Sue	Hei Arne.

2 True or false? Say whether the following statements are true (T) or false (F).

  a Sue er norsk.

  b Arne kommer fra Bergen.

  c Sue kommer ikke fra Norge.

 3 Say the missing word:

  a Hei! Jeg _____ Arne. (*am called*)

  b God dag. _____ heter Sue. (*I*)

  c _____ Jeg heter Odd Arnesen. (*Good morning*)

  d _____ Jeg heter Randi Berg. (*Good evening*)

4 Match the Norwegian and the English.

a	Jeg	1	*Now*
b	Du	2	*Yes*
c	Ikke	3	*I*
d	Nå	4	*Not*
e	Ja	5	*You*

Dialogue 2

vil gjerne	*would like to*
har (å ha)	*have / has*
og	*and*
når	*when*
reise	*travel*
bil (en)	*car*
fly (et)	*aeroplane*
motorsykkel (en)	*motorbike*

 01.04 *Sue and Arne continue their conversation.*

1 Who has the motorbike, Sue or Arne?

Sue	Er du student i London?
Arne	Ja, jeg er student.
Sue	Jeg vil gjerne reise til Norge, og jeg lærer norsk.
Arne	Når vil du reise til Norge?
Sue	Jeg vil gjerne reise til Norge i sommer.
Arne	Vil du reise til Norge med fly?
Sue	Nei, jeg vil reise med motorsykkel.
Arne	Har du motorsykkel?
Sue	Ja, jeg har motorsykkel. Har du bil?
Arne	Nei, jeg har ikke bil. Jeg har sykkel.

LANGUAGE TIP

01.05 An important expression is **'Jeg vil gjerne ...'** meaning *I would like to* ... You will be surprised how often this phrase is used! It will crop up a lot in this course.

2 True or false?

a Sue vil gjerne reise til Norge.

b Arne er ikke student.

c Sue kommer med fly til Norge.

3 To travel *by motorcycle* is **med motorsykkel**, to travel *by plane* is **med fly**. How would you say travel 'by car'?

Dialogue 3

Hva heter du?	*What is your name?/What are you called?*
Hvor kommer du fra?	*Where do you come from?*
Er du norsk?	*Are you Norwegian?*
deg	*you*
han	*he*
hun	*she*
det	*it*
takk	*thank you*
bra	*well/ fine*
ha det!	*bye bye!* (lit. *have it*)

01.06 Lørdag 1. april. Saturday 1 April. *One month later. Sue and Arne meet in a pub. Arne tells Sue that he knows the couple sitting at another table.*

1 Are the couple at the next table English or Norwegian?

Sue	Hva heter han?
Arne	Han heter Odd. Han er norsk. Han kommer fra Oslo.
Sue	Er han student?
Arne	Ja, han er student.
Sue	Og hun, er hun engelsk?
Arne	Nei, hun er norsk. Hun heter Randi. Hun er au pair. Vil du ha et glass øl til?
Sue	Nei takk, jeg vil gjerne ha en kopp kaffe. Hva vil du ha?
Arne	Jeg vil ha et glass øl til.
Randi and Odd come over to them:	
Odd	Hei, Arne! Hvordan har du det?
Arne	Fint, takk – og du?
Odd	Bare bra. Hei!
Arne	Hun heter Sue. Sue lærer norsk. Hun vil gjerne reise til Norge.
Randi	Hei, Sue! Jeg heter Randi. Nå vil jeg gjerne ha et glass øl.
Sue	Hei, Randi! Fint å møte deg.
Odd	Jeg skal reise til Leeds nå. Jeg skal reise med tog. Ha det!
Arne	Fint å se deg! Ha det!

2 True or false?

   a Sue vil ha et glass øl.

   b Odd skal reise til Leeds.

   c Arne og Randi skal reise til Norge.

> **LANGUAGE TIP**
> Did you notice that we don't say *of* in expressions of quantity?
> **'en kopp kaffe'**   *a cup of coffee*
> **'et glass øl'**   *a glass of beer*

 01.07 **Now listen to these expressions and repeat them.**

Jeg vil gjerne ha en kopp kaffe. *I would like a cup of coffee.*

Jeg vil gjerne ha et glass øl. *I would like a glass of beer.*

Jeg vil gjerne ha et glass øl til. *I would like another glass of beer.*

Language discovery

1 EN BIL *A CAR*, ET TOG *A TRAIN*

A noun is a word which means a thing, a person, animal or place.

Bil (*car*), **student** (*student*), **katt** (*cat*) are examples of nouns.

Names of people or places, such as John, New York, Norway, are called proper nouns and are spelt with a capital letter in Norwegian as they are in English.

Norwegian nouns are either **en**, **ei** or **et** words. This is called the gender of the noun. In Norwegian every noun has a gender. This is masculine, feminine or neuter. The gender of a noun affects other words in connection with it. This means that each time you learn a new noun you should also try to remember the gender.

In the word lists you will find the gender **en**, **ei** or **et** in brackets after the noun. It is a good idea to try to memorize which gender word is needed with every new word you learn. This will save you a lot of time later when you become more confident using the language in spoken as well as written forms.

2 EN/(EI)/ET – ENGLISH 'A' OR 'AN'

The indefinite article in English is *a* or *an*. In Norwegian, the indefinite articles are **en/(ei)/et**.

Here's a summary of the three genders in Norwegian:

en = *a/an*: masculine

ei = *a/an*: feminine

et = *a/an*: neuter

All nouns belong to one of these categories.

Don't worry about the feminine gender because:
▶ most feminine nouns can be used as masculine
▶ there are not many feminine nouns
▶ in Norwegian literature, newspapers and formal speech, the feminine gender is seldom used.

For these reasons masculine and feminine nouns are grouped together and are called the common gender.

This leaves **en**-words and **et**-words.

In the **Vocabulary** at the back of the book, nouns will be listed like this:

bil (en)	*a car*
seng (en/ei)	*a bed*
tog (et)	*a train*

Unfortunately there are no simple rules to tell whether a noun is common or neuter gender. It is a good idea to try to learn the gender with the noun. You have already met these nouns. Now check their genders.

en bil	*a car*
et tog	*a train*
et fly	*an aeroplane*
en motorsykkel	*a motorbike*
en student	*a student*
en sommer	*a summer*

3 JEG HAR BIL – *I HAVE A CAR*, LEAVING OUT *'A'/'AN'*

You might have noticed that it is not always necessary to use the word for a when stating certain situations, like: **jeg har bil**, and **jeg kommer med fly.**

The same applies for occupations. You usually say:

John er student.	*John is a student.*
Bente er au pair.	*Bente is an au pair.*
Hun er lærer.	*She is a teacher.*

4 JEG/DU/HAN/HUN/DEN/DET *I/YOU/HE/SHE/IT*

These words are called personal pronouns. These pronouns can be used to replace nouns.

John er engelsk.	*John is English.*
<u>**Han**</u> **er engelsk.**	<u>*He*</u> *is English.*
Bente kommer fra Norge.	*Bente comes from Norway.*
<u>**Hun**</u> **kommer fra Norge.**	<u>*She*</u> *comes from Norway.*

Den and **det** both mean *it*. **Den** is used to replace common gender words, whereas **det** is used to replace neuter words.

OBS!

2 Replace the names with personal pronouns: **'Arne er norsk'**, and **'Sue bor i London'**.

5 VERBS

A verb is a word which states what someone or something is doing. For example, **Kari reiser** (*Kari travels*) and **John går** (*John walks/goes*) are verb phrases.

Verbs are usually listed in what is called the infinitive. The infinitive of the verb expresses the meaning of the verb without being tied to who or what is doing the verb, or when it is taking place. In English a verb in the infinitive looks like this: *to travel, to go.*

With Norwegian verbs the infinitive is preceded by **å**, and usually ends in **e**. For example **å reise** (*to travel*). A few have no **e** ending as in **å gå** (*to walk/go*), **å se** (*to see*).

The shortest possible form of the verb is called the stem. You'll find the stem by removing the infinitive **-e** ending.

Infinitive: **å reise** (*to travel*)	Stem: **reis**
Infinitive: **å gå** (*to walk/go*)	Stem: **gå**

Endings are added for more identification; for example, to show if the action is taking place in the past, the present or the future.

6 VERBS IN THE PRESENT TENSE

Verbs are listed in the infinitive in reference sections such as a dictionary.

(å) reise	*(to) travel*
(å) ha	*(to) have*
(å) komme	*(to) come*
(å) hete	*(to) be called*

When you are deciding whether what is happening is taking place in the past, the present or the future, you are choosing what is called the 'tense'.

When you want to talk about what is happening to someone now, you use the present tense. To form the present tense you add an **r** to the infinitive.

Unlike in many other European languages it doesn't matter whether it is I, you, he, she or it who is carrying out the verb. You add an r to the infinitive regardless. It couldn't be simpler!

Infinitive	*I*	*you*	*he*	*she*	*it*
å reise	jeg reiser	du reiser	han reiser	hun reiser	den/det reiser
å ha	jeg har	du har	han har	hun har	den/det har
å komme	jeg kommer	du kommer	han kommer	hun kommer	den/det kommer
å hete	jeg heter	du heter	han heter	hun heter	den/det heter
å bo	jeg bor	du bor	han bor	hun bor	den/det bor

OBS!

3 If *'I live in New York'* is **'Jeg bor i New York'**, how would you say: *'He lives in Atlanta'*?

7 HOW TO MAKE SENTENCES

Here are three basic sentences:

Statement:	**Han er norsk.**	*He is Norwegian.*
Negative:	**Han er ikke norsk.**	*He is not Norwegian.*
Question:	**Er han norsk?**	*Is he Norwegian?*

Han is the subject of these sentences, and **er** is the verb.

To form a question, you put the verb before the subject, as you can do in English! However, you can also use question words such as *what*, *where*, *who* or *how*. The word for *not* is **ikke**.

Question:	**Hva heter hun?**	*What is she called?*
Statement:	**Hun heter Kari.**	*She is called Kari.*
Negative:	**Hun heter ikke Kari.**	*She is not called Kari.*

When you use a question word, this comes first in the sentence.

4 Talking about Arne, you may ask: *Is he Norwegian?* What would you answer?

Practice

1 Can you answer these questions? The first two – a and b – start with Jeg ...

    a Hva heter du?

    b Hvor kommer du fra?

    c Hvordan har du det?

    d Er du norsk?

    e Hvor bor du?

2 How would you do the following?

    a Greet a friend.

    b Say 'goodbye' to your elderly teacher.

    c Say 'How do you do' to the Prime Minister.

    d Say 'good night' to your family.

    e Say 'bye bye' to a fellow student.

3 01.08 Answer these questions in the negative using nei and ikke:

Example: Er Bente engelsk? Nei, Bente er ikke engelsk.

    Is Bente English?   *No, Bente is not English.*

    a Er John norsk?

    b Vil du ha en kopp kaffe?

    c Kommer Bente fra York?

    d Bor du i Wales?

    e Har Bente bil?

4 Now can you change these statements into questions?

Example: **Du er engelsk.**   **Er du engelsk?**

    a John er norsk.

    b Han kommer fra York.

    c Du bor i London.

    d Hun har bil.

    e Bente lærer engelsk.

Writing

1 Make up questions for these answers, using the question words hva, hvor and hvordan.

    a _____ ? Han heter John.

    b _____ ? Jeg bor i London.

    c _____ ? Takk, fint.

    d _____ ? Han kommer fra York.

    e _____ ? Han studerer norsk.

2 Find a suitable verb to make a sentence:

Examples: **John reiser med fly til Bergen.** *(John travels by aeroplane to Bergen.)*

Han bor i London. *(He lives in London.)*

- **a** Bente _____ med fly til Norge.
- **b** John _____ i London.
- **c** John _____ motorsykkel.
- **d** Han _____ ikke bil.
- **e** Kari _____ med tog til York.

Test yourself

Here are ten multiple choice questions. You will find the answers in the key at the end of the book.

1 Hvor bor Sue?
- **a** I London.
- **b** I Bergen.
- **c** I York.

2 Hva lærer Sue?
- **a** Sue lærer engelsk.
- **b** Hun lærer ikke norsk.
- **c** Hun lærer norsk.

3 Har Arne bil?
- **a** Nei, han har motorsykkel.
- **b** Nei, han har sykkel.
- **c** Ja, han har bil.

4 Hvor vil Sue gjerne reise?
- **a** Hun vil gjerne reise til Wales.
- **b** Hun vil gjerne reise til USA.
- **c** Hun vil gjerne reise til Norge.

5 Skal Odd reise med bil til Leeds?
- **a** Odd skal reise med bil.
- **b** Odd skal reise med fly.
- **c** Odd skal reise med tog.

6 Er Odd au pair?
- **a** Odd er ikke au pair.
- **b** Sue er au pair.
- **c** Arne er au pair.

7 Vil Arne ha et glass øl?
- **a** Arne vil gjerne ha en kopp kaffe.
- **b** Arne vil ha et glass øl.
- **c** Arne vil ha en kopp te.

8 Hvor kommer Arne fra?
- **a** Han kommer fra Bergen.
- **b** Han kommer fra Bristol.
- **c** Han kommer fra Oslo.

9 Er Arne student i London?
- **a** Nei, han er ikke student.
- **b** Ja, han er student.
- **c** Nei, han er au pair.

10 Vil Sue reise med fly til Norge?
- **a** Sue vil reise med fly.
- **b** Sue vil reise med tog.
- **c** Sue vil reise med motorsykkel.

SELF CHECK

	I CAN...
○	. . . say what my name is.
○	. . . greet someone and say goodbye.
○	. . . ask people where they come from.
○	. . . ask people where they live.
○	. . . use the words *I* and *you*.
○	. . . understand basic Norwegian word order.

2 Jeg vil gjerne ...
I would like to ...

In this unit you will learn how to:
▶ *understand the days of the week.*
▶ *say what you do for a living.*
▶ *count to ten.*

CEFR: (A1) *Can say what you do for a living; Can count to ten; Know the days of the week.*

 ## Dagene I uken *Days of the week*

We shall be using the days of the week in this unit. Starting with **'mandag'**, meaning: *Monday*, this is how they go: **'mandag'**, **'tirsdag'**, **'onsdag'**, **'torsdag'**, **'fredag'**, **'lørdag'** and **'søndag'**. They are not very different from their English counterparts, except perhaps **'onsdag'**, meaning *Wednesday*, named after the Norse god, Odin, and **'lørdag'**, meaning *Saturday*, which comes from the old Norse for washing – think of laundry. Not washing up or the house, mind you, but washing oneself before the holy day.

---

1 What does **Jeg liker lørdag** mean in English?

 ## Vocabulary builder

DAGENE I UKEN *THE DAYS OF THE WEEK*

 02.01 **Look at the word list and complete the missing English expressions. Then listen and try to imitate the speakers.**

søndag	*Sunday*	**torsdag**	*Thursday*
mandag	_____	**fredag**	*Friday*
tirsdag	*Tuesday*	**lørdag**	_____
onsdag	_____		

14

VI TELLER TIL TI *COUNT TO TEN*

 02.02 Listen and count the numbers to ten.

0 null	6 seks
1 en/ett	7 sju
2 to	8 åtte
3 tre	9 ni
4 fire	10 ti
5 fem	

● **NUMBERS**

You will hear many people say **syv** instead of **sju** (7), especially older people. **Sju** has been the official number for many years, but old habits die hard. The reason for this change is that **syv** sounded more old-fashioned and Danish. Norway was a Danish province for more than 400 years, and Danish was then the official language in Norway. **Sju** has a more Norwegian flavour!

LANGUAGE TIP

In Norwegian you do not use capital letters for the days of the week.

Some speakers don't pronounce the 'g' at the ends of words for the days.

Dialogue 1

 02.03 **Mandag 3. mai** *(Monday 3 May) Sue and Arne go for a walk and talk about what they do.*

1 Which evening is Sue going to her Norwegian class?

Sue	Jeg lærer norsk. Jeg vil gjerne bo i Norge.
Arne	Jeg er student. Jeg studerer. Jeg vil gjerne bli lærer. Jeg vil gjerne bli lærer på en stor skole i Norge.
Sue	Jeg vil gjerne bli hotell-direktør.
Arne	Jeg liker deg.
Sue	Jeg liker deg også.
Arne	Liker du å lære norsk?
Sue	Ja, jeg liker å lære norsk, men kurset er kjedelig. Læreren er kjedelig. Læreren er en kjedelig gammel dame.
Arne	Hvor er kurset?
Sue	Kurset er på en stor skole.
Arne	Når er kurset?
Sue	Kurset er hver mandag kveld.

2 True or false?

a Arne er student i London.

b Sue er en kjedelig gammel dame.

c Arne liker ikke Sue.

d Sue vil gjerne reise til Norge.

3 Writing

Look at the words and complete the sentences with the following phrases:

a Arne vil gjerne bli _____.   (*Arne would like to be a teacher.*)

b Kurset er _____.   (*The course is boring.*)

c Kurset er på en _____ skole.   (*The course is at a big school.*)

4 Read the conversation and take a turn speaking each part.

Kristin	Liker du å lære norsk?
Tom	Ja, jeg liker å lære norsk.
Anna	Nei, jeg liker ikke å lære norsk.
Kristin	Er læreren kjedelig?
Anna	Ja, læreren er kjedelig.
Kristin	Er kurset hver torsdag kveld?
Tom	Nei, kurset er hver mandag kveld.

LANGUAGE TIP

Arne is clearly a bit taken with Sue, and he says: **'jeg liker deg'** meaning: *I like you*. We know that *you* in English is **'du'** in Norwegian. So what is this **'deg'**? Have a look at this: **'du liker meg'**, meaning: *you like me*. You don't say: *you like I!* In English, as in Norwegian, there is a subject form and an object form of the pronouns. **'Jeg'** and **'meg'** mean: *I* and *me*. But unlike in English, where both the subject form and object form for *you* are the same, there are two different words in Norwegian, **'du'** and **'deg'** – like in Old English *thou* and *thee*.

Dialogue 2

eller	or
etter	after
gå	go
hard	hard
hele	the whole
heller	rather
kan	can
meg	me

02.04 *Sue and Arne continue their chat.*

1 Would Sue like to travel with Arne to Norway?

Arne	Skal du på norsk-kurs i kveld?
Sue	Ja, men jeg vil heller gå på pub med deg!
Arne	Du kan møte meg etter kurset.
Sue	Det er så kjedelig!
Arne	Hvis du vil lære norsk, må du gå på kurset.
Sue	Du er hard!
Arne	Jeg møter deg etter kurset. Vi kan ta et glass øl sammen.
Sue	Jeg vil ha to eller tre glass!
Arne	Jeg vil gjerne være sammen med deg hele tiden. Jeg vil gjerne være sammen med deg i Norge.
Sue	Jeg vil gjerne være sammen med deg i Norge, men ikke hele tiden!

2 True or false?

a Arne vil ikke møte Sue etter kurset.

b Arne vil gjerne være sammen med Sue hele tiden.

c Sue må lære norsk.

d Norsk-kurset er kjedelig.

 3 Read the conversation and take a turn speaking each part.

Tom	Skal jeg møte deg etter kurset?
Kristin	Ja, jeg vil gjerne møte deg etter kurset.
Tom	Vil du ha et glass øl?
Kristin	Jeg vil gjerne ha to glass øl.
Tom	Vil du være sammen med meg hele tiden?
Kristin	Nei. Jeg vil ikke være sammen med deg hele tiden!

> **LANGUAGE TIP**
>
> Adjectives give colour, shape, light and interest to nouns – life would be very dull without them! In the two dialogues you have just read, there are the adjectives **'kjedelig'** meaning *boring*, **'stor'** meaning *big*, and **'gammel'** meaning *old*.

 02.05 **Listen and repeat until you can say this phrase with confidence.**

Jeg gleder meg til å ...   *I am looking forward to ...*

Dialogue 3

bestille	*book*
billett (en)	*ticket*
dager (en dag)	*days*
Europa	*Europe*
ferge (en)	*ferry*
gjerne	*gladly*
godt (god)	*good*
henne	*her*
hos	*at the house of*
kart (et)	*map*
kjøre	*drive*
min/mine	*my (singular)/my (plural)*
over	*over/of*
pass (et)	*passport*
tante (en)	*aunt*

02.06 Tirsdag 3. juni *(Tuesday 3 June) Arne's term is almost over, and he is going home to Bergen. Sue will go to Norway on holiday. They plan to have some days together in Oslo. Listen to how Sue and Arne say 'Oslo'. Both versions ('Oshlo' and 'Oslo') are correct.*

1   When is Sue going to travel to Oslo?

Arne	Når skal vi reise til Oslo?
Sue	Jeg vil gjerne reise i juli.
Arne	Det er fint. Jeg vil også reise i juli. Skal vi reise med fly?
Sue	Nei, jeg vil reise med ferge. Jeg har motorsykkel. Du kan reise med fly, og jeg kan møte deg i Oslo.
Arne	Jeg har en tante i Oslo. Vi kan bo hos henne. Har du pass?
Sue	Fint! Ja, jeg har pass. Jeg skal bestille billett i morgen. Jeg vil gjerne ta ferge til Gøteborg i Sverige og kjøre på Europa vei 6 som går videre til Oslo. Jeg vil gjerne se Sverige også.
Arne	Har du et kart?
Sue	Ja, jeg har et godt kart over Sverige og et bedre kart over Norge. Hvis jeg reiser på tirsdag, kommer jeg til Gøteborg onsdag. Jeg kan være i Oslo sent torsdag kveld.
Arne	Vi kan bo hos min tante fredag, lørdag og søndag og reise til Bergen på mandag. Jeg gleder meg til å være i Norge med deg!
Sue	Og jeg gleder meg til å reise på ferie til Norge!

2 True or false?

   a Sue vil reise med fly til Norge.

   b E6 går til Oslo.

   c Arne har en tante i Oslo.

   d Sue har et godt kart.

 Read the conversation and take a turn speaking each part.

Kristin	Har du en tante i Oslo?
Tom	Ja, jeg har en tante i Oslo.
Kristin	Kan vi bo hos henne?
Tom	Ja, vi kan bo hos henne fredag og lørdag.
Kristin	Skal vi reise til Bergen søndag?
Tom	Ja, vi kan reise søndag. Vi kan reise med tog.

This is how we say it

 02.07 Listen to the sentences until you can repeat them with confidence.

Jeg er lærer	*I am a teacher*
Jeg er hotell-direktør	*I am a hotel manager*
Jeg er student	*I am a student*

Do you remember using the indefinite article (*a/an*)? It is not necessary to use *a/an* when stating your job or profession; you simply say: *I am hotel manager, I am student.*

Hva gjør du?	*What do you do?*
Hva studerer du?	*What are you studying?*

Don't forget:

Jeg vil gjerne ...	*I would like to ...*
Jeg vil gjerne ha en kopp kaffe.	*I would like to have a cup of coffee.*
Jeg vil gjerne reise til Norge.	*I would like to travel to Norway.*
Jeg gleder meg til å ...	*I am looking forward to ...*
Jeg gleder meg til å reise til USA.	*I am looking forward to travelling to the USA.*
Jeg gleder meg til sommeren.	*I am looking forward to the summer.*
Jeg vil heller ...	*I would rather ...*
Jeg vil heller ha et glass øl.	*I would rather have a glass of beer.*
Jeg vil heller reise til USA.	*I would rather travel to the USA.*

Note that you don't use *of* in these phrases:

En kopp kaffe	*A cup of coffee*
Et glass øl	*A glass of beer*

💡 Language discovery

1 NOUNS

Norwegian (as well as Danish and Swedish) is unusual in that the definite article, i.e. the, joins on to the end of the noun, **-en** at the end of **en**-words (common gender nouns), and **-et** at the end of **et**-words (neuter gender nouns).

en kopp (a *cup*) ⟶ **koppen** (the *cup*)

et glass (a *glass*) ⟶ **glasset** (the *glass*)

If the noun ends with an **-e**, you add an **-n** for **en**-words and **-t** for **et**-words. For feminine nouns, the pattern would be:

ei hytte (a *cottage*) ⟶ **hytta** (the *cottage*)

OBS!

1 How would you say '*the car*', knowing that '*a car*' (**en bil**) is common gender? What about '*the train*', when '*a train*' is '**et tog**'?

2 HOW TO DESCRIBE THE NOUN

Adjectives tell us more about the noun, such as its colour, size or appearance:

gul	*yellow*
mørk	*dark*
stor	*big*
liten	*small*
pen	*pretty*
stygg	*ugly*

An adjective can also describe how one feels about things, such as **en god kopp kaffe** (*a good cup of coffee*), **et kjedelig kurs** (*a boring course*) or **en sint student** (*a cross student*).

3 ADJECTIVES AND NOUNS (PART 1)

In Norwegian the adjective takes various endings according to the gender of the noun. This may seem complicated at first, especially as there is no such thing in English. But there is a pattern to follow, and it will all fall into place! There are a number of different situations to cover, so we will deal with this a bit at a time. For now have a look at these and memorize them.

en kopp	*a cup*	**en stor kopp**	*a big cup*
et glass	*a glass*	**et stort glass**	*a big glass*

So far we have only looked at indefinite singular nouns (a rather than *the*, and only one rather than more than one). In this situation:

▶ if the noun is an **en**-word, there is nothing added to the adjective
▶ if the noun is an **et**-word, a **-t** is added to the adjective

4 NATIONALITIES AND ADJECTIVES ENDING IN -IG

The following groups of adjectives take no ending for **et**-words.

a Nationalities

en norsk student	*a Norwegian student*
et norsk kart	*a Norwegian map*

b Adjectives ending in -ig

en kjedelig dame	*a boring lady*
et kjedelig kurs	*a boring course*

OBS!

2 What is the Norwegian adjective meaning *'boring'*?

In the **Vocabulary** section at the back of the book you will find the opposite of *'boring'*: *'nice, pleasant'.* See if you can find it!

5 'WE/YOU/THEY'

You have already looked at the personal pronouns in the singular:

jeg	*I*
du	*you*
han	*he*
hun	*she*
den/det	*it*

The plurals of the personal pronouns are:

vi	*we*
dere	*you (more than one)*
de	*they*

OBS!

3 Stop for a moment! What is the Norwegian for *'you'*, for more than one person?

6 MORE ABOUT VERBS: THE FUTURE

You know that verbs are listed in the infinitive: **å reise** *to travel*. You have also seen verbs with the added **-r** in the present tense (what happens *now*). For example: **studenten reiser, han kommer, Bente går.**

But when do you use the infinitive as it stands, apart from when listing the verbs?

Make a note of these *helping verbs* (modal verbs):

vil *will*		**kan** *can*	
skal *shall*		**må** *must/have to*	

Things that will happen in the future are expressed by using one of these, most usually **skal** or **vil**, together with the infinitive of the verb. This is the same as in English:

Jeg skal reise i morgen. *I shall travel tomorrow.*

John vil komme på fredag. *John will come on Friday.*

OBS!

4 How would you say: *'on Friday'*? Also: *'She must come on Monday'*?

7 Å VÆRE *TO BE*

In Norwegian this important verb is much easier than in English:

jeg er	*I am*
du er	*you are*
han/hun/den/det er	*he/she/it is*
vi er	*we are*
dere er	*you are*
de er	*they are*

8 TIME EXPRESSIONS

It is difficult to make any rules about time expressions. They are just expressions that you should try to remember. Here are a few:

i kveld	*this evening*
i juli	*in July*
i sommer	*this summer*
i dag	*today*
i morgen	*tomorrow*
på torsdag	*on Thursday*

Practice

1 **Complete the following sentences following the guidance of the pictures opposite.**

    a Jeg vil gjerne reise _____.

    b Jeg vil gjerne kjøre _____.

    c Jeg vil gjerne lære _____.

    d Jeg vil gjerne ha _____.

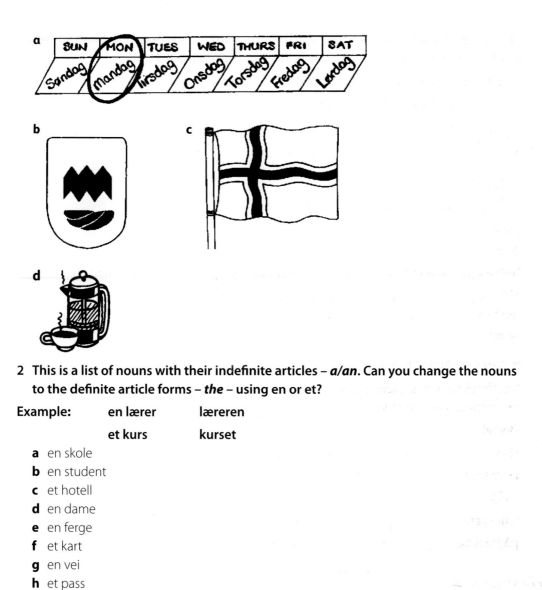

2 This is a list of nouns with their indefinite articles – *a/an*. Can you change the nouns to the definite article forms – *the* – using en or et?

Example:	en lærer	læreren
	et kurs	kurset

a en skole
b en student
c et hotell
d en dame
e en ferge
f et kart
g en vei
h et pass

3 Use verbs in the infinitive to complete the sentences. Remember that there are no -r endings, as this is what is going to happen (future).
a John vil _____ med ferge til Sverige.
b Bente vil _____ et glass øl.
c Kari vil gjerne _____ en kopp kaffe.
d John vil _____ norsk.
e John skal _____ på motorsykkel i Norge.
f Han skal _____ billetter i morgen.

4 Here are some nouns in the definite singular. (That means that they are words like *the boy*.) What are they in the indefinite singular? (e.g. *a boy*)

Example: skolen   en skole

            kurset   et kurs

   a studenten
   b direktøren
   c damen
   d hotellet
   e læreren
   f kvelden
   g glasset
   h koppen

5 Find the correct form of the adjective for et-words. Is there a -t or not?

Example: **en god reise**   **et godt kart**
   a en stor motorsykkel   et _____ fly
   b en gammel ferge   et _____ pass
   c en kjedelig dame   et _____ kurs
   d en engelsk pub   et _____ tog

6 Complete these statements.

02.08 Then listen and repeat the sentences.

   a I dag er det mandag. I morgen er det _____.
   b I dag er det torsdag. I morgen er det _____.
   c To og tre er _____.
   d Tre og sju er _____.
   e Fire og fem er _____.
   f Sju og tre er _____.

7 And now complete these phrases:
   a Jeg vil gjerne ha (1) _____ kopp kaffe.
   b John vil gjerne ha (5) _____ glass øl.
   c Hun vil ikke ha (1) _____ glass øl.

? Test yourself

Choose the correct answer for each question.

1 Hva vil Arne gjerne bli?

  a Hotell-direktør.   **b** Student.   **c** Lærer.

2 Er Sue på norsk-kurs?

  a Sue er norsk-kurs.   **b** Sue er ikke på norsk-kurs.   **c** Sue er i Norge.

3 Når er norsk-kurset?

  a Hver mandag kveld.   **b** Hver tirsdag kveld.   **c** Hver lørdag kveld.

4 Hvor er kurset?

  a I en pub.   **b** På en stor skole.   **c** På toget til Leeds.

5 En kjedelig gammel dame – er det Sue?

  a Det er Sue.   **b** Det er læreren.   **c** Det er Randi.

6 Arne vil reise på ferie med Sue. Hvor?

  a Til Blackpool.   **b** Til Sverige.   **c** Til Norge.

7 Hvor bor Arnes tante?

  a Hun bor i Bergen.   **b** I Oslo.   **c** I London.

8 Vil Arne være sammen med Sue hele tiden?

  a Ja.   **b** Nei.   **c** Nei, bare på fredag.

9 Hvordan skal Sue reise til Norge?

  a Med tog.   **b** Med fly.   **c** Med motorsykkel.

10 Sue har et godt kart. Kartet er over?

  a England.   **b** Norge.   **c** Wales.

SELF CHECK

	I CAN...
○	. . . say what I do for a living.
○	. . . say the days of the week.
○	. . . count to ten.

3 Norsk Mat
Norwegian food

In this unit you will learn how to:
▶ *say what you would like to eat.*
▶ *get to grips with Norwegian driving regulations.*
▶ *say 'Cheers!'.*

CEFR: (A1) *Can recognize familiar words and ask and answer questions about personal details; Can ask people for things.*

Norsk Mat *Norwegian Food*

In this unit we'll focus on food and drink, likes and dislikes. There may be situations where it would sound rude to say that you don't like the food. But you could always claim you are allergic to it! '**Jeg er allergisk.**'

Norwegian food can be outstanding. There are some top chefs around and the raw ingredients are first class. But some of the traditional dishes can be hard to stomach, like those using **klippfisk** (stockfish), **lutefisk** (fish steeped in lye) or the salted herrings. Norwegians love **rømmegrøt**, a porridge made of soured cream and little else, and eaten at any time of the day, with sugar, cinnamon and melted butter.

Instead, try the fresh prawns, fresh fish of all kinds and the cured ham, **spekeskinke**, and cured mutton, **fenalår**.

1 What could you say in Norwegian to politely refuse to eat something?

Vocabulary builder

03.01 Look at the word list and complete the missing English expressions. Then listen and try to imitate the speaker.

PÅ FERGEN *ON THE FERRY*

biler (en bil)	_____
busser (en buss)	*buses*
køyer (en køye)	*bunks*
lastebiler (en lastebil)	*lorries*
lugaren (en lugar)	_____
ombord	*on board*
plass	*space/room*

I RESTAURANTEN *IN THE RESTAURANT*

bord (et)	*table*
flaske (en)	_____
hvitvin	*white wine*
kjøtt (et)	*meat*
koldtbord (et)	*cold table/buffet*
lys (et)	_____
mat (en)	*food*
reker (en reke)	*prawns*
rødvin	_____

NEW EXPRESSIONS

 03.02 **Listen and repeat the expressions. Cover up the right side to see if you know what they mean.**

Jeg liker sild og poteter.	*I like sild and potatoes.*
Jeg liker hvitvin.	*I like white wine.*
Jeg liker akevitt bedre.	*I like aquavit better.*
Jeg vil gjerne ha en stor porsjon med reker.	*I would like a big portion of prawns.*
Kan jeg få ...	means *may I have* and is a perfectly polite way of asking for something.
Kan jeg få et glass vann?	*May I have a glass of water?*
Do you remember?	
et glass vann	*a glass of water*
Jeg tror ikke jeg vil ha ...	*I don't think I will have ...*
Jeg liker ikke ...	*I don't like ...*
Jeg vil heller ha ...	*I would rather have ...*

Dialogue 1

 03.03 *We meet Sue on the ferry.*

Onsdag 4. juli *(Wednesday 4 July) Sue is on her way to Norway. She wants to see a little of Sweden as well, and takes the overnight ferry to Gothenburg in Sweden. She will then travel to Oslo, the capital of Norway, on her motorbike. In this unit she is on the ferry.*

1 Who does Sue meet when she enters her cabin?

Sue er på vei til Norge. Arne reiser med fly, men Sue reiser med ferge. Hun skal kjøre motorsykkel.

Fergen til Gøteborg i Sverige tar tjuetre timer. Det er en stor ferge med plass til mange passasjerer, biler, lastebiler og busser.

Det er to restauranter, en kafeteria og mange barer ombord.

Det er to køyer i den lille lugaren. Det er en dame i lugaren. Det er en kjedelig gammel dame i lugaren! Det er norsk-læreren.

Læreren	God dag, Sue. Vi skal reise sammen. Skal vi spise middag sammen?
Sue	Jeg er sulten og tørst. Vi kan spise sammen.

De går til restauranten.

2 True or false?

a Sue reiser med et stort fly til Norge.

b Det er plass til lastebiler og busser på fergen.

c Det er to køyer i lugaren.

d Sue er sulten og vil gjerne spise middag.

3 Complete the sentences with the missing words.

a Arne reiser med _____ til Norge. (aeroplane)

b Sue reiser med _____ til Gøteborg. (ferry)

c Det er _____ køyer i lugaren. (two)

d Det er en _____ i lugaren! (lady)

LANGUAGE TIP

'Indefinite plural' is the term used to explain *some* or *many* of a noun. There were many passengers, cars, lorries and buses on the ferry. Did you notice the plural ending **er**?

en passasjer – **passasjerer**

en bil – **biler**

en lastebil – **lastebiler**

en buss – **busser**

Dialogue 2

her	*here*
huske	*remember*
meget	*much*
mer	*more*
nok	*enough*
typisk	*typical*

03.04 I RESTAURANTEN. *IN THE RESTAURANT.*

1 Are Sue and the teacher sharing a bottle of wine with their meal?

Lærer	Jeg liker å spise på fergen. Dette er en god restaurant. Her kan vi spise koldtbord. Det er typisk skandinavisk.
Sue	Det er mye god mat her. Jeg liker fisk og reker.
Lærer	Jeg liker ikke reker men jeg liker kjøtt og salater. Her kan du spise så meget du vil. Vi kan ta dette bordet.
Sue	Skal vi ta en flaske vin? Rødvin eller hvitvin?
Lærer	Nei, jeg drikker ikke vin. Jeg drikker ikke alkohol.

Sue	Men jeg vil gjerne ha et glass vin. Jeg liker rødvin best.
Lærer	Du må huske at det er strengt forbudt å drikke alkohol når du kjører i Norge. Og du må ikke glemme å kjøre på høyre side av veien. Du må alltid ha lys på.
Sue	Selv om det er sol?
Lærer	Ja, du må alltid ha lys på. Du må passe på fartsgrensen, og husk å ha sertifikatet med deg!
Sue	Er det mer jeg må huske? Eller er dette nok? Men glem det nå! Jeg vil spise og drikke godt! Skål!

2 True or false?

a Sue liker reker og fisk.

b Sue liker rødvin best.

c I Norge må du alltid ha lys på når du kjører.

d Sue må ikke glemme å kjøre på høyre side av veien.

> **LANGUAGE TIP**
>
> Did you notice Sue saying: **'Jeg liker fisk og reker'** – *I like fish and prawns*? The teacher answered: **'Jeg liker ikke reker'** – *I don't like prawns*. In Norwegian negative statements we don't use the verb *do*, as we do in English. We simply say *I like not*.

> **CULTURE TIP**
>
> Regulations for driving in Norway
>
> | | |
> |---|---|
> | **Du må alltid ha med deg sertifikat (et førerkort).** | *You must always bring your driving licence with you.* |
> | **Du må alltid kjøre med lys på.** | *You must always drive with headlights on.* |
> | **Du må kjøre på høyre side.** | *Drive on the right (side).* |
> | **Du må passe på fartsgrensen.** | *Keep to the speed limit.* |
> | **Du må ikke drikke alkohol.** | *Don't drink!* |

Dialogue 3

frokost (en)	*breakfast*
marmelade (en)	*marmalade*
melk (en)	*milk*
ost (en)	*cheese*
pølse (en)	*sausage*
ristet	*toasted*
te (en)	*tea*
venn (en)	*friend*

03.05 Torsdag 5. juli *(Thursday 5 July) The next day Sue gets up early before the teacher awakes and goes to the restaurant for breakfast. It hasn't opened yet, so Sue waits outside. A young man is also there. He smiles at Sue, and they start talking. He tells her that his name is Jan.*

1 What would Sue like to drink with her breakfast?

Jan	Jeg er norsk. Jeg heter Jan. Er du engelsk?
Sue	Ja, jeg er engelsk, men jeg snakker litt norsk. Jeg skal på en lang ferie. Jeg skal møte min venn i Oslo.
Jan	Jeg skal tilbake til Oslo. Jeg bor i Oslo.
Sue	Jeg vil ikke spise frokost med norsk-læreren min!
Jan	Skal vi spise frokost sammen? Jeg er veldig sulten.
Sue	Jeg vil gjerne spise med deg.
Jan	Vi betaler når vi går inn og så kan vi spise så mye vi vil.
Sue	Jeg vil gjerne ha et kokt egg og ristet brød med marmelade.
Jan	Jeg tror ikke jeg vil ha egg. Jeg vil heller ha sild, og rund-stykker med pølse og ost. Jeg vil ha mange kopper kaffe og et stort glass melk.
Sue	Tror du jeg kan få en kopp god engelsk te?
Jan	Nei, det tror jeg ikke!

2 True or false?
    a Sue møter Jan på fergen.
    b Sue vil spise frokost med norsk-læreren.
    c Jan vil gjerne ha et kokt egg til frokost.
    d Sue vil heller ha sild.

 Read the conversation and take a turn speaking each part.

Tom Jeg er veldig sulten.   **Kristin** Jeg også!

Tom Jeg vil gjerne ha sild til frokost.   **Kristin** Jeg liker ikke sild.

Tom Hva vil du ha?   **Kristin** Jeg vil spise ristet brød med marmelade.

Tom Vil du ha kaffe?   **Kristin** Nei, jeg vil heller ha en kopp god engelsk te.

CULTURE TIP

Jan has a healthy appetite! You may find it strange to eat herrings and salami for breakfast, but this is common in Scandinavia. A reminder: **'en kopp kaffe'** – *a cup of coffee*, **'et glass melk'** – *a glass of milk*.

💡 Language discovery

1 WORD ORDER

The person or thing carrying out the action of the verb in a sentence is called the subject of the sentence. Usually the subject comes first in a sentence: **De reiser til Norge.** *They travel to Norway.*

But, if the sentence starts with one of the little words like **nå** or **så**, or an expression like **i morgen** or **i sommer**, or with a *dependent clause*, the subject and the verb change places.

   a De reiser til Norge.   *They travel to Norway.*

If you start that sentence with **nå**, the subject and verb change places:

Nå reiser de til Norge. *Now they travel to Norway.*

   b De reiser til Norge i sommer.   *They travel to Norway this summer.*

If you start with **i sommer**, the subject and verb change places:

I sommer reiser de til Norge. *This summer they travel to Norway.*

   c De skal spise når de kommer.   *They'll eat when they come/arrive.*

If you start with the *dependent or subordinate clause*, the subject and verb change place in the main clause:

Når de kommer, skal de spise. *When they come/arrive, they'll eat.*

Look out for word order in the dialogues!

OBS!

1 If '*I am here*' is **'jeg er her'**, how would you say: '*Here I am*'?

2 NOUNS (PLURAL)

In the dialogues at the beginning of this unit, there are many examples of plural nouns – when there is more than one of something.

en bil	*a car*	**biler**	*cars*
en buss	*a bus*	**busser**	*buses*
et hotell	*a hotel*	**hoteller**	*hotels*

The plural of indefinite nouns is formed by adding **-er** at the end of the noun. If the word already ends with an **-e**, you just add **-r**.

Short (one syllable) **et**-words take no ending in the plural (with one or two exceptions):

et bord	*a table*	**bord**	*tables*
et kurs	*a course*	**kurs**	*courses*

This form of plural can be called the indefinite plural.

2 Following what you have just looked at, what is the indefinite plural of *'aeroplane'* (**'et fly'**?) Also *'ferry'* (**en ferge**)?

3 ADJECTIVE + NOUN (PART 2)

In Unit 2, you saw how the ending of the adjective depends on whether it is accompanying an **en**-word or an **et**-word. In Norwegian, the adjective must be watched! The ending also depends on whether the noun is singular or plural (one or many) and whether it is indefinite (a/an) or definite (the).

Indefinite singular

en bil	*a car*
en stor bil	*a big car*
et kart	*a map*
et stort kart	*a big map*

Definite singular

bilen	*the car*
den store bilen	*the big car*
kartet	*the map*
det store kartet	*the big map*

Indefinite plural

mange biler	*many cars*
mange store biler	*many big cars*
mange kart	*many maps*
mange store kart	*many big maps*

Look carefully at the endings of the adjectives.

The definite singular is the really difficult one. Here you have the plural ending of the adjective, and in addition to the definite ending for the noun, you have a definite article as well! Note that in the definite singular you must use a separate definite article only when you have an adjective with the noun: The definite article **den/det** (*the*) is only used when there is an adjective before the noun.

The adjective takes the plural form, and you still have the definite ending of the noun. Remember these examples that illustrate this ruling:

Bente drikker vinen.	*Bente drinks the wine.*
Bente drikker den gode vinen.	*Bente drinks the good wine.*

The combination of adjective and noun is tricky to start with. Don't worry, it will soon make sense! Most people cope with it, but it does need some practice.

3 '**En gul kopp**' means *'a yellow cup'*. How would you say: *'the yellow cup'*?

4 LITEN *SMALL*

One useful, but very irregular, adjective is **liten** (*small*).

en liten bil	**den lille bilen**	**mange små biler**
et lite glass	**det lille glasset**	**mange små glass**

Practice

1 Write out the following nouns in the indefinite form as in the list below, in the definite singular (the) and the indefinite plural:

Example: en bil, bilen, mange biler

   a en kopp
   b et glass
   c en ferge
   d et bord
   e en time
   f en middag

2 Now do the same, this time adding an adjective:

Examples: en stor bil, den store bilen, mange store biler, et stort hotell, det store hotellet, mange store hoteller

   a en tørst student
   b en sulten dame
   c et norsk pass
   d et engelsk sertifikat
   e en liten bil
   f et lite glass

3 Replace the verbs in the present tense in brackets below with a ***helping verb*** + the correct infinitive:

 03.06

Example: John drikker et glass øl. John vil drikke et glass øl.

   a Bente (spiser) _____reker.
   b Studenten (lærer) _____norsk.
   c Han (reiser) _____ til Oslo.
   d Hun (kjører) _____ fra Sverige til Norge.

4 Word order: Are the following phrases statements (S) or questions (Q)? (Question marks have been left out.)

a Fergen tar mange passasjerer.

b Hva heter han.

c Er hun norsk.

d Bente er au pair.

e Er John student.

f Kommer Bente fra York.

5 Make the following statements negative by using ikke.

Examples: **John er norsk.**   **John er ikke norsk.**

Kari vil ha et glass øl.   **Kari vil ikke ha et glass øl.**

a Bente kommer fra Bergen.

b Fergen har mange passasjerer.

c Studenten lærer engelsk.

d Kari er sulten.

e Hun spiser en god middag.

● **SKÅL** *CHEERS*

To say **skål** in Norway is an old custom.

▶ You lift your glass to someone in your party, saying that person's name.

▶ You then say **skål!** and, looking each other in the eye, you both sip your drinks.

▶ Keep eye-contact until your glass is resting on the table.

In earlier days, when people were more formal, and would say **De** rather than **du**, as well as using surnames, saying **skål** was a way of agreeing to drop formalities and be on first-name terms. It is also a lovely – and acceptable – way of conveying feelings. Try it! It is good fun.

On family occasions, big and small, on all formal occasions and on Norway's national day, 17 May (**syttende mai**), there will be several times when somebody will say:

▶ **Skål!**

▶ **Skål for Norge!**

▶ **Skål for brudeparet!** *Cheers for the wedding couple!*

▶ **Skål for Kari!**

and so on.

Then all will lift their glasses and drink together.

● KOLDTBORD *COLD BUFFET*

Koldtbord is an institution in Scandinavia. Many of the dishes are the same across Scandinavia, but each country also has its own specialities.

At a Norwegian **koldtbord**, whether on a passenger ferry, in a restaurant or at a party, many of these dishes will be found:

røkelaks	*smoked salmon*
gravlaks	*cured salmon*
kokt laks	*poached salmon*
sild	*pickled herring in many variations:* **tomatsild, dillsild, sursild** *(herring and raw onions in a sweet and sour brine)*
reker	*prawns, usually in their shells and always very fresh*
roastbiff	*cold, thinly sliced, rare fillet of beef*
italiensk salat	*Italian salad (much like coleslaw, but with chopped ham)*

plus a variety of salads, hard-boiled eggs with fillings, cold chicken and so on.

To drink with this, one should really have a good glass of beer and a good measure of **akevitt**, the excellent and well-matured potato brandy known in English as *aquavit*.

There will also be:

ost	*cheese*
frukt	*fruit*

and some desserts, usually:

karamellpudding	*creme caramel*
gelé	*jelly*
sjokoladepudding	*chocolate mousse*
vaniljesaus	*custard*

> **LANGUAGE TIP**
>
> Confusing for English travellers is **'biff'** meaning *steak* and **'stek'** meaning *roast*.
> Try roast reindeer, and dishes made from stockfish, fish which has been hung to dry on wooden racks in the north of Norway, and has a strong 'fishy' taste.

? Test yourself

Choose the correct answer for each question.

1 Hvor går fergen?

   a Fergen går til Newcastle.
   b Fergen går til Gøteborg.
   c Fergen går til Oslo.

2 Sue reiser med Arne.

   a Ja, hun reiser med Arne.
   b Nei, hun reiser ikke med Arne.
   c Hun reiser med Odd.

3 Hva liker Sue å spise?

   a Fisk og reker.
   b Sild.
   c Rundstykker med pølse.

4 Hva vil Sue drikke til middag?

   a Et stort glass melk.
   b En kopp kaffe.
   c Et glass vin.

5 Spiser Sue frokost med norsk-læreren?

   a Ja, hun spiser frokost med norsk-læreren.
   b Nei, hun spiser frokost med Arne.
   c Nei, hun spiser frokost med Jan.

6 Vil Jan ha kokt egg til frokost?

   a Nei, han vil ikke ha egg.
   b Ja, han vil ha egg.
   c Han vil ikke spise frokost.

7 Hva vil Sue drikke til frokost?

   a Et stort glass melk.
   b En stor kopp kaffe.
   c En god kopp engelsk te.

8 Hva må du huske når du kjører i Norge?

   a Du må passe på fartsgrensen.
   b Du må glemme sertifikatet.
   c Du må ikke ha lys på.

9 Kan du drikke alkohol og kjøre i Norge?

   a Ja.
   b Nei.
   c Du kan drikke en flaske vin.

10 Er Sue norsklærer?

   a Nei, Sue er ikke norsklærer.
   b Sue er engelsklærer.
   c Ja, Sue er norsklærer.

SELF CHECK

I CAN...
... say what I would like to eat.
... say 'Cheers!'
... predict what sort of food I am likely to get in Norway.
... understand Norwegian driving regulations.

Sightseeing i Oslo
Sightseeing in Oslo

In this unit you will learn how to
- ▶ *get around in Oslo.*
- ▶ *understand directions.*
- ▶ *express your opinion about sights.*

CEFR: (A1) *Can ask and understand directions, Can ask about places;* **(A2)** *Can give simple opinions.*

Hva du skal se og Oslo *What to see in Oslo*

Oslo is the capital of Norway. It is situated at the end of the Oslo fjord in south-east Norway, and has about 500,000 inhabitants.

The biggest tourist attraction by far is **Frognerparken** *Frogner Park*, also called **Vigelandparken** *Vigeland Park*, after Gustav Vigeland, who designed the lay-out of the park, as well as making the hundreds of granite and bronze sculptures, the wrought-iron gates and the massive monolith. He spent about 40 years on this, and was given a free hand, sponsored by Oslo City Council. The park is open day and night, and, as well as the sights, it is a favourite place for picnics and sunbathing in the summer, and skiing and ice-skating in winter.

The old wharves and warehouses in front of the City Hall have been transformed into restaurants, shops and pleasure boat berths. This is called **Aker Brygge**.

Other places of interest are the old castle, **Akershus**, with its interesting museum from the Second World War, the cathedral with its beautiful murals, the Holmenkollen ski-jump, and the Viking ships, the Kon-Tiki raft, the polar ship Fram and the huge open-air folk museum at Bygdøy.

And not to be missed is the Edvard Munch museum! Some people think that Edvard Munch's paintings are the most interesting things to be seen in Oslo.

 1 What can you see at **Holmenkollen**?

Vocabulary builder

 04.01 **Look at the word list and complete the missing English expressions. Then listen and try to imitate the speakers.**

I OSLO *IN OSLO*

konge (en)	*king*
dronningen (en dronning)	*the queen*
festning (en)	_____
Slottet (et slott)	*the palace*

tårnene (et tårn)	*the towers*
Rådhuset (et rådhus)	*the City Hall*
bygning (en)	*building*
ute	_____
gater (en gate)	*streets*
brygge (en)	*quay*
sjøen (en sjø)	*the sea*
trikken (en trikk)	*the tram*
vakker	_____
blå	*blue*
brune (brun)	*brown*
grønn	*green*
gul	*yellow*
rød	*red*
hvit	*white*

RETNINGER *DIRECTIONS*

her	_____
der	*there*
langt	*far*
borte	_____
først	*first*
etterpå	*afterwards*
høyre	_____
venstre	_____

> **LANGUAGE TIP**
>
> From now on the nouns will be listed only in the form in which they are used in the story. We'll just give you the gender in a bracket.
>
> It's easy to find the gender if the word is in the definite singular. Is **Slottet** common gender or neuter? (**en** or **et**?) Of course it is neuter, ending in -**et**. How about **Kongen**? Did you say common gender? Then you were right.
>
> For the plurals it is not so easy. That's why it is a good idea to learn the plurals of nouns. Also, all the irregular nouns used in this book will be listed in the end section.

1 Complete the sentences

  a Kongen bor på _____. *(the palace)*

  b Rådhuset likner to brune _____. *(goat cheeses)*

  c Kongen og dronningen _____ på Slottet. *(work)*

Dialogue 1

 04.02 Søndag 7. juli. *(Sunday 7 July) Sue got herself to Oslo without mishap, and now she and Arne are staying with Arne's aunt. Today they are sightseeing in Oslo.*

1 What does Arne think the City Hall looks like?

Sue og Arne er i Oslo. De ser seg om. De går i mange lange gater til de kommer til Aker Brygge. Her drikker de øl og spiser reker på en ute-restaurant. Solen skinner og sjøen er blå.

Arne	Ser du de to brune tårnene der borte? De likner to store brune geitoster. Det er Rådhuset.
Sue	Jeg liker ikke norsk geitost! Er det en festning som ligger der borte?
Arne	Ja, det er den gamle festningen som heter Akershus.
Sue	Bor Norges konge på Akershus?
Arne	Nei, kongen og dronningen bor på Slottet. Det er der de arbeider også.
Sue	Jeg vil gjerne se Slottet.
Arne	Ja, og så kan vi ta trikken til Frognerparken. Men først vil jeg ha et glass øl til.

Etterpå går de til Slottet. Det er ikke langt. Slottet er en stor gul bygning som ligger i en vakker grønn park.

Sue	Slottet er et veldig stort hus. Kongen har god plass!

2 True or false?

  a Sue og Arne drikker kaffe på en ute-restaurant.
  b Norges konge bor på Akershus festning.
  c Dronningen bor på Rådhuset.
  d Solen skinner.

 ### 3 Complete the sentences

  a Slottet er en stor gul _____. *(building)*
  b Sue og Arne drikker _____. *(beer)*
  c De er på en _____. *(out-door restaurant)*

Dialogue 2

alle	*everybody/all*
ambassaden (en ambassade)	*the embassy*
amerikanske (amerikansk)	*American*
bedre	*better*
britiske (britisk)	*British*
den	*it*
dit	*there*
gå av	*get off*

04.03 *Sue and Arne are on the tram to Frogner Park.* **Sue og Arne tar trikken til Frognerparken.**

1   Sue and Arne are on their way to Frogner Park. Are they going by car?

Sue	Jeg liker å kjøre med trikken. Oslo er en pen by.
Arne	Ja, når det er sol! Oslo er bedre om sommeren.
Sue	Du kan se mye av Oslo fra trikken.
Arne	Ja. Nå kan du se Slottet til høyre. Parken er åpen for alle.
Sue	Hva heter kongen og dronningen?
Arne	De heter Harald og Sonja.
Sue	Hva er den store bygningen til venstre?
Arne	Det er den amerikanske ambassaden.
Sue	Hvor er den britiske ambassaden?
Arne	Du kan ikke se den fra trikken.
Sue	Jeg vil gjerne se Akershus festning.
Arne	Vi kan gå dit i morgen.
Sue	Det er godt vi har mange dager. Det er mye å se i Oslo.
Arne	Ja, det er det. Men se! Der er Frognerparken. Vi skal gå av trikken her.

2   True or false?
   a Norges konge heter Harald.
   b Den amerikanske ambassaden er til høyre.
   c Sue liker å kjøre med trikken.
   d Sue og Arne tar trikken til Akershus festning.

3   Complete the sentences
   a Slottet er til _____. (*the right*)
   b Ambassaden er til _____. (*the left*)
   c Sue liker å kjøre med _____. (*the tram*)

Dialogue 3

broen (en)	*the bridge*
bronse	*bronze*
fontenene (en fontene)	*the fountains*
granitt (en)	*granite*
monolitten (en)	*the monolith*
portene (en port)	*the gates*
skulpturene (en skulptur)	*the sculptures*

04.04 I Frognerparken. *In Frogner Park.*

1 After having seen a lot of sculptures, who suddenly turns up?

Sue	Hvem har laget alle disse skulpturene?
Arne	Det er Gustav Vigeland. Han har laget alle skulpturene, fontenene, portene og den store monolitten.
Sue	Jeg synes skulpturene er litt store og tykke.
Arne	Ja, den piken der likner på deg!
Sue	Og den lille sinte gutten likner på deg! Han er søt.
Arne	Jeg liker bronse-skulpturene her på broen. Men vi må se de store granitt-skulpturene rundt monolitten også.
Sue	Frognerparken er veldig fin, synes jeg. Men dette er nok! Jeg er sulten igjen og veldig tørst.
Arne	Jeg er ikke sulten. Men se, der er Randi og Odd! Hei!!
Odd	Hei Sue og Arne!
Sue	Jeg vil ikke se skulpturer. Jeg vil heller ha en kopp kaffe og litt mat!
Randi	Jeg også. Men Odd vil bare ha litt vann!
Sue	Arne er ikke sulten. Skal du og jeg gå på en kafé, Randi? Vi kan sikkert gå fra guttene.
Randi	Fint! Ha det, Odd og Arne.

2 True or false?

  a Gustav Vigeland har laget alle skulpturene i Frognerparken.

  b Arne synes at Sue likner den lille sinte gutten.

  c Sue er sulten igjen.

  d Sue og Randi går til en kafé.

3 Complete the sentences

  1 Arne likner den lille sinte _____. (*the boy*)

  2 Sue likner den tykke _____. (*the girl*)

  3 Randi sier: _____ til Arne og Odd. (*Bye bye*)

This is how we say it

04.05 Listen and repeat these expressions. Cover up the right side to see if you know what they mean.

Hvor ligger Slottet?	*Where is (lit. lies) the Palace?*
Slottet er til høyre.	*The Palace is to the right.*
Slottet ligger til høyre.	*The Palace is/lies to the right.*
Hvor er Akershus festning?	*Where is Akershus castle?*
Akershus ligger til venstre.	*Akershus is/lies to the left.*
Du ser Akershus til venstre.	*You see Akershus on the left.*

Hvor er Rådhuset?	*Where is the City Hall?*
Til venstre ser du Rådhuset.	*To the left is (you see) the City Hall.*
Du ser Rådhuset til venstre.	*You see the City Hall to the left.*
Kan du se Frognerparken?	*Can you see Frogner Park?*
Den er der borte.	*It is over there.*
Du ser den der borte.	*You see it over there.*
Hvor er fontenen?	*Where is the fountain?*
Den er der borte til venstre.	*It is over there to the left.*
Du ser den der borte til venstre.	*You see it over there to the left.*

And some opinions you might have or overhear!

Jeg liker den lille skulpturen.	*I like the small statue/sculpture.*
Jeg synes at den pene piken er best.	*I think that the pretty girl is the best.*
Jeg vil gjerne se Holmenkollbakken.	*I would like to see the Holmenkoll ski-jump.*
Jeg liker å reise med trikken.	*I like to go/travel by tram.*
Jeg liker ikke den store granitt-skulpturen.	*I don't like the big granite sculpture.*
Jeg synes ikke at Oslo er en pen by.	*I don't think Oslo is a beautiful city.*
Jeg synes ikke at kaffen er god.	*I don't think the coffee is good.*
Jeg synes at det er kjedelig å ta trikken.	*I think it is boring to go by tram.*
Jeg synes at Frognerparken er kjedelig!	*I think Frogner Park is boring!*
Jeg vil heller reise til Amerika!	*I would rather go to America!*

> **LANGUAGE TIP**
>
> We have now come to the final form for the nouns, what we call 'definite plural'. In English we say this as *the streets*, *the cars* and so on. In Norwegian the definite plural ending for nouns is **'-ene'**, so we have **'gatene'** meaning *the streets*, and **'bilene'** meaning *the cars*. Did you notice this in the dialogues?

💡 Language discovery

1 NOUNS: DEFINITE PLURAL

In Unit 3 you looked at nouns in the indefinite and the definite singular, and in the indefinite plural. Here is a quick reminder:

Indefinite singular:	**en bil**	*a car*	(any one car)
Definite singular:	**bilen**	*the car*	(one particular car)
Indefinite plural:	**biler**	*cars*	(cars in general – more than one)

The final form of the noun is the definite plural:

Definite plural: **bilene**   *the cars*   (some particular cars – more than one)

                       Bilene   *The cars*

                       er store.   *are big.*

The definite plural is formed by adding **-ene** to the noun. This rule covers both **en-** and **et-**words.

et kart	*a map*
kartet	*the map*
kart	*maps*
kartene	*the maps*

(Did you remember that short **et-**words have no added ending in the indefinite plural? e.g. **et kart**, **mange kart**)

⋮ **OBS!**

⋮ **1** How would you say: *'the boys'* and *'the houses'*?

2 ADJECTIVE AND NOUN (PART 3)

This is the final part about the adjective and noun combination.

Here's the definite plural: **bilene** *(the cars).*

Bilene er der.	*The cars are there.*
De store bilene er der.	*The big cars are there.*

In the definite plural – just as in the definite singular – there is a definite article as well as the definite ending when the noun is preceded by an adjective.

Bilene.	*The cars.*
De store bilene.	*The big cars.*

There will be many exercises for you to practise, as well as reminders.

Study this pattern:

Singular		Plural	
Indefinite	**Definite**	**Indefinite**	**Definite**
en bil	bilen	biler	bilene
en stor bil	den store bilen	store biler	de store bilene
et kart	kartet	kart	kartene
et stort kart	det store kartet	store kart	de store kartene

Do you remember this awkward adjective mentioned in Unit 3?

liten (*small*)

en liten bil	**den lille bilen**
et lite kart	**det lille kartet**
små biler	**de små bilene**
små kart	**de små kartene**

The definite article

▶ In Norwegian (as in Swedish and Danish), there is no separate definite article unless there is an adjective in front of the noun.

bilen	*the car*	**bilene**	*the cars*
den store bilen	*the big car*	**de store bilene**	*the big cars*

▶ When an adjective precedes the noun, you must have a definite article as well as the definite ending of the noun.

Note the adjective endings:

en stor bil	**den store bilen**	**store biler**	**de store bilene**
et stort kart	**det store kartet**	**store kart**	**de store kartene**

3 ADJECTIVES

Here is a table showing the adjectives you have had so far. The first column has adjectives in the form used with **-en** words in the indefinite singular, e.g. **en stor bil**. The second column has adjectives as used with **-et** words in the indefinite singular: e.g. **et stort glass**. The third column has adjectives as used in the definite singular and both definite and indefinite plural for all nouns: e.g.

den store bilen	**store biler**	**de store bilene**
det store glasset	**store glass**	**de store glassene**

Indefinite Singular -en	Indefinite Singular -et	Definite Singular + Indefinite and Definite Plural	
brun	**brunt**	**brune**	*brown*
fin	**fint**	**fine**	*fine*
god	**godt**	**gode**	*good*
gul	**gullt**	**gule**	*yellow*
hard	**hardt**	**harde**	*hard*
lang	**langt**	**lange**	*long*
pen	**pent**	**pene**	*pretty*
sint	**sint**	**sinte**	*cross*

søt	søtt	søte	*sweet*
tørst	tørst	tørste	*thirsty*

a Nationalities do not take a **-t** for **-et** words:

amerikansk	amerikansk	amerikanske	*American*
engelsk	engelsk	engelske	*English*
norsk	norsk	norske	*Norwegian*
skandinavisk	skandinavisk	skandinaviske	*Scandinavian*

b Adjectives ending with **-ig** do not take a **-t** for **-et** words:

hyggelig	hyggelig	hyggelige	*nice/pleasant*
kjedelig	kjedelig	kjedelige	*boring*

c Most adjectives with a double consonant drop one before the **-t**:

grønn	grønt	grønne	*green*
tykk	tykt	tykke	*thick/fat*

d Adjectives ending in **-el**, **-en** and **-er** are slightly irregular in the definite singular and the plural:

gammel	gammelt	gamle	*old*
sulten	sultent	sultne	*hungry*
vakker	vakkert	vakre	*beautiful*

e Some adjectives are just irregular:

blå	blått	blå	*blue*

Here are examples from each group:

en gul bil	den gule bilen	gule biler	de gule bilene
et brunt hus	det brune huset	brune hus	de brune husene (*house*)

a

en engelsk gutt (*boy*)	den engelske gutten	engelske gutter	de engelske guttene
et norsk kart	det norske kartet	norske kart	de norske kartene

b

en hyggelig pike (*girl*)	en hyggelige piken	hyggelige piker	de hyggelige pikene
et kjedelig kurs	det kjedelige kurset	kjedelige kurs	de kjedelige kursene

c

en grønn kopp	den grønne koppen	grønne kopper	de grønne koppene
et grønt glass	det grønne glasset	grønne glass	de grønne glassene

d

en sulten dame	den sultne damen	sultne damer	de sultne damene
et gammelt fly	det gamle flyet	gamle fly	de gamle flyene

e

en blå trikk	den blå trikken	blå trikker	de blå trikkene
et blått tog	det blå toget	blå tog	de blå togene (*train*)

OBS!

2 Looking at the table. What does **'kart'** mean? And **'trikk'**? Also **'pike'**?

4 RELATIVE PRONOUNS ('WHO/WHICH/THAT')

The relative pronoun is very easy in Norwegian. It is quite simply som, regardless of whether it is referring to people, animals or objects. **Som** = *who/which/that*.

Jeg ser en student. Han heter Per.	*I see a student. He is called Per.*
Jeg ser en student som heter Per.	*I see a student who is called Per.*
De tar trikken. Den går til Slottet.	*They take the tram. It goes to the Palace.*
De tar trikken som går til Slottet.	*They take the tram that goes to the Palace.*
Trikken som går til Frognerparken, er stor.	*The tram which goes to Frogner Park is big.*

OBS!

3 Translate: '*I shall take the train that goes to London*'

5 HER – HIT = *HERE*; DER – DIT = *THERE*

There are two words meaning *here* and two words meaning *there*. You use **her** and **der** when there is no movement: when someone or something is simply at a place:

Jeg er her.	*I am here.*
John sitter der.	*John sits there.*

You use **hit** and **dit** when there is movement:

Han reiser dit.	*He travels there.*
Bente kommer hit.	*Bente comes here.*

Practice

1 Complete the three remaining columns with the correct forms of the nouns. The first has been done for you.

Indefinite Singular	Definite Singular	Indefinite ~~Singular~~ *Pl*	Definite ~~Singular~~ *Pl*
a en buss	bussen	busser	bussene
b en trikk	_____	_____	_____
c et fly	_____	_____	_____
d et tog	_____	_____	_____
e en lastebil	_____	_____	_____
f en ferge	_____	_____	_____

2 Do the same again, but this time with an adjective:

Indefinite Singular	Definite Singular	Indefinite ~~Singular~~ *Pl*	Definite ~~Singular~~ *Pl*
a en stor buss	bussen	busser	bussene
b en gul trikk	_____	_____	_____
c et stort fly	_____	_____	_____
d et fint tog	_____	_____	_____
e en grønn	_____	_____	_____
f en ferge	_____	_____	_____

3 Complete the text to create a pattern as in Exercise 1 above:

Indefinite Singular

a en dame	_____	damer	_____
b _____	studenten	studenter	_____
c en skole	_____	_____	_____
d _____	_____	_____	husene
e et kurs	_____	_____	_____
f _____	_____	kopper	_____
g _____	flasken	_____	_____

4 Link the two sentences with som:

Example: Jeg ser en student. Han heter John.

Jeg ser en student som heter John.

a Det er et stort hus. Det ligger i en grønn park.
b De tar trikken. Den går til Frognerparken.
c Solen skinner på sjøen. Den er blå.
d Bente spiser mange reker. De er gode.

5 Don't forget word order!

 04.06 Listen to the text and repeat the sentences.

De tar trikken til Frognerparken etterpå.	*They take the tram to Frogner Park afterwards.*
Etterpå tar de trikken til Frognerparken. ⟶	The sentence starts with an adverb.
Du kan se Slottet til høyre.	*You can see the Palace to the right.*
Til høyre kan du se Slottet. ⟶	The sentence starts with a preposition phrase.

Start these sentences with nå and adjust the word order:

a Vi kommer til Frognerparken.

b Vi skal spise reker.

c John og Bente går til Aker Brygge.

Start these sentences with til venstre:

a Du kan se den britiske ambassaden.

b Vi ser Slottet.

c John ser en restaurant.

6 Find the correct word for *here* and *there*:

a John går _____.

b Frognerparken ligger _____.

c Bente sitter _____.

d Trikken kjører _____.

7 Use the table of adjectives on pages 45–46 and complete the sentences.

a Jeg har en _____ bil.

b Den _____ fergen går til Sverige.

c Kari spiser mange _____ reker og drikker en _____ kopp kaffe.

d De _____ husene ligger i den _____ gaten.

8 **Look at the map of Oslo. You are at Aker Brygge looking towards Rådhuset. Answer the questions:**

    a Er Akershus til høyre eller venstre for Rådhuset?

    b Er Frognerparken på høyre eller venstre side av kartet?

    c Er Slottet i en liten park?

9 **Answer the following questions about Oslo using complete sentences:**

    a Hvor bor kongen og dronningen?

    b Er Slottet en liten grønn bygning?

    c Er trikkene i Oslo gule eller blå?

? Test yourself

This time the questions are different. You have to choose the correct Norwegian adjective/noun combination to translate the English phrase.

1 a big car

  a en stor bil. **b** et stor bil. **c** en stort bil.

2 the long street

  a den lang gaten. **b** den lange gaten. **c** den lange gatene.

3 the fat girl

  a en tykke pike. **b** den tykke piken. **c** de tykk pikene.

4 the cross boy

  a en sinte gutt. **b** de sinte gutten. **c** den sinte gutten.

5 a big building

  a en store bygning. **b** en stor bygning. **c** et stort bygning.

6 the green park

  a den grønn park. **b** den grønn parken. **c** den grønne parken.

7 a big palace

  a et stort slott. **b** et stort slottet. **c** et stort slottene.

8 a yellow tram

  a et gul trikk. **b** en gul trikk. **c** den gul trikk.

9 the long streets

  a de lang gater. **b** de lange gatene. **c** de lang gatene.

10 the big fountain

  a den store fontenen. **b** det store fontenen. **c** de stor fontenen.

SELF CHECK

I CAN...	
○	. . . understand directions and know how to express left and right.
○	. . . get around in Oslo.
○	. . . express my opinion about the sights.

5 Sue går til byen
Sue goes into town

In this unit you will learn how to:
▶ *ask for postcards and stamps.*
▶ *ask for directions.*
▶ *understand Norwegian money.*
▶ *count from ten upwards.*

CEFR: (A2) *Can ask about things and make simple transactions in a post office; Can give and receive information about quantities, numbers and prices; Can make simple purchases by stating what is wanted and asking the price.*

Det norske pengesystmet   *The Norwegian money system*

The system is not complicated. Ten kroner is roughly equivalent to one British pound. At the time this book was revised, the pound was weak, and £1 was roughly kr 9.

The krone is divided into 100 øre. There used to be various copper coins, but at the time of writing the smallest unit is 50 øre.

The coins are 50 øre, 1 krone, 5 kroner, 10 kroner and 20 kroner. The notes are 50 kroner, 100 kroner, 500 kroner and 1000 kroner. Prices are usually written like this: kr 45,50.

In banks and in lists of monetary currency, the krone is written like this: **NOK** = Norwegian krone.

The decimal point is always a comma, not a point. This is the same for distances and weights and so on.

1 kilometer (km) = 1000 metres (m)   1,6 km = 1 mile (roughly)   1 Norwegian mile (mil) = 10 km
1 kilo (kg) = 1000 gram (g)   0,450 kg = 450 g = 1 lb (roughly)

 1 Into what is the krone divided?

Vocabulary builder

 05.01 Look at the word list and complete the missing English expressions. Then listen and try to imitate the speakers.

PÅ POSTKONTORET *AT THE POST OFFICE*

døren (en)	*the door*
disken (en)	_____
kort (et)	*postcard(s)*
post (en)	_____
selger (å selge)	*sell/sells*
sende	*send*
kjøpe (å kjøpe)	*buy*
frimerker (et frimerke)	_____

PENGER *MONEY*

bank (en)	*bank*
hundre (et)	_____
hundreogtrettiåtte	*a hundred and thirty-eight*
kassen (en)	*the till/ cashdesk*
koster (å koste)	_____
mynter (en mynt)	*coins*
penger	_____
sedler (en seddel)	*notes/ banknotes*
veksle (å veksle)	*change/ exchange*

NEW EXPRESSIONS

 05.02

En gang til	*Once more*
Ingen årsak	*No reason/that's all right/don't mention it*

Dialogue 1

humør (et)	*humour/mood*
regner (å regne)	*rains*
turistinformasjonen	*the tourist information office*
mener (å mene)	*mean/means*
finner (å finne)	*find/finds*
dårlig	*bad*

 05.03 *Sue is in a bad mood,* **i dårlig humør.**

Sue and Randi went off without the boys, and Arne and Sue have now had their first quarrel. Arne has gone off somewhere, and Sue finds a kiosk to buy postcards and stamps. It is raining and she is in a bad mood.

1 What does Sue want to buy?

Sue er i dårlig humør. Og nå regner det. Hun går til en kiosk og snakker til damen bak disken.

Sue	God dag. Jeg vil gjerne kjøpe noen kort.
Damen bak	Kortene er der borte ved døren. Du kan se hvilke du vil ha.

Sue går til døren. Der er det et stort stativ med mange kort. Sue finner åtte pene kort. Hun går til disken....

Sue	Jeg vil gjerne kjøpe disse kortene.
Damen	De store kortene koster ti kroner hver og de små koster seks kroner. Det er fem store kort og tre små.
Sue	Hvor kan jeg kjøpe frimerker?
Damen	Vi selger frimerker også. Hvor skal du sende kortene?
Sue	Jeg skal sende sju kort til England og ett til Sverige.
Damen	Her er frimerkene. Det blir hundreogtrettiåtte kroner.
Sue	Her er to hundre kroner.
Damen	Takk. Og her har du sekstito kroner tilbake.
Sue	Mange takk. Hvor finner jeg turistinformasjonen?
Damen	Vet du hvor Aker Brygge er? Gå ned den gaten der til du nesten er på Aker Brygge. Du vil se en stor gul bygning på høyre side. Det er turistinformasjonen.
Sue	Mener du den gaten til høyre?
Damen	Ja, det er ikke langt.
Sue	Tusen takk! Ha det!
Damen	På gjensyn!

2 True or false?
a Sue er i godt humør.
b Arne kjøper kort og frimerker.
c Turistinformasjonen er en stor grønn bygning.
d Turistinformasjonen er på venstre side.

3 Writing

Complete the sentences with the correct word.
a Sue kjøper _____ og _____. (*cards, stamps*)
b Turistinformasjonen er i en stor, gul _____. (*building*)
c Sue says: _____. (*a thousand thanks/thank you very much*)

CULTURAL TIP

Did you look up the numbers? The Norwegian monetary system is also explained at the start of this unit. The krone is divided into 100 øre. The øre isn't worth much these days. The only øre-coin in use is the 50 øre coin, which is worth roughly 5 pence or 7 cents.

Dialogue 2

brosjyre (en)	*brochure*
forklare (å forklare)	*explain*
utstillinger (en utstilling)	*exhibitions*
åpningstider (en åpningstid)	*opening times*
hjelpen (en)	*the help*
ingen årsak	*no problem*

05.04 *Sue finds the Tourist Information Office and speaks to a helpful man.*

1 Where does Sue want to get directions to?

Mannen	Hei! Kan jeg hjelpe deg?
Sue	Ja, takk. Jeg er engelsk, men jeg snakker litt norsk. Hva kan jeg gjøre i Oslo?
Mannen	Her har du en brosjyre. Her kan du finne alt. Liker du pop-konserter? Liker du å se en god film? Du kan se hvilke filmer som går denne uken. Du finner alt her.
Sue	Er det mange museer i Oslo?
Mannen	Ja, det er mange fine museer. Her er åpningstider for museer og utstillinger.
Sue	Hvor er Sentralbanestasjonen?
Mannen	Gå til Nationalteatret. Der finner du en trikk til Oslo S. Men du kan også gå dit. Det er ikke langt. Oslo S er i den andre enden av Karl Johans gate.
Sue	Unnskyld, kan du forklare det en gang til?
Mannen	Ja, gjerne det. Gå til Nationalteatret. Da ser du Karl Johans gate. Du har Slottet til venstre. Gå til høyre. Gå hele Karl Johans gate. Da kommer du til Sentralbanestasjonen.
Sue	Nå vet jeg hvor jeg skal gå. Er det langt?
Mannen	Nei, kanskje tjue minutter. Her har du et godt kart over Oslo og her er en Oslo-guide.
Sue	Takk for hjelpen! Morna!
Mannen	Ingen årsak. Kom tilbake hvis du vil vite mer. Morna!

Mannen smiler til Sue. Hun går ut. Det regner.

2 True or false?

   a Sue vil gjerne vite hvor Sentralbanestasjonen er.

   b Sue kan ikke ta en trikk til Oslo S.

   c Det er kanskje 20 minutter å gå til Oslo S.

   d Mannen har ikke et kart over Oslo.

You have come across **'hvilke'**, meaning *which* in the plural. **'Hvilke'** has three versions, as you will come across later; **'hvilken'** meaning *which* in connection with common gender nouns, **'hvilket'** with neuter nouns and, as here, **'hvilke'** with plurals. Examples:

hvilken bil er din?	*which car is yours?* (**'en bil'**)
hvilket hus bor du i?	*which house do you live in?* (**'et hus'**)
hvilke kort vil du ha?	*which cards will you have?*

Dialogue 3

alene	*alone*
altfor	*much too*
begge	*both*
hva slags	*what kind of/ what sort of*
noe	*something*
sant	*true*

05.05 *Sue needs some Norwegian money. She goes to the nearest bank.* **Sue trenger norske penger. Hun finner en bank.**

*Sue could have found an ATM, called **Minibank**, but for our story we'd rather send her to a bank with some traveller's cheques.*

1   What is the Norwegian word for *passport*?

Damen i kassen	Hei! Kan jeg hjelpe deg?
Sue	Jeg vil gjerne veksle noen reisesjekker.
Damen	Har du pass?
Sue	Ja, her er det. Og her er reisesjekkene. De er begge på £100. Og så har jeg £20 som jeg gjerne vil veksle i norske penger.
Damen	Hva slags sedler vil du ha?
Sue	Jeg vil gjerne ha en tusen-kroneseddel og resten av pengene i hundre-kronesedler og i mynter.
Damen	Vil du skrive navnet ditt på disse sjekkene og på dette papiret her?
	Takk. Her har du pengene dine og dette er kvitteringen.
Sue	Takk for hjelpen. Ha det!
Damen	Ha en hyggelig dag. Ha det godt!
Sue går ut av banken. Det regner og regner.	
Suddenly she hears:	
Jan	Hei Sue! Husker du meg? Fra fergen?
Sue	Hei Jan! Hyggelig å se deg! Hvordan har du det?
Jan	Fint! Er du alene i byen?

Sue	Ja, Arne er i dårlig humør. Jeg også! Det er altfor mange skulpturer i Frognerparken! De er altfor like hverandre. Det er ikke lett å huske dem!
Jan	Ja, det er sant. Kom med meg til en kafé! Vi kan spise noe godt og snakke sammen.
Sue	Det vil jeg gjerne!

2 True or false?

a Sue trenger ikke å veksle noen reisesjekker.

b Hun vil gjerne ha en tjue-kroneseddel.

c Sue møter Odd.

d Sue er i dårlig humør.

3 Writing

Complete the sentences with the correct word.

a Nå har Sue norske _____. (*money*)

b Det regner og Sue er i _____ humør. (*bad*)

c Sue og Jan går til en _____. (*cafe*)

This is how we say it

▶ Some useful expressions from this unit:

Jeg vil gjerne kjøpe	*I would like to buy*
Kan jeg få...?	*May I have ...?*
Kan du si meg hvor ... er?	*Can you tell me where ... is?*
Hvor er ...?	*Where is ...?*
Vet du hvor ... er?	*Do you know where ... is?*
Hvor finner jeg ...?	*Where will I find ...?*
Mener du den gaten der?	*Do you mean that street there?*
Vil du si det en gang til?	*Would you say it once more?*
Vil du forklare det en gang til?	*Would you explain it once more?*
Du må gå ned den gaten der.	*You must go down that street there.*
Gå til venstre bort denne gaten her.	*Go/turn left along this street here.*
Ta den trikken du ser der borte.	*Take the tram you see over there.*
Kortene koster tjueseks kroner.	*The cards cost 26 kroner.*
Frimerkene koster atten kroner.	*The stamps cost 18 kroner.*
Jeg har ingen norske penger.	*I have no Norwegian money.*
Jeg trenger norske penger.	*I need some Norwegian money.*
Hvor er banken?	*Where is the bank?*
Hvor er Slottet?	*Where is the Palace?*

Hvor finner jeg en kiosk?	*Where do I find a kiosk?*
Hvor finner jeg et toalett?	*Where do I find a toilet?*
Unnskyld!	*Excuse me/sorry!*
Takk.	*Thank you.*
Takk for hjelpen.	*Thank you for the (your) help.*
Ingen årsak.	*No reason/'don't mention it.'*

LANGUAGE TIP

It's very useful to be able to ask directions and understand the answers. Don't worry about asking a second time! **'Unnskyld, vil du si det en gang til?'** meaning: *Sorry, will you say it once more?* is a phrase which could come in handy.

Language discovery

1 DEMONSTRATIVES: 'THIS/THESE, THAT/THOSE'

These words are used in the same way as in English

denne = *this*

dette = *this*

disse = *these*

den = *that*

det = *that*

de = *those*

The only things to remember are:

Denne is used with **en**-words and **dette** with **et**-words. **Den** is used with **en**-words and **det** with **et**-words.

Jeg kjører i denne bilen.	*I drive in this car.*
Hun bor i dette huset.	*She lives in this house.*
Studentene spiser disse rekene.	*The students eat these prawns.*
John går ned den gaten.	*John goes down that street.*
Han ser på det kartet.	*He looks at that map.*
Trikken kjører i de gatene.	*The tram drives in those streets.*

Her is often used with **denne**, **dette**, **disse**. **Der** is often used with **den**, **det**, **de**.

This strengthens the demonstrative:

Jeg kjører i denne bilen her.	*I drive in this car here.*
Hun bor i dette huset her.	*She lives in this house here.*
Studentene spiser disse rekene her.	*The students eat these prawns here.*
John går ned den gaten der.	*John goes down that street there.*
Han ser på det kartet der.	*He looks at that map there.*
Trikken kjører i de gatene der.	*The tram drives in those streets there.*

As you see, **den**, **det** and **de** have more than one meaning. They are demonstratives as well as definite articles used with adjectives + nouns. Notice the noun still has the end-article.

OBS!

1 How would you say in Norwegian: '*Sue lives in that house there*'?

2 IMPERATIVES

Imperatives are verbs giving orders or commands, and generally tell someone what to do. The version of the verb used to do this is the shortest form. You might remember from Unit 1 (Language discovery 5) that this is called the 'stem'. The stem is the version of a verb used to give commands.

In English the imperative looks like this: *sit!, go!, drive!* In Norwegian: **sitt! gå! kjør!**

(The verbs listed as infinitives are: **å sitte**, **å gå**, **å kjøre**.)

OBS!

2 How would you tell somebody to learn Norwegian, using the imperative?

3 NOUNS

As you no doubt remember, the four forms of the noun are:

en bil	**bilen**	**biler**	**bilene**
et hus	**huset**	**hus**	**husene**

This applies if the nouns follow a regular pattern. Unfortunately some nouns don't follow the normal rule:

en seddel	**seddelen**	**sedler**	**sedlene**	(*banknote*)
en lærer	**læreren**	**lærere**	**lærerne**	(*teacher*)
et teater	**teateret**	**teatre**	**teatrene**	(*theatre*)
en mann	**mannen**	**menn**	**mennene**	(*man*)

There is a complete list of the irregular nouns used in this book in the **Grammar section** at the back.

4 OG, MEN, FORDI – 'AND, BUT, BECAUSE': THREE EXAMPLES OF CONJUNCTIONS

Words which are helpful when you want to join sentences together are called conjunctions.

De store kortene koster åtte kroner.	*The big cards cost eight kroner.*
De små kortene koster fem kroner.	*The small cards cost five kroner.*
De store kortene koster åtte kroner og de små kortene koster fem kroner.	*The big cards cost eight kroner and the small cards cost five kroner.*
Hilde har bil.	*Hilde has a car.*
Erik har ikke bil.	*Erik doesn't have a car.*
Hilde har bil, men Erik har ikke bil.	*Hilde has a car, but Erik doesn't have a car.*

Han drikker øl.	He drinks beer.
Han er tørst.	He is thirsty.
Han drikker øl fordi han er tørst.	He drinks beer because he is thirsty.

OBS!

3 Translate into Norwegian: 'It rained on Friday, but today it is sunny'.

5 JOHNS MOTORSYKKEL *JOHN'S MOTORBIKE*

Indicating who or what owns something is very simple in Norwegian. You just add an **-s** to the owner – as in English, but without the apostrophe.

Johns motorsykkel	John's motorbike
Bentes ferie	Bente's holiday
Oslos hovedgate	Oslo's main street
Bentes tante	Bente's aunt

Practice

1 Find a demonstrative to complete these sentences:

a Hvor er banken? Banken ligger i _____ gaten der.

b Hva heter _____ gaten der?

c Vil du ha _____ kortet her?

d Nei, takk. Jeg vil heller ha _____ kortene der.

e Jeg liker ikke _____ skulpturene der.

f Jeg vil gjerne kjøpe _____ kartet her.

2 Find a verb in the imperative that matches the infinitive given in brackets:

a _____ dit! (å kjøre)

b _____ på den stolen der! (å sitte)

c _____ til kiosken! (å gå)

d _____ melk og kaffe! (å kjøpe)

3 Don't forget the nouns! Nouns in the indefinite and definite, singular and plural have this pattern:

en bil	bilen	biler	bilene
et hus	huset	hus	husene

Find the missing words:

a en ferie	_____	ferier	_____
b _____	byen	byer	_____
c en vei	_____	_____	veiene
d _____	_____	hoteller	_____
e _____	parken	_____	_____
f et kort	_____	_____	_____
g _____	frimerket	_____	_____

4 **Find the correct form of the adjective in the brackets. Look at the table in Unit 4 (Language discovery 4).**

   a en (stor) _____ bil
   b den (kjedelig) _____ læreren
   c de (gammel) _____ damene
   d det (blå) _____ huset
   e mange (norsk) _____ studenter
   f de (grønn) _____ parkene
   g det (pen) _____ kortet

5 **Look at the map of Oslo in Unit 4, Exercise 8. Find your way:**

   a fra Oslo S til Nationalgalleriet (*the National Gallery*)
   b fra Nationalteatret til Akershus
   c og så til Slottet

6 **Translate this passage – remember to use the Vocabulary at the back of the book if you get stuck.**

Bente er i dårlig humør. Det er dårlig vær (*weather*). Det er ikke pent vær. Det er ikke sol. Det regner. John er i Oslo alene. Han er i godt humør. Han kjøper mange pene kort og noen frimerker. Så går han til turistinformasjonen og til en bank. Han har ingen penger, og han vil gjerne veksle noen reisesjekker.

● **NEWSAGENTS AND KIOSKS**

Newsagents and kiosks in Norway display a big, multi-coloured 'N' on a blue board. This stands for the name Narvesen. Here you can buy books, magazines, postcards, hot-dogs, sweets and so on. You can also buy stamps for letters and cards to send all over the world, so it is not necessary to find a post office unless you want to send parcels.

05.06 **Vi teller videre fra ti**   *We count up from ten*

In Unit 2 you discovered that 7 = **sju** has the older version **syv**, which is still used by a lot of people. 20 = **tjue** and 30 = **tretti** also have an old form: **tyve** = 20 and **tredve** = 30. If you use **tyve** and **tredve**, you also have to count in the old-fashioned way, which many people still do. See forms in brackets.

11	**elleve**
12	**tolv**
13	**tretten**
14	**fjorten**
15	**femten**
16	**seksten**
17	**sytten**
18	**atten**
19	**nitten**
20	**tjue (tyve)**
21	**tjueen (en og tyve)**
22	**tjueto (to og tyve)**
23	**tjuetre (tre og tyve)**
30	**tretti (tredve)**
31	**trettien (en og tredve)**
32	**trettito (to og tredve)**
40	**førti**
50	**femti**
60	**seksti**
70	**sytti**
80	**åtti**
90	**nitti**
100	**hundre**
200	**to hundre**
1000	**tusen**

In this book you'll find the modern way of counting.

Test yourself

Choose the correct number.

1 sekstiåtte
  a 65.   **b** 68.   **c** 78.

2 trehundreog fem
  a 305.   **b** 304.   **c** 315.

3 sjuhundreog trettitre
  a 703.   **b** 730.   **c** 733.

4 sytten
  a 7.   **b** 70.   **c** 17.

5 tjuefire
  a 24.   **b** 25.   **c** 26.

6 nittito
  a 91.   **b** 92.   **c** 99.

7 firehundreog femtifire
  a 404.   **b** 444.   **c** 454.

8 åttehundreog åttiåtte
  a 888.   **b** 818.   **c** 808.

9 førtini
  a 59.   **b** 49.   **c** 94.

10 elleve
  a 11.   **b** 21.   **c** 12.

SELF CHECK

I CAN...
○ . . . ask for directions.
○ . . . ask for postcards and stamps.
○ . . . count from ten to a thousand.
○ . . . understand Norwegian money.

6 Hallo!
Hello!

In this unit you will learn how to:
- ▶ *use the telephone.*
- ▶ *use numbers.*
- ▶ *make appointments.*
- ▶ *say 'Please'.*

CEFR: (A1) *Can handle numbers including phone numbers and street addresses; Can make arrangements to meet;* **(A2)** *Can use a variety of linking words.*

Telefonering i Norge *Telephoning in Norway*

All telephone numbers are eight digits, and you use all eight, whether you dial a local number or long distance. The first two digits specify the town or area, Oslo numbers start with 22, Bergen with 55 and so on.

To phone Norway from abroad you dial 00 + 47 followed by the eight digits.

Telephone numbers are normally said in twos:

22 45 96 37: **tjueto førtifem nittiseks trettisju.**

There are different 'packages' for the use of landlines, internet and mobiles, with many offering free calls at certain times. Skype is very popular. Many employees work from home from time to time, and have a so-called 'home office', which is in Norwegian: **'hjemmekontor'** where new communication methods are useful.

---

 1   What is the Norwegian word for a working place at home?

Vocabulary builder

 06.01 **Listen to the new expressions and repeat them.**

VI SNAKKER PÅ TELEFONEN	*TALKING ON THE PHONE*
Hallo, jeg heter	*Hello, my name is/ I am called...*
Jeg vil gjerne snakke med	*I would like to talk to .....*
Er Bente hjemme?	*Is Bente at home?*
Hvem er det jeg snakker med?	*Who am I talking to?*

VI SENDER SMS *SENDING A TEXT MESSAGE*

Text messaging (SMS) is widespread, and people will often use shortened words. Much used words are:

180 **trenger mer informasjon** *need more info*

7k	**syk** *ill*		oxo	**også** *also, as well*
å	**og** *and*		pm	**privat melding** *private message*
d	**det** *it*		prt	**party** *party*
dg	**deg** *you*		qlt	**kult** *cool*
g9	**geni** *genius*		r	**er** *am/are/is*
gid	**glad i deg** *I love you*		sik	**skal i kveld** *shall/will tonight*
jg	**jeg** *I*		td	**til deg** *for/to you*
ik	**ikke** *not*		thx	**takk** *thanks*
mld	**melding** *message*		z	**sett** *seen*

Have a go!

2 How would you say: 'I would like to book an appointment'?

Dialogue 1

andre	*others*
både	*both*
fulle (full)	*full*
hente	*fetch*
hils (å hilse)	*greet*
hjem	*home* (also **et hjem** *a home*)
hjemme	*at home*
høre (å høre)	*hear*
i hele går	*all day yesterday*
ikke så verst	*not too bad*
jo	*yes*
krangler (å krangle)	*quarrel/quarrels*
kranglet	*quarrelled*
nummeret (et)	*the number*
ringer (å ringe)	*ring/rings*
slår (å slå)	*knock/knocks, tap/taps, dial/dials*

06.02 Sue and Arne quarrel. Sue goes off with Jan, and Arne phones home.

1 What is the name of Arne's brother?

Det er fint vær igjen, men både Sue og Arne er i dårlig humør. De er ikke venner og de vil ikke være sammen.

Arne vil reise til Bergen, og han ringer hjem.

Tom	Hallo!
Arne	Hei, lillebror! Hvordan har du det?"
Tom	Ikke så verst. Når kommer du hjem?
Arne	Kanskje i morgen. Er mor hjemme?
Tom	Ja, jeg skal hente henne. Mor!!! Arne er på telefonen!!
Mor	Hallo, Arne, så godt å høre fra deg. Er du ikke snart på vei hjem?
Arne	Jo, jeg kommer i morgen hvis jeg får plass på toget.
Mor	Kommer Sue?
Arne	Nei, jeg kommer alene. Vi bare krangler. Vi kranglet i hele går.
Mor	Det skal bli godt å se deg. Du må bestille plass på toget. Togene er fulle nå i ferien.
Arne	Jeg skal ringe til Oslo S. Hils far og de andre. Ha det, mor! Jeg gleder meg til å komme hjem.
Mor	Ha det godt, gutten min.

2 True or false?

    a Både Sue og Arne er i godt humør.

    b Sue ringer til Bergen.

    c Arne snakker med Tom og far.

3 Writing

Translate the words in the brackets and complete the sentences.

    a Sue og Arne er ikke _____. (*friends*)

    b De _____ i hele går. (*quarrelled*)

    c Arne sier at han kommer _____. (*tomorrow*)

    d Arne kaller Tom _____. (*little brother*)

  06.03 Listen and repeat the following expressions:

Jeg gleder meg til å ...   *I am looking forward to...*

Ikke så verst ...   *Not too bad...*

> **LANGUAGE TIP**
>
> Did you notice Arne saying: **'hils far ...'**? This is the imperative of the verb **'å hilse'** meaning *to greet*, and is the form of the verb used for instructions or giving orders. In English we would probably say *Give my love to Dad*, or *Say hello to Dad* rather than *Greet Dad!* You cannot always translate word for word between different languages.

Dialogue 2

klokken	*at ... o'clock*
med en gang	*at once*
plassbillett (en)	*seat reservation*
returbillett (en)	*return ticket*
vær så god	*can/may I help you?*
vindusplass (en)	*windowseat*

06.04 *Arne phones the Norwegian State Railway booking office.*

1 Arne is booking a railway ticket. Where does he want to go?

Damen	22 17 14 00. Vær så god?
Arne	Hei! Jeg vil gjerne bestille billett på toget til Bergen i morgen.
Damen	Nå skal jeg se. Et øyeblikk. De to første togene er fulle, men du kan få plass på toget som går klokken 14.55, altså fem minutter på tre. Dette er en 'grønn avgang', så reisen blir billigere.
Arne	Det var heldig! Er det en vindusplass ledig?
Damen	Nå skal jeg se etter. Det er ikke mange plasser igjen. Jo, du kan få en vindusplass. Skal du ha returbillett?
Arne	Nei, men jeg vil gjerne ha plassbillett.
Damen	Du må hente billetten i dag. Jeg kan holde den til klokken to.
Arne	Jeg kommer med en gang. Takk for hjelpen. Ha det!
Damen	Ha det bra.

2 True or false?

  e Arne vil bestille plass på toget til Bergen.

  f Sue skal ikke reise til Bergen.

  g Toget går fem minutter over tre.

  h Arne bestiller returbillett.

   06.05 Listen and repeat the following expressions

Vær så god	*May I help you? (Be so good)*
Et øyeblikk	*One moment/please wait a moment*
Med en gang	*At once*

  3 Writing

Translate the English words in brackets and complete the sentences.

  a Arne vil _____ billett til Bergen. (*book*)

  b Han vil gjerne ha _____. (*a window seat*)

  c Han vil ikke ha _____. (*a return ticket*)

  d Toget går klokken _____ på _____. (*five, three*)

Dialogue 3

forstår (å forstå)	*understand/understands*
før	*before*
hentet (å hente)	*collected/fetched*
kjøpt (å kjøpe)	*bought*
kom (å komme)	*came*
plutselig	*suddenly*
reiste (å reise)	*went/travelled*
senere	*later*
stund (en)	*while*
tok (å ta)	*took*
vanskelig	*difficult*
vent (å vente)	*wait* (imperative)
viktig	*important*
ville (å ville)	*wanted*

 06.06 *Arne collects his rail ticket and phones his aunt Maiken.*

1 Arne is going back to Bergen. What is the train between Oslo and Bergen called?

Arne hentet billetten sin på Oslo S. Nå vil han ringe til tante Maiken, og han slår nummeret hennes, 22 27 95 44, og tanten svarer:

Tante Maiken	Tjueto tjuesju nittifem førtifire, vær så god?
Arne	Hallo, tante Maiken! Nå er jeg på Oslo S. Jeg har kjøpt billett til Bergensbanen i morgen. Jeg reiser klokken fem på tre.
Tante Maiken	Jeg er glad for at du reiser til mor og far. Det blir fint for deg å komme hjem til familien din. Men jeg får ikke se deg mye før du reiser. Nå skal jeg på en konsert med en venn og i morgen har jeg bestilt time hos tannlegen og frisøren.
Arne	Jeg blir i Oslo i kveld, men jeg kommer tilbake for å pakke.
Tante Maiken	Har du hørt fra Sue?
Arne	Nei, men hun har adressen min. Hun skal ringe til meg om noen uker. Hun er veldig vanskelig. Jeg forstår henne ikke. Hun sa at hun ville være i Oslo et par dager til. Men plutselig tok hun teltet sitt og motorsykkelen sin og reiste.
Tante Maiken	Jeg liker Sue. Men det er viktig at dere er fra hverandre en stund. Og du kan være litt vanskelig, du også!
Arne	Tante Maiken, da!
Tante Maiken	Du er en veldig hyggelig gutt, Arne. Det har vært noen hyggelige dager siden du kom og jeg vil veldig gjerne ha deg her hos meg noen dager til. Ha det! Ser deg senere!
Arne	Jeg blir sen. Ikke vent på meg. Ser deg til frokost i morgen. Hei, hei!

2 True or false?

    a Sue og tante Maiken skal reise til Bergen.

    b Arne har billett til fergen til England.

    c Sue vil bestille time hos frisøren.

    d Arnes familie bor i Bergen.

 06.07 Listen to the following expressions and repeat them.

Å bestille time	*to make an appointment*
Om et par uker	*in a couple of weeks*

This is how we say it

There is no single word meaning 'please' in Norwegian:

▶ **Ja takk.**	*Yes, please.*
Nei takk.	*No, thank you.*
Vær så snill å ...	*Please (asking someone to do something for you, be so good as to ...)*
Vil du være så snill å...?	*Please (will you be so good as to ...?)*
▶ **Jeg er glad for å ...**	*I am pleased to...*
Jeg er glad for at ...	*I am pleased that...*
Jeg er glad i ...	*I love/like very much ...*
▶ **Vær så god**	*Here you are/may I help you? (when you hand someone something, and when you answer the phone)*
▶ **Vil du ha et glass øl?**	*Would you like a glass of beer?*
Her er et glass øl, vær så god.	*Here is a glass of beer (for you).*
Vær så snill å gi meg et glass øl til!	*Please give me another glass of beer!*
Vil du være så snill å gi meg et glass øl til?	*Please give me another glass of beer?*

This expression is important enough to need repeating:

▶ **Jeg gleder meg til ...**	*I am looking forward to ...*
Jeg gleder meg til ferien.	*I am looking forward to the holiday.*
Jeg gleder meg til å se deg!	*I am looking forward to seeing you!*
Jeg gleder meg til å reise fra Norge!	*I am looking forward to travelling from Norway!*
▶ **Hvor er det en telefon?**	*Where is there a telephone?*
Hvor er det en telefonkiosk?	*Where is there a telephone booth?*
Hvor er det en telefonkatalog?	*Where is there a telephone directory?*

Kan jeg få snakke med ...?	*Please may I speak to ...?*
Et øyeblikk.	*Just a moment.*
Jeg vil gjerne bestille time.	*I would like to make an appointment.*

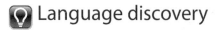

Language discovery

1 QUESTIONS

You have seen earlier that questions are simply made by changing the word order, or by using a question word, such as **hva** and **hvor**, and ending with a question mark.

Heter han John?	*Is he called John?*
Hvor bor du?	*Where do you live?*

It is very common in Norway to use the negative when asking questions:

Heter han ikke John?	*Isn't he called John?*
Bor du ikke i Taunton?	*Don't you live in Taunton?*

There are two words for yes: **ja** and **jo**.

If you answer yes to a question, you say **ja**.

If you answer yes to a 'negative' question, you say **jo**.

Jo is also a slightly doubtful *yes*.

Kommer du fra Stavanger?	*Do you come from Stavanger?*
Ja, jeg kommer fra Stavanger.	*Yes, I come from Stavanger.*
Kommer du ikke fra Stavanger?	*Don't you come from Stavanger?*
Jo, jeg kommer fra Stavanger.	*Yes, I come from Stavanger.*
Liker du norsk mat?	*Do you like Norwegian food?*
Jo, jeg liker norsk mat.	*Well – yes, I like Norwegian food.*

2 VERBS – TALKING ABOUT EVENTS IN THE PAST

The tense of the verb relates to when the action takes place, in the past, present or future. When you want to talk about something which happened in the past, the verb will have to be in the past tense.

Jeg var i New York i går.	*I was in New York yesterday.*

The present tense of the verb *to be* is *am/are/is*, and in the past tense: *was/were* in English. In Norwegian, the present tense of **å være** is **er**, and the past tense is **var**.

Jeg er i USA.	*I am in the USA.*
Jeg var i Oslo i går.	*I was in Oslo yesterday.*

It makes sense to list verbs in the following order:

Infinitive		Present tense		Past tense	
å være	*(to be)*	**er**	*(am/are/is)*	**var**	*(was)*
å reise	*(to travel)*	**reiser**	*(travel/travels)*	**reiste**	*(travelled)*
å kjøre	*(to drive)*	**kjører**	*(drive/drives)*	**kjørte**	*(drove)*
å spise	*(to eat)*	**spiser**	*(eat/eats)*	**spiste**	*(ate)*

The last three verbs in this list follow the normal rules and are described as regular.

There are four groups of regular verbs, which you will meet in the following units. But there are also many irregular verbs, which don't follow the normal patterns. Here are some useful ones:

å gå	**går**	**gikk**	*(to go)*
å ha	**har**	**hadde**	*(to have)*
å drikke	**drikker**	**drakk**	*(to drink)*

OBS!

1 How would you say: *'Sue drank beer yesterday'*?

3 ADVERBS

Do you remember *here* and *there*? These are examples of adverbs. Adverbs are words which give extra information, such as how, when or where the verb takes place.

There are two words for *here* and two words for *there*, one to use when there is movement, and one for stationary situations.

Kom hit!	*Come here!*
Gå dit!	*Go there!*
Jeg er her.	*I am here.*
Du er der.	*You are there*

OBS!

2 Your try! What is: *'sit there!'* in Norwegian?

There are some more adverbs like this:

With movement

bort	*(away/off)*
han kjører bort	*(he drives off)*
opp	*(up)*
ned	*(down)*
ut	*(out)*

inn	*(in)*
hjem	*(home)*

Stationary

borte	*(away)*
de er borte	*(they are away)*
oppe	*(up/upstairs)*
nede	*(down/downstairs)*
ute	*(out/outside)*
inne	*(in/inside)*
hjemme	*(home/at home)*

OBS!

3 How would you say: *'Mother is upstairs'*?

4 DOING ARITHMETIC

+ og/pluss	3 + 5 = 8	**tre og fem er åtte**
– minus	6 – 2 = 4	**seks minus to er fire**
× ganger	7 × 3 = 21	**sju ganger tre er tjueen**
÷ dividert med/ delt på	24 : 8 = 3	**tjuefire dividert med åtte er tre**

V NEW EXPRESSIONS

å dividere/å dele	*to divide*
å gange/å multiplisere	*to multiply*
å legge sammen	*to add*
å trekke fra	*to take away*

Practice

1 These statements are in the present tense. Change them into the past tense:

06.08

  a John reiser til Bergen.

  b Han spiser reker og majones.

  c Bente drikker en kopp kaffe.

  d Hun har en liten rød bil.

  e De går til Turistinformasjonen.

2 **Find the correct adverb (see the English in brackets), remembering that some are used for movement and some not:**
   a Tante Maiken er _____ (*at home*)
   b Bente sitter _____ (*there*)
   c Kom _____ ! (*Come in!*)
   d Det regner _____ (*outside*)
   e Bente vil reise _____ (*home*)

3 **Make these statements into questions:**
   a John liker øl.
   b Han kommer fra York.
   c Bente vil reise til Bergen.
   d Bentes bror heter Tom.

4 **Answer these questions starting with ja or jo:**
   a Liker du ikke kaffe?
   b Vil du komme med meg til Bodø?
   c Vil han ikke ringe til Bente?
   d Heter han ikke Per?

5 **Find the correct forms of the adjectives**
   a en blå bil   den ____ bilen   ____ biler   de ____ bilene
   b et stort hus   det ____ huset   ____ hus   de ____ husene
   c en lang gate   den ____ gaten   ____ gater   de ____ gatene
   d en fin dag   den ____ dagen   ____ dager   de ____ dagene

6 **Which numbers are these? Write them in figures!**
   a seksten
   b tjuefem
   c femtini
   d syttifire
   e tohundreogto

7 **Write out the following numbers in Norwegian:**
   a 7
   b 17
   c 18
   d 80
   e 632

8 **Can you write out these sums in words, or say them out loud? And then give the answer in Norwegian, too. (Remember to use er for =!)**

06.09 **Listen to the recording and repeat.**

a $4 + 5=$
b $15 - 7=$
c $3 \times 6=$
d $28 \div 7=$
e $12 + 2=$

● BERGENSBANEN

The Oslo–Bergen railway is a major tourist attraction. The train takes you from Oslo through the farming valleys and beautiful forests and lakes. The train climbs steadily to the bare mountain plateau at more than 1,000 m, where the views over glaciers and mountain peaks are breathtaking. The train descends to the fjord country of Western Norway. The railway is kept open right through the winter, and the trip takes about six hours.

The popular 'Norway in a nutshell' tour can be booked. In one day you travel from either Bergen or Oslo, get off at Myrdal high in the mountains, and take the steepest railway in the world, Flåmsbana, via hairpin bends down to the tiny port of Flåm. Board a fjordboat for a memorable trip on the water through narrow fjords, then onto a coach for more breathtaking scenery to Voss. Take the train back to the starting point.

❓Test yourself

Choose the correct answer for each question.

1 Hva heter Arnes lillebror?
  a Odd.   **b** Knut.   **c** Tom.

2 Hvem vil Arne snakke med?
  a mor.   **b** far.   **c** Odd.

3 Vil Arne reise med fly til Bergen?
  a Ja, med fly.   **b** Nei, med motorsykkel.   **c** Nei, med tog.

4 Når går toget til Bergen?
  a Klokken 15.05.   **b** Klokken 14.55.   **c** Klokken 14.45.

5 Arne ringer til tante Maiken: tjueto tjuesju nittifem førtifire
  a 22259544.   **b** 22279544.   **c** 22279545.

6 Vil Sue reise til Bergen med Arne?
  a Ja, hun vil reise med Arne.   **b** Nei, hun vil kjøre motorsykkel.   **c** Nei, hun vil reise til London.

7 Tante Maiken sier at Arne er en hyggelig gutt.
  a Ja, Arne er en hyggelig gutt.   **b** Nei, Arne er en kjedelig gutt.   **c** Nei, Arne er en sint gutt.

8 Hvem er tante Maiken?
  a Sues tante.   **b** Arnes tante.   **c** Norsk-læreren.

9 Hvor kommer Arne fra?
  a Han kommer fra York.   **b** Han kommer fra Oslo.   **c** Han kommer fra Bergen.

10 Hva gjør Arne?
  a Han er frisør.   **b** Han er tannlege.   **c** Han er student.

SELF CHECK

	I CAN...
○	. . .use the telephone.
○	. . .use numbers.
○	. . .make appointments.
○	. . .say 'Please'.

7 Familie
Family

In this unit you will learn how to:
▶ *sort out family relationships.*
▶ *talk to children.*
▶ *express irritation.*
▶ *set up a family tree.*

CEFR: (A2) *Can use a series of phrases and sentences to describe people; Can use simple descriptive language to make brief statements.*

Familie *Family*

Families are important in Norway. People tend to spend more time with relatives than with unrelated friends, especially at Christmas, when parties are mainly family get-togethers.

As everywhere else, divorces and new relationships are frequent, so the vocabulary for family members is extended. The prefix *'step-'* is **ste-** in Norwegian, so *stepmother* is **stemor**, *stepsister* is **stesøster** and so on.

In the same way *halfbrother* is **halvbror**, **halv** meaning *half*.

The word **barn**, meaning *child* and not a farm building, is not far from the Scottish *bairn*, and is one of many words left behind by the Vikings.

1   The Norwegian word for *'child'* is **barn**. Look through the vocabulary and find out what the Norwegian word for *'grandchild'* is.

Vocabulary builder

07.01 Look at the word list and complete the missing English expressions. Then listen and try to imitate the speakers.

FAMILIE	*FAMILY*
barn	_____
barnebarn	*grandchild*
bror og søster	*brother and sister*
far og mor	*father and mother*
fetter og kusine	*male cousin and female cousin*
foreldre	_____
nevø og niese	*nephew and niece*

onkel og tante	*uncle and aunt*
sønn og datter	*son and daughter*
søsken	_____
svigerfar og svigermor	*father-in-law and mother-in-law*
svoger og svigerinne	*brother-in-law and sister-in-law*

ARNES FAMILIE I BERGEN *ARNE'S FAMILY IN BERGEN*

da	*when*
drept (å drepe)	*killed*
eldste	*eldest*
etternavn (et)	*surname*
forteller (å fortelle)	*tell/tells*
gift med	*married to*
glade (glad)	*glad/happy* (plural)
hadde (å ha)	*had*
hage (en)	*garden*
om	*about*
til felles	*in common*
yngste	*youngest*
år (et)	*year*

Text 1

 07.02 *Arne is now back in Bergen with his family.*

1 What happened to Arne's grandfather?

Arnes foreldre har et stort, gammelt, gult hus i en stor hage. Foreldrene bor der med Arnes lillebror, Tom, som er atten år og går på skole. Farmor bor der også. Farfar ble drept av en lastebil for fem år siden. Arne har fire søsken, tre søstre og den ene broren, Tom. Den eldste søsteren heter Liv og er gift med Geir. De bodde i Bergen, men nå bor de i Trondheim. De kom til Trondheim for sju år siden. Arne liker svogeren sin. De har mye til felles.

Søsteren Bente har en hyggelig leilighet i byen. Hun har ikke giftet seg. Hun er mor til Per på fire år og Pål som er femten måneder. Arne og Bente er gode venner, og Arne hjelper Bente med barna hennes når han er i Bergen.

Den yngste av søstrene heter Elisabeth. Hun arbeider i Kristiansand. Da kan hun treffe mormor og morfar ofte. Hun er glad i besteforeldrene, og de liker at hun forteller om jobben sin.

Arnes far arbeider i en stor bank. Moren hadde jobb på et legekontor, men da farmor kom til dem og Bente ble alene-mor, var de glade for at mor var hjemme.

Liv og Geir har to barn. Gutten er tretten år og heter Trond og piken er ti år og heter Anne. Arne har en niese og tre nevøer.

Familiens etternavn er Vik. Liv har Geirs etternavn, Berg, og mormor og morfar heter Hansen.

2 True or false?

a Arne har tre eldre brødre.

b Arnes svoger heter Tom.

c Elisabeth har to barn.

d Tom er eldre enn Arne.

3 Writing

Complete the sentences with the correct word.

a Bente er Arnes _____. (*sister*)

b Liv og Geir har en _____ og en _____. (*son, daughter*)

c De er Arnes _____ og _____. (*nephew, niece*)

d _____ ble drept av en lastebil. (*grandad*)

Dialogue 2

alvorsord (et)	*serious word*
får (å få) tak i	*get/gets hold of*
gikk (å gå)	*went*
ham	*him*
hvilken	*which*
i dag	*today*
i går	*yesterday*
i orden	*in order*
jakken (en jakke)	*the jacket/coat*
juling (en)	*hiding/beating*
spurt (å spørre)	*asked*
trodde (å tro)	*thought/believed*
tur (en)	*trip*

07.03 *Arne can't find his jacket.*

1 Why is Arne so cross?

Arne skal ta en tur til byen for å treffe noen venner. Han finner ikke jakken sin.

Arne	Mor, hvor er jakken min?
Mor	Hvilken jakke?
Arne	Den nye, blå jakken som jeg kjøpte i London!
Mor	Tom hadde den da han gikk ut. Jeg trodde han hadde spurt deg om å få låne den.
Arne	Han skal få juling når jeg får tak i ham! Har han ikke en jakke selv? I går tok han sykkelen min. Nå er den ikke i orden. Den ... den drittungen!"
Mor	Ikke vær sint, Arne. Jeg skal si et alvorsord til ham når han kommer tilbake.

Arne	Kan jeg ta bilen din, mor? Jeg er sen, og jeg når ikke bussen. Hvor er bilnøklene?
Mor	Bilen? Nei ... nei, Tom har lånt bilen. Han kommer ikke hjem før klokken åtte.
Arne	Han er mors lille engel! Når kommer far hjem?
Mor	Far skulle besøke Bente og barna før han kommer hjem i dag.
Arne	Jeg tror jeg reiser tilbake til tante Maiken!!

2 True or false?

   e Arne tar bussen til byen.

   f Mor kjører Tom til byen.

   g Arne er i dårlig humør.

   h Tom har Arnes nye jakke.

LANGUAGE TIP

Here is rather an offensive way to address someone: '**drittunge**' consists of two words, '**dritt**' meaning *manure/muck/dirt* and '**unge**' meaning *animal offspring*, but can also mean *kid*. '**Drittunge**' is not the very worst insult you can use, but it is not very nice. Much worse would be '**Drittsekk**', meaning: *dirt/manure bag*, but we don't use such words in our nice book!

If you want to insult somebody you would usually say '**din drittunge**', meaning *you ...!*

Dialogue 3

besøk (et)	*visit*
i en uke	*for a week*
inne	*inside*
is (en)	*ice-cream*
klem (en)	*hug*
leker (å leke)	*play/plays*
mens	*while*
passet (å passe)	*looked after/minded*
pent	*nicely*
rydder (å rydde)	*tidy/tidies*
skriker (å skrike)	*scream/screams*
snill	*good/kind*
sover (å sove)	*sleep/sleeps*
spørre	*ask*
ta meg av	*take care of*
tørr	*dry*
vasker (å vaske)	*wash/washes*

07.04 *Arne visits Bente. It is raining.*

1   What are the names of Bente's two little boys?

Livs barn, Trond og Anne, er på besøk hos besteforeldrene. De skal være der i en uke. I dag tar Arne dem med til Bente. Det regner og Bente og barna er inne. Pål skriker.

Bente	Trond, vil du holde Pål.
Trond	Han er våt!
Bente	Han skal snart få en tørr bleie.
Per	Jeg er sulten! Jeg vil ha mat!
Bente	Det heter ikke 'jeg vil', Per. Du må spørre pent. Du må si: 'Kan jeg få litt mat'.
Per	Jeg vil! Jeg vil!
Bente	Da får du ikke mat. Du får ikke mat før du er snill!
Per	Jeg vil ikke være snill!!

Nå skriker både Per og Pål. Begge guttene skriker.

Bente	Jeg vil gjerne skrike også!!
Arne	Jeg skal hjelpe deg. Jeg skal ta meg av Per mens du skifter på Pål.

Bente vasker Pål og skifter på ham. Snart sover Pål. Bente må skifte skjørtet sitt også.

Trond	Per, jeg var alltid snill da jeg var liten! Anne og jeg var alltid snille da vi var små!

Per ser på Trond og Anne. Så ser han på Arne.

Per	Kan jeg få litt mat, Arne?
Arne	Det kan du, Per. Vil du ha en bolle med geitost og et glass saft?
Per	Ja takk!
Arne	Det var bedre, Per! Hva med dere to? Vil dere ha boller og saft?
Trond	Ja takk! Mange boller! Anne og jeg vil gjerne ha saft også.
Bente	Og is? Vil dere ha is?
Barna	Ja!!!
Bente	Takk, Arne! Du er en god bror.

Bente gir Arne en klem. Arne lager mat og de spiser. Etterpå vasker Bente opp og rydder.

Trond hjelper henne, mens Anne og Per leker med Lego. Alle er i godt humør. Snart skinner solen og de kan ta en tur ut.

Bente	Trond, jeg passet deg da du var liten. Du var ikke bedre enn Per!

2 True or false?

   a Arne besøker Bente.

   b Bente har to små piker.

   c Bentes bror heter Trond.

   d Bente vasker opp.

3 Writing

Complete the sentences with the correct word.

   a Begge guttene _____. (*cry*)

   b Per vil gjerne ha en bolle med _____. (*goat cheese*)

   c Alle barna vil ha _____. (*ice-cream*)

   d Barna _____ med Lego. (*play*)

This is how we say it

Look at the word list and and read them out loud.

▶ Looking at a baby:

Så søt hun er!	*How sweet she looks!*
Hun likner tante Kari!	*She looks like Aunt Kari!*
Hun skriker ofte!	*She cries often!*
Jeg liker ikke små barn!	*I don't like small children!*
Hun er våt!	*She is wet.*
Hun likner en liten engel når	*She looks like a little angel when*
hun sover!	*she's asleep.*

▶ Exasperated parent to small child:

Hvis du er snill, skal du få en stor is!	*If you are good, you will get a big ice-cream!*
Du får ikke is hvis du ikke gjør som jeg sier!	*You will not get an ice-cream if you don't do what I tell you!*
Det heter ikke: 'jeg vil ha', – det heter: 'kan jeg få'.	*It isn't: 'I want' – it is 'may I have'.*
Du likner faren din!	*You are like your father.*

▶ One child hurling abuse at another:

Din drittunge!	*You dirty kid!* (**dritt** = *dirt/muck,* **unge** = *kid/baby animal*)
Din tufs!	*You feeble thing!*
Din gris!	*You pig!*

▶ Instructions:

Vask hendene!	*Wash your hands!*
Sitt pent!	*Sit nicely!*

Ikke snakk med mat i munnen!	*Don't talk with food in your mouth!*
Ti stille!	*Keep quiet!*

▶ And some kind words:

Du er verdens beste gutt.	*You are the best boy in the world.*
Du er en snill, liten gutt.	*You are a good little boy.*
Skal jeg lese for deg?	*Shall I read to you?*
Skal vi spille Ludo?	*Shall we play Ludo?*
Skal vi leke med Lego?	*Shall we play with Lego?*
God natt, og sov godt.	*Good night, and sleep well.*

Language discovery

1 PERSONAL PRONOUNS

The personal pronouns are as follows:

1st person singular	**jeg**	*I*
2nd person singular	**du**	*you*
3rd person singular	**han**	*he*
	hun	*she*
	den/det	*it*
1st person plural	**vi**	
2nd person plural	**dere**	*you* (more than one)
3rd person plural	**de**	*they*

OBS!

1 Translate: *You (pl.) learn Norwegian.*

The personal pronouns have three forms. The list shows the subject forms. The subject tells you who or what is doing something.

Anne skriker.	*Anne cries.*
Hun skriker.	*She cries.*
Tom og Trond leker med Lego.	*Tom and Trond play with Lego.*
De leker med Lego.	*They play with Lego.*

2 POSSESSIVES

The possessives give information about ownership:

Er det din far?	*Is that your father?*
Nei, det er min mann.	*No, it is my husband.*

82

min/mitt/mine		my/mine
din/ditt/dine		your/yours
hans		his
hennes	sin/sitt/sine	hers
dens		its
dets		its
vår/vårt/våre		our/ours
deres		your/yours (pl.)
deres	sin/sitt/sine	their/theirs

There are two important points to remember about possessives:

▶ If you put the possessive before the noun, the noun is in the indefinite; whereas if you put the possessive after the noun, the noun is in the definite.

Min tante er tykk.	*My aunt is fat.*
Tanten min er tykk.	*My aunt is fat.*
Hennes bror er i fengsel.	*Her brother is in prison.*
Broren hennes er i fengsel.	*Her brother is in prison.*

OBS!

2 Hans sønn heter Petter. Now put the possessive after the noun. What do we get?

▶ When the possessive pronoun refers back to the subject, but is not itself the subject, you use the reflexive **sin** in the third person, singular and plural.

This point needs a little explaining. Look at the examples below:

1 Tanten min er tykk.	*My aunt is fat.*
2 Tanten din er tykk.	*Your aunt is fat.*
3 Tanten hans er tykk.	*His aunt is fat.*
4 Jeg liker tanten min.	*I like my aunt.*
5 Jeg liker tanten din.	*I like your aunt.*
6 Jeg liker tanten hans.	*I like his aunt.*
7 Han liker tanten sin.	*He likes his (own) aunt.*
8 Han liker tanten hans.	*He likes (somebody else's) aunt.*

In Examples 1–3 the possessive is part of the subject. In the rest of the examples, the possessive is part of the object. In Examples 4 and 7 the ownership refers back to the subject. Both Examples 7 and 8 have the subject and the possessive in the 3rd person, but only in Example 7 does the ownership refer back to the subject. This is when one uses the reflexive **sin**, **sitt** and **sine** in the 3rd person singular and plural. It defines ownership better.

3 Arne leker med barna hennes. How do you say: *'Bente plays with her children'*?
Remember, they are her own children.

A good way of remembering this is if you think of the consequences:

Han er i sin seng.	*He is in his own bed.*
Han er i hans seng.	*He is in some other chap's bed.*
Han er i hennes seng.	*He is in her bed.*

The reflexive is never the subject of a sentence, but refers back to the subject.

This may seem a little complicated at first, but you will soon get to grips with it.

3 IRREGULAR NOUNS

Here is a reminder of the four forms of the regular nouns:

en gutt	**gutten**	**gutter**	**guttene**
(a boy)	*(the boy)*	*(boys)*	*(boys)*
et hus	**huset**	**hus**	**husene**
(a house)	*(the house)*	*(houses)*	*(the houses)*

In Unit 5 you found some irregular nouns, nouns which don't follow the normal rules. Here are some more:

en far	**faren**	**fedre**	**fedrene**	*(father)*
en mor	**moren**	**mødre**	**mødrene**	*(mother)*
en bror	**broren**	**brødre**	**brødrene**	*(brother)*
en søster	**søsteren**	**søstre**	**søstrene**	*(sister)*

All **en-** and **et-**words have **-ene** or just **-ne** in the definite plural except for these two:

et barn	**barnet**	**barn**	**barna**	*(child)*
et ben	**benet**	**ben**	**bena**	*(bone/leg)*

They follow the normal pattern for short (one syllable) **et-**words with no ending in indefinite plural, but get an **a** in the definite plural. This has nothing whatsoever to do with feminine endings.

Liv har to barn.	*Liv has two children.*
Barna heter Trond og Anne.	*The children are called Trond and Anne.*
Arne har lange ben.	*Arne has long legs.*
Hunden spiser bena.	*The dog eats the bones.*

4 VERBS

The really irregular verbs are called 'strong' verbs in Norwegian. The other verbs are 'weak' verbs. Weak verbs fall into four groups, and follow a definite pattern:

	infinitive	present	past	
Group 1:	å vente	venter	ventet	*(to wait)*
	å rydde	rydder	ryddet	*(to tidy)*
	å arbeide	arbeider	arbeidet	*(to work)*
Group 2:	å spise	spiser	spiste	*(to eat)*
	å drepe	dreper	drepte	*(to kill)*
	å reise	reiser	reiste	*(to travel)*

⋮ **OBS!**
⋮ **4** If you know that 'å smile' (to smile) is a Group 2 verb, what is the past tense?

There is more on the two other groups in Unit 8.

Some more strong verbs:

å hete	heter	het	*(to be called)*
å komme	kommer	kom	*(to come)*
å ta	tar	tok	*(to take)*

5 LEKE/SPILLE *TO PLAY*

Å leke *(to play)* is used for playing with toys, whereas **å spille** *(to play)* is used for any other kind of playing, such as sport, games, gambling, musical instruments, theatre and so on.

å leke	leker	lekte
å spille	spiller	spilte

Both verbs are weak verbs, belonging to Group 2.

Notice the spelling of the past tense of **spille**: one **l** is left out.

⋮ **OBS!**
⋮ **5** How would you translate into Norwegian: *'Arne plays poker'*?

🔓 Practice

1 Find the missing forms of the nouns:

   a en søster   _____   _____   _____

   b _____   faren   _____   _____

   c _____   _____   _____   barna

   d _____   _____   menn   _____

   e en lærer   _____   _____   _____

2 Adjectives and nouns:

   a en god venn   den   _____ _____ _____

   b et stort hus   det   _____ _____ _____

   c et lite barn   det   _____ _____ _____

   d en kjedelig film den   _____ _____ _____

3 **Use the possessive pronouns prompted in brackets:**

    a _____ mor er norsk. (*my*)

    b Søsteren _____ er snill. (*her*)

    c Dette er _____ familie. (*my*)

    d Han spiser maten _____. (*his own*)

    e Han tar sykkelen _____. (*her*)

4 **Complete the phrases about family relationships:**

 07.05

    a Min farmor er gift med min _____.

    b Jeg er tante til to piker. De er mine _____.

    c Min søster er gift med Ole. Han er min _____.

    d Mor og far er mine _____.

    e Den gutten der er _____min. (Use 'son' or 'brother'.)

5 **Set out your own family tree, using Norwegian words. Follow the example below.**

6 **List all the members of your family by name: min (aunt, uncle, grandmother (maternal), brother, etc.) heter _____, (using Norwegian names.)**

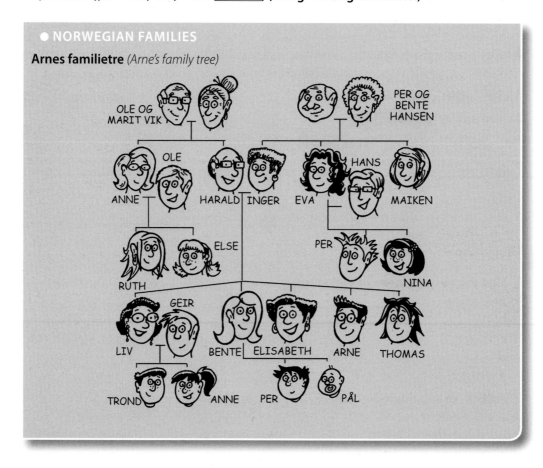

● NORWEGIAN FAMILIES

Arnes familietre (*Arne's family tree*)

g. (gift med)	married to
oldeforeldre	great-grandparents
oldefar og oldemor	great-grandfather and great-grandmother
bestefar og bestemor	grandfather and grandmother

In Norway it is most usual to distinguish between father's parents and mother's parents by calling them: **farfar og farmor, morfar og mormor.**

Test yourself

Choose the correct answer for each question.

1 Hvem ble drept av en lastebil?
   a Bente.   **b** Farmor.   **c** Farfar.

2 Hva heter den yngste søsteren?
   a Elisabeth.   **b** Liv.   **c** Tom.

3 Hva heter Arnes svoger?
   a Odd.   **b** Geir.   **c** Randi.

4 Hvor arbeider Arnes far?
   a På en ferge.   **b** På et hotell.   **c** I en bank.

5 Hva er Geirs etternavn?
   a Vik.   **b** Berg.   **c** Hansen.

6 Hvor bor morfar og mormor?
   a Bergen.   **b** Kristiansand.   **c** Trondheim.

7 Hvem leker med Lego?
   a Anne og Per.   **b** Mor og far.   **c** Arne og Bente.

SELF CHECK

I CAN...
○ ...talk to children.
○ ...express irritation.
○ ...set up a family tree.

8 Sue er på sykehus
Sue is in hospital

In this unit you will learn how to:
▶ *express pain and discomfort.*
▶ *name the parts of the body.*
▶ *deal with being in hospital.*
▶ *describe symptoms of illness or pain.*

CEFR: (A2) *Can describe basic parts of the human body; Can describe basic symptoms and simpler sicknesses;* **(B1)** *Can talk about a health problem.*

 ## Trygdekassen *Looking after your health*

Trygdekassen is Norway's national health service. If you are from the European Economic Area (EEA) or Switzerland, you will get the same benefits as the Norwegians. Tourists from the EEA or Switzerland should bring an EHIC-European Health Insurance Card. If you come from elsewhere, you would be wise to take out travel insurance, just in case.

In-patient treatment is free. At **legevakten** (*casualty*) there is a fixed sum to pay, whatever the amount of treatment. If you go to a doctor, you will pay part of his/her fee yourself, and the doctor will get the rest refunded from **Trygdekassen**. Dental treatment for adults is not covered, but certain treatments can be refunded.

The word for doctor is **lege**, but the title is **doktor**. You address the doctor as **doktor Berg**, **doktor Hansen**, and so on. When written, a capital D is used: Dr. Hansen.

 1   How would you address a doctor? **a** doktor, **b** lege?

 ## Vocabulary builder

08.01 Look at the word list and complete the missing English expressions. Then listen and try to imitate the speakers.

KROPPEN   *THE HUMAN BODY*

føttene (en fot)	*the feet*
hånden (en)	_____
hår (et)	*hair*
hodet (et hode)	*the head*

munnen (en)	_____
nesen (en nese)	_the nose_
øynene (et øye)	_the eyes_

UTTRYKKE SMERTE OG UBEHAG _EXPRESSING PAIN AND DISCOMFORT_

frisk	_healthy/well_
har hatt (å ha)	_have/has had_
skrek (å skrike)	_screamed_
syntes (å synes)	_thought/was of the opinion that_
ulykke (en)	_____
varmt (varm)	_warm_
vondt	_pain/hurt_

NEW EXPRESSIONS

 08.02 Listen and repeat these expressions.

Hva er i veien med deg?	_What is the matter with you?_
Det gjør vondt ...	_It hurts ..._
Jeg har vondt alle steder!	_It hurts everywhere!_
Jeg har hodepine.	_I have a headache._
Stakkars deg!	_Poor you!_
Jeg er trett.	_I am tired._
Jeg er i dårlig humør.	_I am in a bad mood._
Jeg føler meg dårlig.	_I feel bad/unwell._
Jeg føler meg syk.	_I feel ill._
Jeg føler meg bedre i dag.	_I feel better today._
Jeg er frisk som en fisk!	_I am healthy as a fish._
God bedring!	_Good/speedy recovery!_

> **LANGUAGE TIP**
> **Ambulanse.** Remember to pronounce the '**e**' at the end of the word!

Dialogue 1

ambulanse (en)	_ambulance_
campingplass (en)	_campsite_
fant (å finne)	_found_
fantastisk	_fantastic_
fjellet (et)	_the mountain_
hygget seg (å hygge seg)	_had a good time_
utsikten (en)	_the view_

08.03 Fredag 13. august *Sue has now left poor old Arne and is travelling with Jan. All goes well to begin with.*

1 Why didn't Sue want to swim any more in the sea?

Sue og Jan hadde en fin reise sørover til Stavern på Sues motorsykkel. Stavern er en hyggelig liten by som ligger ved havet. Sue og Jan fant en campingplass.

De satte opp teltet og så badet de i sjøen. Det var sol og fint vær, men sjøen var kald, syntes Sue.

Jan	Vannet er ikke kaldt! Det er sikkert nitten grader! Det er varmt!
Sue	Det er for kaldt! Det er ikke varmt nok for meg. Jeg vil ikke bade mer!

De tok en tur til Stavern. Alle de små husene var hvite eller gule med vakre, små hager.

Det var flere hyggelige ute-restauranter hvor folk hygget seg sammen.

Sue	Jeg liker Stavern. Her skulle jeg gjerne bo.
Jan	Stavern smiler til oss! Vil du ha en is?
Sue	Gjerne! Isen er god her i Norge!

Så kjørte de til fjellet. De stoppet der veien var over tusen meter over havet. De gikk til toppen av et høyt fjell. Utsikten var fantastisk.

De kjørte videre mot Kristiansand. Sue så på den vakre naturen og tenkte på hvor fint det var å være her. Hun så ikke den store lastebilen som kom mot dem før det var for sent. Sue hørte at hun skrek. Hun så et stort, rødt lys. Så ble alt mørkt.

Ambulansemannen	Kan du høre meg?
Sue	Hvor er jeg? Å, jeg har så vondt i hodet! Jeg har vondt alle steder.
Ambulansemannen	Ligg stille! Du er i en ambulanse på vei til Kristiansand.
Sue	Hvor er Jan?
Ambulansemannen	Jan? Han er også her. Dere har hatt en ulykke.
Jan	Å! Hodet mitt!

> **LANGUAGE TIP**
>
> Notice in the first paragraph: '**det var sol**', meaning: *it was sunny*. '**Sol**' really means *sun*, but may be used to mean both *sun* and *sunshine*. However, there is also a word for *sunshine*, namely '**solskinn**'.

2 True or false?

  a Sue kjører til Bergen.

  b De reiser ikke til Stavern.

  c Arne har en ulykke med motorsykkelen.

  d De reiser med lastebil til Kristiansand.

3 Complete the sentences with the missing words.

1 Sue og Jan kjører med Sues _____. (*motorbike*)

2 Utsikten var _____. (*fantastic*)

3 Sue og Arne blir påkjørt av en stor _____. (*lorry*)

4 Sue har vondt _____ steder. (*all*)

Dialogue 2

sykehuset (et)	*the hospital*
sykepleier (en)	*nurse*
sykeseng (en)	*hospital bed*
brukket (å brekke)	*broken*
hjernerystelse (en)	*concussion*
påkjørt av	*hit by (a car/bus etc.)*
våkner (å våkne)	*wakes up*

08.04 *Sue wakes up in hospital. She aches all over. Poor Sue!*

1 Sue is suffering from concussion. Can you find the word for 'concussion' in the text?

Sue våkner i en sykeseng. Hun kan ikke røre seg. En sykepleier står ved sengen.

Sykepleier	Hvordan har du det nå?
Sue	Dårlig! Hvor er jeg?
Sykepleier	Du er på sykehuset i Kristiansand. Husker du at dere ble påkjørt av en lastebil?
Sue	Nå husker jeg det! Hvordan går det med Jan?
Sykepleier	Ikke så verst. Han har brukket en arm. Du kan se ham senere. Men du må ligge så stille du kan til hodet ditt er bedre. Du har en kraftig hjernerystelse. Du får nok vondt i hodet i noen dager.
Sue	Jeg har vondt alle steder! Jeg har vondt i hele kroppen!
Sykepleier	Du har vært heldig. Du kunne ha blitt drept! Du har ikke brukket noe. Men du har mange sting. Ligg stille!
Sue	Jeg er veldig tørst. Kan jeg få litt vann?
Sykepleier	Ja, men bare litt. Jeg skal hjelpe deg.

Sue så ansiktet sitt i speilet da hun drakk.

Sue	Hjelp! Jeg er kvalm! Jeg må kaste opp!

LANGUAGE TIP

Sue and Jan were struck by a lorry: **'påkjørt av en lastebil'**. Luckily they weren't killed by a lorry: **'drept av en lastebil'**, as Arne's grandad was! Do you remember this from the previous unit?

2 Writing

Find the correct word and complete the sentences.

a Jan har _____ en arm. (*broken*)

b Sue er veldig _____. (*thirsty*)

c Sue så ansiktet sitt i _____. (*the mirror*)

d Sue må _____ _____. (*'throw up'/vomit*)

Dialogue 3

arr (et)	*scar*	**plaster (et)**	*plaster*	**sår (et)**	*sore/wound*
klippet (å klippe)	*cut*	**prøver (å prøve)**	*try/tries*		
legen (en lege)	*the doctor*	**skjev**	*crooked*		

08.05 *Sue is getting better. She talks to the nurse.*

3 Who does the nurse turn out to be?

Sue er mye bedre. Hun snakker med sykepleieren.

Sue Jeg ser at du heter Elisabeth Vik. Jeg har en venn som heter Arne Vik. Han er student i London, og han kommer fra Bergen.

Elisabeth Arne! Det er broren min. Han har snakket om en som heter Sue. Og du er Sue! Arne er en god bror. Vi kranglet mye da vi var barn, men nå er vi veldig gode venner.

Sue Hils ham fra meg!

Elisabeth Det skal jeg gjøre.

Sue vil se Jan. Han ligger på rom nummer sju i fjerde etasje. Sue går inn. Det er tre senger der. Men hvor er Jan?

I den første sengen ligger en gammel mann uten hår. I den andre sengen er en stor, tykk mann med langt, svart hår. Da må det være Jan i den tredje sengen. Men er det virkelig Jan?

Sue ser et rødt og blått ansikt med mange sår og mye plaster. Hun kan nesten ikke se øynene hans og nesen er som en potet. Munnen er helt skjev og håret er klippet bort. Stakkars Jan!

Jan Hei, Sue!

Han prøver å smile.

Sue Stakkars deg! Har du mye vondt?

Hun tar hånden hans.

Jan Au!! Jeg har brukket en arm. Legen sier at jeg får noen arr på føttene. Jeg har mange sting. Hvordan har du det?

Sue Ikke så verst. Jeg skal være her noen dager til.

Jan Mor og far kommer på fredag. Jeg reiser hjem med dem. Vil du være med? De vil gjerne treffe deg. Vi kan være hjemme til vi begge er bedre.

Sue Jeg vil gjerne treffe familien din. Og jeg må tenke på hva jeg skal gjøre. Jeg vil finne en jobb når jeg er helt frisk.

4 True or false?

e Jan er Elisabeths bror.

f Jan ligger i den tredje sengen.

g Sue har brukket armen.

h Sue vil ikke treffe Jans familie.

 Language discovery

1 VERBS

I have been, He has gone, You have had, all demonstrate the perfect tense of the verb. Past tense describes something which has already happened. Perfect tense is also about the past, but could still be going on:

Jeg har vondt i hodet.	*I have a headache.*	Present
Jeg hadde vondt i hodet i går.	*I had a headache yesterday.*	Past
Jeg har hatt vondt i hodet hele dagen.	*I have had a headache all day.*	Perfect

As in English, the perfect tense is formed with the verb **å ha** (*to have*) and the past participle of the verb. The past participle is sometimes the same as the past tense (as in Group 1 of the weak verbs listed below), but most often it is a different word.

2 GROUPS OF WEAK VERBS

	Infinitive	Present	Past	Perfect (have + past participle)	
Group 1:	å klippe	klipper	klippet	**har klippet**	*(to cut)*
	å kaste	kaster	kastet	**har kastet**	*(to throw)*
	å stoppe	stopper	stoppet	**har stoppet**	*(to stop)*
Group 2:	å smile	smiler	smilte	**har smilt**	*(to smile)*
	å røre	rører	rørte	**har rørt**	*(to move)*
	å tenke	tenker	tenkte	**har tenkt**	*(to think)*

Most weak verbs fall into these two groups. Less usual are these:

	Infinitive	Present	Past	Perfect	
Group 3:	å leve	lever	levde	**har levd**	*(to live-to be alive)*
	å prøve	prøver	prøvde	**har prøvd**	*(to try)*
Group 4:	å bo	bor	bodde	**har bodd**	*(to live-reside)*
	å nå	når	nådde	**har nådd**	*(to reach)*
	å tro	tror	trodde	**har trodd**	*(to believe)*

OBS!

1 Arne bor i Bergen. Translate the following into Norwegian: *The family has always lived in Bergen.*

3 MORE STRONG VERBS

å drikke	drikker	drakk	har drukket	*(to drink)*
å brekke	brekker	brakk	har brukket	*(to break)*
å hjelpe	hjelper	hjalp	har hjulpet	*(to help)*
å ligge	ligger	lå	har ligget	*(to lie)*
å se	ser	så	har sett	*(to see)*
å si	sier	sa	har sagt	*(to say)*

There is a complete list of strong and modal verbs in the **Grammar section** at the back of the book.

OBS!

2 What is *'have seen'* in Norwegian?

4 PERSONAL PRONOUNS

In Unit 7 you came across the personal pronouns, and you looked at the possessives. Now look at the object form:

1st	**jeg**	*I*	**meg**	*me*	
2nd	**du**	*you*	**deg**	*you*	
3rd	**han**	*he*	**ham**	*him*	
	hun	*she*	**henne**	*her*	seg
	den	*it*	**den**	*it*	
	det	*it*	**det**	*it*	
1st	**vi**	*we*	**oss**	*us*	
2nd	**dere**	*you* pl.	**dere**	*you* pl.	
3rd	**de**	*they*	**dem**	*them*	seg

The pronouns are used in the same way as in English:

Bente liker John. Bente liker ham. Hun liker ham.	(John is the object)
Bente liker Kari og Per. Hun liker dem.	(Kari and Per are the objects)
Jeg skal ringe til deg.	(you are the object)
Vil du skrive til meg?	(I am the object)
Vi skal reise til dem.	
De kommer til oss.	

REFLEXIVE PRONOUNS

The possessive pronoun has a **sin** used in the third person, when the ownership refers back to the subject, but is not itself the subject, the same applies to the object form:

Jeg setter meg. *I sit (myself) down.*

Du setter deg.

3rd	**Han setter seg.**	
3rd	**Hun setter seg.**	
1st	**Vi setter oss.**	
2nd	**Dere setter dere.**	
3rd	**De setter seg.**	

If you said: **Han setter ham**, it would mean that he sits some other male down, a child perhaps.

OBS!
3 What does this mean? **'Han føler seg syk'**

6 REFLEXIVE VERBS

Many verbs are reflexive in Norwegian.

Jeg føler meg dårlig.	*I feel ill.*
Jeg skal gifte meg.	*I shall marry.*
Han skal gifte seg.	*He'll marry.*
Vi skal gifte oss.	*We'll marry.*
De skal gifte seg.	*They shall marry.*
Hun liker seg i Oslo.	*She likes to be in Oslo.*

7 SOME MORE IRREGULAR NOUNS

et øye	**øyet**	**øyne**	**øynene**	*(an eye)*
en hånd	**hånden**	**hender**	**hendene**	*(a hand)*
en skulder	**skulderen**	**skuldre**	**skuldrene**	*(a shoulder)*
en finger	**fingeren**	**fingre**	**fingrene**	*(a finger)*
et kne	**kneet**	**knær**	**knærne**	*(a knee)*
en tå	**tåen**	**tær**	**tærne**	*(a toe)*
en fot	**foten**	**føtter**	**føttene**	*(a foot)*

8 AU!, ÆSJ! *OUCH!, YUK!*

Exclamations and interjections express reactions or emotions:

Au!	an expression of pain *(ouch!)*
Æsj!	shows irritation or disgust *(yuk!)*
Isj!	more irritation and disgust!
Huff!	grumbling or being irritated
Fy!	showing strong disapproval, and mainly used when talking to children or dogs
Pytt!	*Never mind!*
Stakkars deg!	*Poor you!*
Åh!	expressing delight, amazement or horror, depending on the tone of voice.

OBS!

4 You visit your poor Norwegian friend in hospital and say:?

Practice

1 08.06 **Find the correct past tense forms of the words in brackets.**

  a **(spise)**   Arne _____ reker med majones.

  b **(drikke)**   Han _____ et stort glass øl.

  c **(reise)**   De _____ på ferie til Amerika.

  d **(ta)**   Randi _____ trikken til Frognerparken.

2 08.07 **Use the perfect tense this time and listen and repeat the correct answers.**

  a **(bo)**   De har _____ i Norge i fire måneder.

  b **(tro)**   Jeg har _____ på ham.

  c **(stoppe)**   Han har _____ for rødt lys.

  d **(brekke)**   Jan har _____ den høyre armen.

3 **Translate the words in brackets. Remember to use the correct forms of the nouns.**

Jan har et (*head*) _____. Han har to (*eyes*) _____, to (*ears*) _____, en (*nose*) _____, og en (*mouth*) _____. Han har to (*arms*) _____ og to (*legs*) _____. Han har ti (*fingers*) _____ og ti (*toes*) _____. Han har vondt i (*the head*) _____ og i (*the stomach*) _____.

4 **Find the correct form of the adjective in brackets.**

  a Sue har (brun) _____ øyne.

  b Arne har (blå) _____ øyne.

  c Jan har et (stor) _____ sår i hodet.

  d Mannen har (rød) _____ hår og en (stor) _____ nese.

5 Use possessive pronouns to complete these phrases.

a Sue har vondt i hodet _____.

b Jan har mange sting på armene _____.

c Nesen _____ er som en potet.

d Den tredje sengen er _____.

 6 Write the following passage in the present tense.

Jan våknet i en sykeseng. Han var på et stort sykehus. Han hadde vondt alle steder. Legen sa at han ville få noen arr på føttene. Han hadde mange sting i hodet og på armene og bena, men han var heldig som ikke var drept.

Sue var også på sykehuset. Hun så ansiktet sitt i speilet. Da måtte hun kaste opp. Sykepleieren sa at hun hadde en bror som het Arne.

Now translate this passage.

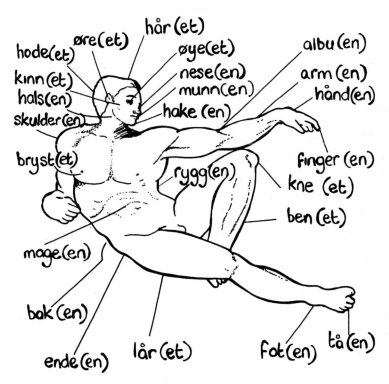

? Test yourself

Choose the correct answer for each question.

1 Har Sue brukket noe?

   a Sue har brukket et ben.   **b** Sue har brukket en arm.   **c** Sue har ikke brukket noe.

2 Hvor er sykehuset?

   a I Stavern.   **b** I Kristiansand.   **c** I Bergen.

3 Hvilken seng ligger Jan i?

   a Den første sengen.   **b** Den andre sengen.   **c** Den tredje sengen.

4 Hva vil Sue gjøre når hun er helt frisk?

   a Finne en jobb.   **b** Reise til England.   **c** Ringe til Arne.

5 Sykepleieren heter Elisabeth Vik. Hva heter broren hennes?

   a Han heter Knut.   **b** Han heter Jan.   **c** Han heter Arne.

Now for some grammar. Here are some weak verbs:

6 What is the past tense of: å klippe – klipper – har klippet?

   a klippet.   **b** klipt.   **c** kluppet.

7 What is the past tense of: å bo – bor – har bodd?

   a bodd.   **b** bode.   **c** bodde.

8 What is the past tense of: å smile – smiler – har smilt?

   a smolte.   **b** smilte.   **c** smilt.

And some strong verbs:

9 What is the past tense of: å drikke – drikker – har drukket?

   a drikket.   **b** drakket.   **c** drakk.

10 What is the past tense of: å hjelpe – hjelper – har hjulpet?

   a hjalp.   **b** hjulpet.   **c** hjelpet.

9 Sue får jobb
Sue gets a job

In this unit you will learn how to:
▶ *buy clothes.*
▶ *describe clothes, colours and patterns.*
▶ *buy medicines.*
▶ *tell the time.*

CEFR: (A2) *Can use simple to mid-level descriptive language to make statements about objects; Can ask in more detail about clothes and things in a shop;* **(B1)** *Can explain what one likes or dislikes.*

På apoteket   *At the chemist*

Norwegian chemists are not privately run, and sell only medicines and medical appliances. They are staffed by highly trained pharmacists, **'farmasøyter' (en farmasøyt)**, who are happy to give advice on everyday health problems.

There is not a standard prescription charge; you pay the full price of the medicine prescribed. Some medicines on *prescription*, **resept**, can therefore be quite expensive. Patients with illnesses such as diabetes and various other chronic ailments are exempt from paying.

Some medicines which are sold freely in other countries may be available only on prescription in Norway.

Shampoo, soap, toothpaste, **sjampo, såpe, tannkrem,** and so on are sold at **parfymerier**, or in supermarkets.

 1   What is the word for a *prescription* in Norwegian?

Vocabulary builder

09.01 Look at the word list and complete the missing English expressions. Then listen and try to imitate the speakers.

KLÆR OG MØNSTER *CLOTHING AND PATTERNS*

blek	*pale*
bukse (en)	*trousers* (pair of)
dress (en)	*suit* (don't be confused!)
frakk (en)	*overcoat*
genser (en)	*sweater*
korallrød	*coral red* (plural)
kjole (en)	_____

klær	*clothing*
skjorte (en)	_____
skjørt (et)	*skirt*
sko (en)	*shoe*
sokk (en)	_____

> **LANGUAGE TIP**
> Note that all these articles of clothing take the **-en** gender, except for **skjørt**!

SYKDOM OG MEDISINER *ILLNESSES AND MEDICINES*

allergier (en allergi)	_____
apotek (et)	*chemist*
farmasøyten (en)	*the chemist/pharmacist*
feber (en)	*fever/temperature*
forkjølet	*suffering from a cold*
føler meg (å føle seg)	_____
hodepinen (en hodepine)	*the headache*
hostesaft (en)	*cough mixture*
mønstrete (mønstret)	*patterned*
nyser (å nyse)	*sneeze/sneezes*
pillene (en pille)	_____

Dialogue 1

elegant	*elegant*
farge (en)	*colour*
kunder (en kunde)	*customers*
moter (en mote)	*fashions*
passe til	*go with*
prøve	*try*
prøverommet (et prøverom)	*the changing room*
stil (en)	*style*

 09.02 *Now that Sue is better, she gets a job in a dress shop.*

1 What is the elegant customer looking for?

Nå er Sue helt frisk og hun har bare et lite arr på den høyre hånden. Hun bodde hos Jans familie i to uker. For noen uker siden fikk hun seg en jobb, og da fant hun seg en hyggelig liten leilighet.

Sue arbeider i en butikk som selger klær. Hun er interessert i klær og moter, og hun liker kontakten med kolleger og kunder. Når hun er på jobben bruker hun smarte klær og make-up.

Det er mandag morgen. En elegant dame kommer inn. Hun ser på kjolene.

Sue   Kan jeg hjelpe Dem? Er det noe spesielt De ser etter?

Damen	Jeg skal i et stort selskap på lørdag. Jeg vil gjerne se på noen kjoler.
Sue	Disse kjolene er de siste vi har fått inn. Hvilken farge liker De best?
Damen	Jeg vil gjerne prøve den korallrøde kjolen der. Jeg liker stilen.
Sue	Hva med den turkise kjolen her? Den vil passe godt til håret Deres.
Damen	Jeg liker ikke turkis. Jeg blir blek i turkis. Turkis kler meg ikke.
Sue	Men denne mønstrete kjolen her? Det er smart med de korte ermene og det smale beltet.
Damen	Ja, den er pen. Men den korallrøde er penere. Jeg vil gjerne prøve disse to. Jeg liker begge.
Sue	Prøverommet er der borte.

2 True or false?

a Sue bruker smarte klær på jobben.

b Damen vil kjøpe en turkis kjole.

c Sue skal i et stort selskap på lørdag.

d Sue liker ikke arbeidet sitt.

3 Writing

Find the correct word to complete the sentences.

a Damen vil gjerne se på noen _____. (*dresses*)

b Hun liker _____ kjoler. (*coral red*)

c Damen liker ikke _____. (*turquoise*)

d Damen skal i et stort _____ på lørdag. (*party*)

Dialogue 2

flere	more (for things that can be counted)
mere	*more (for things that can't be specifically counted)*
halsen (en hals)	*the throat/neck*
nese (en)	*nose*
savner (å savne)	*miss/misses*
skje (en)	*spoon*
skrevet (å skrive)	*written*
stygg	*ugly*
største (stor)	*biggest*

09.03 *Bente wakes up feeling rotten. The children are not well either.*

1 Where are Bente and the children going?

Bente følte seg ikke bra da hun våknet. Hun hadde vondt i hodet og halsen og hun hostet og nøs. Hun så seg i speilet:

Bente	Huff! Jeg er stygg! Jeg er blek! Jeg har en rød nese! Jeg hoster og nyser! Jeg har vondt i halsen! Jeg skal ringe til mor. Hun må hjelpe meg med barna.

Bente ringte, men ingen svarte.

Bente	Mor, jeg savner deg! Hvor er du?

Ingen svarte telefonen.

Bente	Jeg må kle på meg og barna og gå til apoteket.

Hun kledde på seg og de to guttene, og så gikk de til apoteket.

Farmasøyten	God dag, kan jeg hjelpe deg?
Bente	Jeg føler meg dårlig. Jeg har vondt i hodet og halsen og jeg hoster og nyser. Den største gutten hoster også og den minste kastet opp.
Farmasøyten	Du er nok blitt forkjølet. Har du feber, tror du?
Bente	Nei, jeg har ikke feber.
Farmasøyten	Er du allergisk mot noe?
Bente	Nei, jeg har ikke noen allergier. Jeg tror ikke barna er allergiske heller.
Farmasøyten	Det er fint. Her har du en god hostesaft. Ta en skje tre ganger hver dag. Og disse pillene skulle hjelpe hodepinen din. Du må ikke ta flere enn det står skrevet på esken. Du må ikke drikke alkohol mens du tar denne medisinen.
Bente	Takk, og hva med barna?
Farmasøyten	Hvor gammel er gutten som hoster?
Bente	Han er fire år gammel.
Farmasøyten	Da passer denne hostesaften. Pass på at begge barna drikker mye vann. Hvis dere ikke er bedre om et par dager, må dere gå til legen.
Bente	Takk for hjelpen. Hvor mye koster medisinen?

2 True or false?

a Bente synes at hun er pen.

b Hun kaster opp.

c Den minste gutten hoster.

d Bente går til legen.

3 Writing

Find the correct word and complete the sentences.

    a Bente _____ og _____. (*coughs, sneezes*)

    b Hun har vondt i _____. (*the throat*)

    c Hun er ikke _____. (*allergic*)

    d Bente må ikke drikke _____ mens hun tar medisinen. (*alcohol*)

> **LANGUAGE TIP**
>
> In Unit 8 we touched on reflexive verbs. In this unit you will get some more practice.
>
> '**Bente føler seg ikke bra**' in direct translation would be: *Bente feels herself not well.* What we really mean is: *Bente doesn't feel well.*
>
> **Jeg føler meg bra** *I feel well.*
> **Hun føler seg bra** *She feels well.*

Dialogue 3

bomull	*cotton*
fæl	*awful, gruesome*
heldigvis	*fortunately*
smak (en)	*taste*
smartere	*smarter*
styggere	*uglier*
lammeull	*lambswool*
ull	*wool*

Elisabeth is shopping for clothes.

1 As Elisabeth is going to Oslo, she wants some new clothes. Is she buying jeans?

Fredag femtende oktober (*Friday 15 October*). Bentes søster, Elisabeth, er sykepleier på et stort sykehus i Kristiansand.

Nå skal hun ha ferie i en uke, og hun skal reise til Oslo og være hos tante Maiken. Broren, Arne, vil også ha noen dager i Oslo. Etter å ha studert engelsk et år i London, har han nå begynt på høst- semesteret på universitetet i Bergen.

Han skal også bo hos tante Maiken. Elisabeth og Arne er gode venner og hun gleder seg til å se ham. Begge liker å bo hos den snille tanten.

Men først vil Elisabeth kjøpe noen nye klær. Hun går til en butikk:

Elisabeth	Hvor finner jeg noen smarte bukser? Jeg er lei av ola-bukser!
Piken	Vi har nettopp fått inn de buksene som henger der. Vi har alle størrelser i svart og mørkeblått og noen i grått.
Elisabeth	Jeg vil gjerne prøve de mørkeblå buksene der. Har dere en genser i samme farge?
Piken	Ja, kom med meg! Her er en genser i lammeull, og den der borte er i bomull.

Elisabeth	Genseren i lammeull er smartere enn den i bomull, synes jeg.
Piken	Vil du prøve den?
Elisabeth	Nei, jeg tror ikke den er stor nok. Jeg liker store gensere. Kan du finne en større genser i denne fargen?
Piken	Her har du en. Er det noe annet du ser etter?
Elisabeth	Ja, jeg vil gjerne se på noen skjorter. Jeg liker best rutete skjortet.
Piken	Liker du den mønstrete skjorten der?
Elisabeth	Nei, den er fæl! Den er virkelig stygg! Vil noen virkelig kjøpe den?
Piken	Ja, det er noen som synes at den er lekker. Heldigvis har ikke alle samme smak!
Elisabeth	Den grønne skjorten der er enda styggere. Men jeg liker den lyseblå skjorten der. Og den rødrutete der. Nå vil jeg gjerne prøve disse klærne.
Piken	Prøverommet er der borte.

2 True or false?

   a Elisabeth vil gjerne kjøpe ola-bukser.

   b Bente er lei av klærne sine.

   c Elisabeth liker store gensere.

   d Elisabeth synes at den rødrutete skjorten er fæl.

3 Writing

Find the correct word in Norwegian and complete the sentences.

   a Elisabeth er _____ på et stort sykehus. (*nurse*)

   b Elisabeth er Arnes _____. (*sister*)

   c Hun skal ha _____ i en _____. (*holiday, week*)

   d Elisabeth skal _____ _____ Tante Maiken. (*stay, at*)

This is how we say it

Useful expressions for shopping:

▸ **Jeg vil gjerne se på …**	*I would like to look at …*
Jeg vil gjerne prøve …	*I would like to try …*
Jeg vil gjerne kjøpe …	*I would like to buy …*
▸ **Jeg liker denne kjolen.**	*I like this dress.*
Jeg liker ikke dette skjørtet.	*I don't like this skirt.*
▸ **Denne genseren er smart.**	*This sweater is smart.*
Denne jakken er lekker.	*This jacket is super.*
Denne skjorten er fæl!	*This shirt is awful!*

Jeg vil gjerne se på en rødstripet kjole.	... *red-striped dress*
Har dere en mørkeblå genser?	... *dark blue sweater*
▶ Jeg vil heller prøve en mønstret jakke.	... *patterned jacket*
Jeg vil heller ha et lyseblått skjørt.	... *pale/light blue skirt*
▶ Denne jakken er for liten.	*This jacket is too small.*
Dette skjørtet er for stort.	*This skirt is too big.*
Har dere en større genser?	*Have you got a bigger sweater?*
Nei, vi har bare mindre størrelser.	*No, we only have smaller sizes.*
▶ Denne jakken er stygg!	*This jacket is ugly!*
Dette er en stygg genser!	*This is an ugly sweater!*
Den fargen kler deg.	*That colour suits you.*
Jeg kler ikke gult.	*Yellow doesn't suit me/I don't suit yellow.*
Jeg blir blek i svart.	*I become pale in black.*

At the chemist:

▶ Jeg vil gjerne kjøpe hostesaft.	*I would like to buy cough mixture.*
Jeg trenger hodepinetabletter.	*I need headache pills.*
▶ Jeg hoster.	*I cough.*
Jeg nyser.	*I sneeze.*
Jeg klør.	*I am itchy.*
Det klør alle steder!	*I itch all over!*
Jeg trenger noe beroligende!	*I need something to calm me down!*

Language discovery

1 ADJECTIVES: COLOURS/PATTERNS

Here are some more adjectives as well as a repeat of relevant adjectives.

En	Et	Definite Singular + Indefinite and Definite Plural	
blå	blått	blå	*blue*
brun	brunt	brune	*brown*
grønn	grønt	grønne	*green*
grå	grått	grå	*grey*
gul	gult	gule	*yellow*
hvit	hvitt	hvite	*white*
oransje	oransje	oransje	*orange*
rød	rødt	røde	*red*
svart	svart	svarte	*black*
turkis	turkis	turkise	*turquoise*
lyseblå	lyseblått	lyseblå	*light blue*

mørkerød	mørkerødt	mørkerøde	*dark red*
fæl	fælt	fæle	*awful/gruesome*
fin	fint	fine	*fine*
pen	pent	pene	*pretty*
smart	smart	smarte	*smart*
stygg	stygt	stygge	*ugly*
blomstret	blomstret	blomstrete	*flower-patterned*
mønstret	mønstret	mønstrete	*patterned*
rutet	rutet	rutete	*checked*
stripet	stripet	stripete	*stripey*

A reminder of the adjective + noun combination:

en gul jakke	den gule jakken	gule jakker	de gule jakkene	*(jacket)*
et gult skjørt	det gule skjørtet	gule skjørt	de gule skjørtene	*(skirt)*
en rutet skjorte	den rutete skjorten	rutete skjorter	de rutete skjortene	*(shirt)*

2 COMPARISON OF ADJECTIVES

In English you can compare adjectives like this:

big   *bigger*   *biggest*

Tom is big.   *Tim is bigger (than Tom).*   *Titch is the biggest.*

Norwegian is similar:

pen – penere – penest   *pretty – prettier – prettiest*

stygg – styggere – styggest   *ugly – uglier – ugliest*

As in English, some are irregular:

god – bedre – best   *good – better – best*

dårlig – verre – verst   *bad – worse – worst*

One can also compare by using **mer** (*more*) and **mest** (*most*):

Per er sulten.   *Per is hungry.*

Tor er sultnere enn Per.   *Tor is hungrier than Per.*

Tor er mer sulten enn Per.   *Tor is more hungry than Per.*

Kari er sultnest.   *Kari is the hungriest.*

Kari er mest sulten.   *Kari is the most hungry.*

OBS!

1 How would you compare **'fin'**, which is a regular adjective?

3 THE FORMAL DE

If you want to address somebody formally, you would use **De** instead of **du**. **De** has a capital **D**. In earlier times you would have always addressed adults as **De**, and used the surname with a title.

These days most Norwegians are informal, and it is natural to use **du** and first names immediately. If, however, you speak to an elderly person, to your solicitor, doctor, bank manager or child's headmaster, or meet a government minister, bishop or local dignitary, it would be appropriate to say **De** until you get to know each other better. Bente would say **De** to an elderly customer.

De (subject) (*you*)   **Dem** (object) (*you*)   **Deres** (possessive) (*yours*)

4 SYNES/TRO *TO THINK*

These are two very useful verbs when you want to express your feelings: **å synes** means *to think, be of the opinion* ... whereas **å tro** means *to think, believe*.

Synes du denne fargen kler meg?	*Do you think this colour suits me?*
Nei, jeg synes ikke det.	*No, I don't think so.*
Tror du det vil regne hele dagen?	*Do you think it will rain all day?*
Nei, jeg tror ikke det.	*No, I don't think so.*

OBS!

2 'Jeg synes/tro svart er en stygg farge.' Which word would you choose?

5 *THE TIME IS* ... KLOKKEN ER ...

How to tell the time will be covered fully with exercises in Unit 11.

A little basic explanation at this point may be a good idea.

en klokke	*a clock*
klokken er ...	*the time is ... / it is ...*

 09.04 **Listen carefully and repeat.**

Klokken er ti.	*10.00*
Klokken er fem over ti.	*10.05*
Klokken er ti over ti.	*10.10*
Klokken er kvart over ti.	*10.15*
Klokken er ti på halv elleve.	*10.20*
Klokken er fem på halv elleve.	*10.25*
Klokken er halv elleve.	*10.30*

Klokken er fem over halv elleve.	*10.35*
Klokken er ti over halv elleve.	*10.40*
Klokken er kvart på elleve.	*10.45*
Klokken er ti på elleve.	*10.50*
Klokken er fem på elleve.	*10.55*
Klokken er elleve.	*11.00*

> **LANGUAGE TIP**
>
> Watch out for **'halv tre'**: it means 2.30 and not 3.30! In Norwegian we mean 'half before three', but we say 'half three', without the 'before'. Take care; you could easily get your important meeting wrong. And when we say **'fem på halv elleve'** we mean 10.25. We're actually saying: five to half before eleven!

6 COMPOUND NOUNS

Many nouns in Norwegian are long but you discover that they consist of two or three shorter words.

legekontor = lege (*doctor*) + **kontor** (*office*)	*doctor's surgery*
tannlege = tann (*tooth*) + **lege** (*doctor*)	*dentist*
hjernerystelse = hjerne (*brain*) + **rystelse** (*shaking*)	*concussion*

If the two words have different genders, the gender of the last word will decide the gender of the compound noun: **en lege, et kontor**. Here **kontor** is the last word. **Lege** just tells us what sort of office it is. The gender becomes **et**: **et legekontor**, **et tannlegekontor**.

You have had many compound nouns so far:

en bilnøkkel	*a car key*
et sykehus	*a hospital*
en sykeseng	*a sickbed*
en sykepleier	*a nurse*
en motorsykkel	*a motorbike*
en turistinformasjon	*a tourist information centre*

> **LANGUAGE TIP**
>
> When you come across a frighteningly long word, it is a good idea to see if you can break it up into manageable pieces. Look at **'skinkesmørbrød'** meaning *open ham sandwich*. **'skinke'** is *ham*, **'smør'** is *butter* and **'brød'** is *bread*.

 Practice

1 **Find the correct forms of the adjectives: (a) grønn, (b) blå, (c) stripet, (d) pen:**

a en **grønn** skjorte   den _____   _____ skjorter   de _____ skjortene
skjorten

b et _____ skjørt   det **blå** skjørtet   _____ skjørt   de _____ skjørtene

c en _____ sokk   den _____   _____ sokken   de **stripete** sokkene
sokker

d en _____ bukse   den _____   **pene** bukser   de _____ buksene
buksen

2 **These adjectives are all regular. Write out the comparative and superlative forms of each.**

09.05 Listen and repeat

Example: pen (*pretty*) – **penere** (*prettier*) – **penest** (*prettiest*)

   a fæl (*awful*) –

   b fin (*fine*) –

   c smart (*smart*) –

   d blek (*pale*) –

3 **Here are some irregular adjectives:**

stor	**tørre**	**størst**	(*big*)
liten	**mindre**	**minst**	(*small*)

Find suitable forms of the adjectives:

   a Bentes brødre heter Arne og Tom. Arne er _____ enn Tom.

   b Tom er _____ enn Arne.

   c Tom er _____.

   d Arne er _____.

4 **Do you remember these irregular nouns? Find the correct answers:**

   a en bror   broren   _____   brødrene

   b _____   faren   fedre   _____

   c _____   _____   søstre   _____

   d en mor   _____   _____   _____

   e _____   mannen   _____   _____

5 **Find the correct forms of the formal De in these sentences:**

   a Kan jeg hjelpe _____?

   b Vil _____ ha en kopp kaffe?

   c Jeg synes at denne fargen kler _____.

   d Er denne jakken _____?

6 09.06 **Which verb would you use in the following? Listen and repeat.**

| å synes | synes | syntes | har syntes | *(think, be of the opinion)* |
| å tro | tror | trodde | har trodd | *(think, believe)* |

a Jeg _____ at den rutete jakken er stygg.

b _____ du at det blir pent vær i morgen?

c Jeg _____ ikke at han kommer i dag.

d _____ du at han er hyggelig?

Test yourself

Choose the correct answer for each question.

1 Hva selger Sue i butikken?
  a Fisk.   **b** Kort og frimerker.   **c** Klær.

2 Hva vil damen se på?
  a Kjoler.   **b** Belter.   **c** Biler.

3 Hvilken farge blir damen blek i?
  a Turkis.   **b** Svart.   **c** Korallrødt.

4 Hva er i veien med Bente?
  a Hun har brukket et ben.   **b** Hun har hjernerystelse.   **c** Hun hoster og nyser.

5 Er Bente allergisk ?
  a Ja.   **b** Nei.   **c** Hun er allergisk mot barn.

6 Hvor skal Elisabeth være i Oslo?
  a Hos Bente.   **b** Hos tante Maiken.   **c** På hotell.

7 Hva vil Elisabeth kjøpe?
  a Olabukser.   **b** En kjole.   **c** Smarte bukser.

8 Hvilken skjorte liker Elisabeth?
  a Den grønne.   **b** Den mønstrete.   **c** Den lyseblå.

9 Hva gjør Elisabeth?
  a Hun er lærer.   **b** Hun er sykepleier.   **c** Hun er aupair.

10 Hvor arbeider Elisabeth?
  a I Kristiansand.   **b** I Oslo.   **c** I London.

SELF CHECK

	I CAN...
○	. . . describe clothes, colours and patterns.
○	. . . buy clothes.
○	. . . buy medicines.
○	. . . tell the time.

10 Selskaper
Parties

In this unit you will learn how to:
▶ *understand Norwegian party customs.*
▶ *respond to your hosts during and after a party.*
▶ *say the months and dates.*

CEFR: (A2) *Can handle very short social exchanges; Can understand short simple texts on familiar matters; Can say the months and dates.*

Spesielle anledninger *Special occasions*

Significant birthdays are celebrated in Norway – usually the 18th, 21st, 50th, 60th, 65th, 70th and 80th. These birthdays are often marked with a big dinner party, either at home or in a private room in a restaurant.

Other occasions are christenings, confirmation parties, weddings and funerals. They tend to follow a certain pattern and can be rather formal.

In Unit 3 you read about how to say **Skål**. This is done frequently at dinners. The host will usually wish everyone welcome and say **skål** before the food is served. Then the guests will pick out whoever they want to drink with throughout the meal. Saying **skål** can be friendly or flirtatious – that is up to you!

Norwegians love making speeches, and there are often many of them – perhaps too many. The speeches also follow a special order, and it is common that one person is asked to be 'toastmaster' in order to keep the proceedings under control.

At the end of the meal, the gentleman sitting in the place of honour to the left of the hostess will make a speech to thank the hostess for the meal on behalf of the other guests. Sometimes the guest will be told in advance and can prepare a speech.

When leaving the table, everyone will shake hands with, or kiss, the host and the hostess, saying **takk for maten**.

The Norwegian word for *evening* is **aften**. What is the Norwegian word for *supper*?

Vocabulary builder

 10.01 Look at the word list and complete the missing English expressions. Then listen and try to imitate the speakers.

MAT OG DRIKKE *FOOD AND DRINK*

aftens (en)	*supper*
deilig	*delicious*
dessert (en)	*dessert*
drink (en)	_____
eplesaft (en)	*apple juice*
frukt (en)	_____
gryterett (en)	*casserole*
kjøkkenet (et)	*the kitchen*
ost (en)	_____

NEW EXPRESSIONS

åpner (å åpne)	*open/opens*
beundrer (å beundre)	*admire/admires*
bli kjent med	*get to know*
forsyn dere (å forsyne seg)	*help yourselves*
gjestene (en)	*the guests*
håper (å håpe)	*hope/hopes*
kos	*nice, lovely* (slang for **koselig**)
nabo (en)	*neighbour*
prater (å prate)	*chat/chats*
takke	*thank*
velkommen	*welcome*

Dialogue 1

dørklokken (en dørklokke)	*the doorbell*
koselige (koselig)	*cosy/pleasant*
setter seg (å sette seg)	*sit down/sits down*

 10.02 *Sue ringer til tante Maiken.*

1 Sue and Jan visit tante Maiken. Who else is there?

Sue	Hallo, tante Maiken! Dette er Sue. Husker du meg?
Tante Maiken	Hallo Sue! Jeg husker deg godt! Hvordan har du det?
Sue	Bare bra. Det var veldig hyggelig å bo hos deg i sommer. Jeg vil gjerne hilse på deg igjen. Jeg vil gjerne besøke deg. Kan jeg ta med meg Jan, vennen min, og komme en liten tur?
Tante Maiken	Ja, det er bare hyggelig. Kan dere komme i kveld? Vi spiser aftens klokken åtte.

Sue	Tusen takk! På gjensyn!
Tante Maiken	På gjensyn i aften.

Sue ringer på dørklokken, og tante Maiken åpner døren:

Tante Maiken	Kom inn! Velkommen til meg! Hyggelig å se deg, Sue! Jeg vil gjerne bli kjent med deg, Jan!

De går inn i den koselige leiligheten. Arne og Elisabeth er der.

Sue	Arne!! Er du her?
Arne	Hei Sue! Ja, jeg er på et kort besøk i Oslo.
Jan	Elisabeth!! Den søte sykepleieren min! Jeg er veldig glad for å se deg igjen!
Elisabeth	Hei, Jan! Jeg håper du er helt frisk igjen.
Jan	Ja, og det kan jeg takke deg for!!
Tante Maiken	Nå skal vi ha en drink. Vil dere ha vin eller eplesaft? Jeg skal ha et stort glass rødvin, men jeg vet at Arne heller vil ha eplesaft.

De har en drink og prater mens de beundrer den fine utsikten over Oslo og fjorden. Så setter de seg ved bordet på kjøkkenet, og tante Maiken har laget en deilig gryterett. Før de spiser løfter tante Maiken glasset sitt og sier:

Tante Maiken	Skål og velkommen hit!

Alle sier 'Skål', og smiler til hverandre.

Tante Maiken	Vær så god, forsyn dere!

Maten er god. Det er lys på bordet. De spiser og hygger seg. Til dessert er ost og frukt. Når de har spist, sier alle: 'Takk for maten' til tante Maiken, og Arne gir henne en god klem.

Elisabeth og Jan snakker sammen.

Elisabeth	Hva gjør du, Jan?
Jan	Jeg er ingeniør. Jeg arbeider i et stort firma.
Elisabeth	Er du og Sue samboere?
Jan	Nei, Sue har en liten leilighet i byen og jeg bor hjemme hos foreldrene mine. Og du? Har du en spesiell venn?
Elisabeth	Nei, men jeg har mange venner.

2 True or false?

a Tante Maiken husker ikke Sue.

b Tante Maiken har laget en deilig gryterett.

c Alle sier 'Takk for maten'.

d Sue og Jan er samboere.

 ## 3 Writing

Find the correct word and complete the sentences.

a Tante Maiken bor i en _____ _____. (*cosy, flat*)

b Hun drikker _____, men Arne drikker _____. (*wine, apple juice*)

c Jan er _____. (*engineer*)

d De spiser _____ og _____ til dessert. (*cheese, fruit*)

Dialogue 2

danser (å danse)	*dance/dances*
dempe	*dim/turn down*
dumt (dum)	*silly/stupid/boring*
forbauset	*surprised*
fødselsdag (en)	*birthday*
julen (en)	*the Christmas*
kake (en)	*cake*
mineralvann (et)	*mineral water*
musikken (en)	*the music*

10.03 *Sue holds a flat-warming party.*

1   What are Sue's guests going to eat?

Sue liker å bo i den lille leiligheten sin. Hun bor i Oslo, og hun har kort vei til jobben. Om kvelden kan hun treffe vennene sine. Nå vil hun gjerne ha et lite selskap. Arne, Elisabeth og Jan skal komme, og hun har ringt til Randi og Odd. Sue har bakt en stor bløtkake og hun har kjøpt mange pizzaer. Gjestene har med vin, øl og mineralvann. Pop-musikken fra stereo-anlegget er høy når gjestene kommer.

Odd   Fint å se deg igjen, Arne! Hvordan liker du å studere i Bergen?

Arne   Bra. Men jeg savner London! Jeg likte veldig godt å bo der.

Jan   Når skal du reise tilbake til Kristiansand, Elisabeth?

Elisabeth   Jeg hører ikke hva du sier!!

Det ringer på døren. Sue åpner, og der står en nabo. Han er sint.

Mannen   Vil dere dempe musikken!! Jeg kan ikke høre TVen min!

Sue   Unnskyld! Musikken er visst litt for høy. Jeg skal dempe den med en gang.

Mannen går og Sue slår musikken ned. De spiser pizza og drikker øl og vin. De snakker om julen og hva de skal gjøre da. Sue vet ikke. Kanskje vil hun reise hjem til England. Men hun vil veldig gjerne ha en norsk jul.

Jan   Elisabeth, når skal du reise tilbake til Kristiansand?

Elisabeth   Jeg skal til Bergen først, for det er mors fødselsdag på lørdag. Jeg reiser ti Kristiansand på søndag.

Jan   Jeg vil gjerne treffe deg før du reiser. Det er dumt at det er arbeidsdag for meg i morgen, men kanskje vi kan være sammen on kvelden?

Elisabeth   Fint. Jeg vil gjerne treffe deg.

De spiser kake og danser. Men siden det er arbeidsdag i morgen, går gjestene hjem tidlig. De sier 'god natt' og 'takk for i kveld'.

Arne   Dette var en kos kveld. Jeg ringer til deg, Sue.

Sue vasker opp og rydder. Hun tenker på Arne. Hun var glad for å se ham igjen og forbauset over at hun virkelig hadde savnet ham. Bare han ringer!

2 True or false?

e Sue skal ha et selskap.

f Elisabeth vasker opp og rydder.

g Gjestene går hjem tidlig.

h Sue vil gjerne være i Norge i julen.

3 Writing

Find the correct word and complete the sentences.

a Sue har bakt en stor _____. (*gateau*)

b En _____ _____ ringer på døren. (*cross, neighbour*)

c Sue sier: '_____'. ('*sorry*')

d Det er _____ i morgen. (*a working day*)

> **CULTURE TIP**
>
> More pizza is eaten per person in Norway than anywhere else in the world. You could be forgiven for thinking that pizza is Norway's no.1 national dish.
>
> **'Bløtkake'** actually translates as *softcake* and is a light sponge cake filled with fruit, chopped almonds etc. and smothered in whipped cream. It is traditional at birthdays and festivals.

Text 3

elsker (å elske)	*love/loves*
festlig	*great/festive*
fulgte (å følge)	*followed*
holde en tale	*make a speech*
invitert (å invitere)	*invited*
kjære	*dear*
lo (å le)	*laughed*
smilende	*smiling*
taler (en tale)	*speeches*
til slutt	*at the end*
ønsket (å ønske)	*wished*

10.04 Lørdag tjuetredje oktober (*Saturday 23 October*). Det var mors fødselsdag. Hun var femti år, og hele familien var sammen. Mormor og morfar kom fra Kristiansand og Liv og hennes familie kom fra Trondheim. Elisabeth og Arne var kommet hjem fra Oslo.

1 It's Arne's mother's birthday. How old is she?

Far hadde bestilt en stor middag på et hotell. Flere av mors venninner fra skoletiden var invitert, og mors og fars beste venner var der også.

Mor hadde en elegant, ny kjole, og alle barna syntes at hun var virkelig pen, med det lyse håret og de smilende blå øynene, selv om hun var veldig gammel.

Alle sa 'Gratulerer med dagen' til mor. Etter en drink satte gjestene seg ved det festlige bordet. Far sa 'Skål' og ønsket alle velkommen.

Maten var deilig. Til forrett var det røkelaks og eggerøre med gressløk. Så fulgte lammestek med poteter og grønnsaker. Til dessert var det karamellpudding.

Det var mange taler. Far holdt tale for sin kjære kone. Liv, som var den eldste av barna, holdt en vakker tale om det gode barndomshjemmet hun og søsknene husket så godt. Da ble mor rørt og måtte tørke bort en tåre. Noen av vennene talte også og det var mye skåling. Til slutt var det morfars tur. Han satt til venstre for mor, og da var det hans plikt å si 'takk for maten' på vegne av gjestene. Morfar var morsom og alle lo.

Etterpå var det kaffe og marsipankake i den store stuen.

'Jeg elsker å ha fødselsdag', sa mor med et stort smil da gjestene hadde gått.

2 True or false?

    e Arne holdt en god tale for mor.
    f Det var fars fødselsdag.
    g Det var ingen taler.
    h Alle sa 'Gratulerer med dagen' til Bente.

This is how we say it

Cover up the right-hand side and translate the Norwegian sentences. Check if you are correct.

▶ Congratulations:

Gratulerer med dagen!	*Happy birthday!*
Alt godt for dagen!	*All the best for 'the day'!*

▶ Greetings:

Velkommen!	*Welcome!*
Velkommen til oss!	*Welcome to us!*
Velkommen til bords!	*Welcome to the table!*
Skål og velkommen!	*Here's to the guests!*

▶ At dinner:

Vær så god.	*Please = come and eat.*
Vær så god forsyn deg.	*Please help yourself.*
Vil du ha litt mer?	*Would you like a little/some more?*
Vil du ha litt til?	*Would you like some more?*
Ja, takk!	*Yes, please!*
Nei takk.	*No, thank you.*
Nei takk, jeg er forsynt.	*No thank you, I am satisfied, I've had enough.*
Nei takk, nå har jeg spist nok.	*No thank you, I have eaten enough now.*
Det smaker godt/deilig.	*It tastes good/delicious.*

▶ The toast/after dinner:

Jeg vil gjerne holde   *I would like to make a speech/pay*

en tale for ...   *a tribute to ...*

Jeg vil gjerne si noen ord ...   *I would like to say a few words ...*

Skål for mormor!   *A toast for Granny!*

Skål for vertinnen!   *A toast for the hostess.*

▶ The 'thank-you's:

Takk for maten!   *Thank you for the food/meal.*

Velbekomme.   *'Don't mention it', 'You're welcome'.*

Takk for i dag!   *Thank you for today!*

Takk for i aften!   *Thank you for this evening!*

Takk for meg!   *Thank you for having me!*

▶ Phoning the host the next day:

Takk for i går!   *Thank you for last night/yesterday!*

▶ If some time has passed, or if you write a note:

Takk for sist!   *Thank you for last time!*

Det var en veldig   *It was a very pleasant evening.*
   hyggelig aften.

LANGUAGE TIP

Look carefully at these phrases. You won't put a foot wrong if you are familiar with them!

Remember that there isn't such a word as 'please'. The hostess may say **'Vær så god'** when the food is going to be served. **'Vær så god'** is also used when you hand a plate or platter to someone, or when pouring wine.

 Language discovery

1 ORDINAL NUMBERS

Perhaps you have noticed that at the beginning of some texts there is a date where an ordinal number is used. The ordinal numbers are as follows:

1st	**første**	*11th*	**ellevte**	*21st*	**tjueførste**
2nd	**andre**	*12th*	**tolvte**	*22nd*	**tjueandre**
3rd	**tredje**	*13th*	**trettende**	*30th*	**trettiende**
4th	**fjerde**	*14th*	**fjortende**	*40th*	**ørtiende**
5th	**femte**	*15th*	**femtende**	*50th*	**femtiende**
6th	**sjette**	*16th*	**sekstende**	*60th*	**sekstiende**
7th	**sjuende**	*17th*	**syttende**	*70th*	**syttiende**

8th	åttende	18th	attende	80th	åttiendel
9th	niende	19th	nittende	90th	nittiende
10th	tiende	20th	tjuende		

2 THE MONTHS MÅNEDENE

januar	juli
februar	august
mars	september
april	oktober
mai	november
juni	desember

The months, like the days of the week, do not have capital letters, except at the start of a sentence.

3 DATES DATOER

This is how you write the date:

Fredag trettende august 2014 or   *Friday thirteenth August 2014*

13. august 2014

or **13.8.14.**

OBS!

1 How would you write 01.04.2014?

4 PREPOSITIONS

Til (*to*), **fra** (*from*), **på** (*on*), **i** (*in, for*), **med** (*with*), **ved** (*by*), **etter** (*after, behind*), **om** (*about, in*), **over** (*over*), **under** (*under*), **av** (*of*) are called prepositions.

Kari sitter ved bordet.	*Kari sits/is sitting at the table.*
Kari sitter på bordet.	*Kari sits on the table.*
Kari sitter under bordet.	*Kari sits under the table.*

In Norwegian, as in many other languages, prepositions can have more than one meaning. This can be confusing. Some preposition phrases are worth remembering:

Min tykke tante skal være her om tre uker.	*My fat aunt will be here in three weeks.*
Min tykke tante skal være her i tre uker.	*My fat aunt will be here for three weeks.*

2 How do you say: *I shall be in Oslo for one week?*

> **LANGUAGE TIP**
>
> We have been using prepositions throughout the book. They can be a bit irritating. No sooner have you learned one meaning of a preposition than you find that the preposition has a different meaning as well! In many situations it doesn't matter a great deal, but sometimes it does. Imagine if you invite your mother-in-law to come to stay *in* two months and she comes *for* two months!
>
> * '**om**' can mean *in*
>
> * '**i**' can mean *for* – but not always!

5 TIME EXPRESSIONS

Prepositions are also used to express time.

i dag	*today*
i morgen	*tomorrow*
i går	*yesterday*
på torsdag	*on Thursday*
om morgenen	*in the morning/mornings*
om kvelden	*in the evening/evenings*
i morges	*this morning*

6 VERBS: LEGGE/LIGGE *LAY/LIE*, SETTE/SITTE *SET/SIT*

å legge (to lay/put)	**legger**	**la**	**har lagt**
å ligge (to lie)	**ligger**	**lå**	**har ligget**

Jeg legger boken på bordet.   *I lay/put the book on the table.*

Boken ligger på bordet.   *The book lies on the table.*

å sette (to set/place)	**setter**	**satte**	**har satt**
å sitte (to sit)	**sitter**	**satt**	**har sittet**

Jeg setter glasset på bordet.   *I place/set the glass on the table.*

John sitter ved bordet.   *John sits by the table.*

If you put something flat or wide, like a book, on the table, you would use **legge**. If you place something which stands, like a vase or a glass, you would use **sette**.

In Unit 8 you looked at the reflexive verbs; **legge** and **sette** also have reflexive forms:

Jeg legger meg.   *I lie down/go to bed.*

Hun legger seg.   *She lies down/goes to bed.*

Vi setter oss.   *We sit down.*

3 You do the next one: *'They sit down'*

7 PAST PARTICIPLES AS ADJECTIVES

In Unit 8 you saw that the perfect tense consisted of **ha** *have* + the past participle of the verb:

å brekke	*(to break)*
han brekker	*(he breaks)*
han brakk	*(he broke)*
han har brukket	*(he has broken)*

Brukket is the past participle of the verb.

Some past participles, but not all, can be used as adjectives.

Brukket is one of these:

et brukket ben	*a broken leg/bone*
en forbauset mann	*a surprised man*
dempet musikk	*soft, quiet music*
en invitert gjest	*an invited guest*

Practice

1 Find a suitable preposition to complete these sentences. The first two are suggested for you:

    a Kari vil gjerne reise (*to*) _____ Amerika.
    b Flasken er (*on*) _____ bordet.
    c John kjørte _____ byen.
    d Han har et kart _____ Oslo.
    e De sitter _____ bilen.

2 Time expressions:

    a Jeg kommer _____. (*today*)
    b Tom var her _____. (*yesterday*)
    c _____ spiste jeg frokost. (*this morning*)
    d Jeg spiser frokost _____. (*in the morning*)
    e Han skal komme hit _____ onsdag. (*on*)

3 Insert ordinal numbers following the guide in brackets:

    a Jeg skal reise til New York (4th) _____ august.
    b Min fødselsdag er (16th) _____ september.
    c John kom til Bergen (26th) _____ juni.
    d Det var (1st) _____ gangen han var i Norge.
    e I dag er det torsdag (9th) _____ mars.

4 Do you remember the cardinal numbers? Write these out in words in Norwegian:
a 5 **b** 12 **c** 14 **d** 47 **e** 69

10.05 What would you say in these situations?
a Wish someone a 'Happy birthday'.
b Welcome someone to your house.
c Ask your guest if s/he would like some more to eat.
d Say that you have had enough.
e Thank someone for a meal.

5 **What are the definite singular forms of these adjectives and nouns?**
a en sint nabo den ...
b et spesielt selskap
c en koselig kveld
d en deilig bløtkake
e et stort smil

6 **What are the indefinite singular forms of these adjectives and nouns?**
a gode venner
b kjedelige gjester
c store kaker
d snille søstre
e dårlige brødre

7 **Find the verbs ligge/legge, sitte/sette as required by the English prompts in brackets:**
a John (puts/places) _____ glasset på bordet.
b Bente (sat) _____ ved bordet.
c Gutten (lies) _____ i sengen.
d Bøkene (lay) _____ der.
e De (sit) _____ i bilen.

8 **Find the missing verbs:**

Infinitive	Present	Past	Perfect
å være	er	var	har vært
a å smile	_____	smilte	_____
b å tenke	_____	_____	har tenkt
c _____	kaster	_____	har kastet
d å drikke	_____	_____	_____
e å se	_____	så	_____

Test yourself

Choose the correct answer for each question.

1 Når skal tante Maiken spise aftens?
 a Klokken sju. **b** Klokken åtte. **c** Klokken ni.

2 Hva skal de spise?
 a Fisk og poteter. **b** Reker og majones. **c** En deilig gryterett.

3 Hva skal de ha til dessert?
 a Ost og frukt. **b** Is. **c** Bløtkake.

4 Hva gjør Jan?
 a Han er lærer. **b** Han er tannlege. **c** Han er ingeniør.

5 Hva heter Arnes venner?
 a Randi og Odd. **b** Randi og Knut. **c** Odd og Knut.

6 Mor er 50 år! Et av barna holder tale. Hvem er det?
 a Liv. **b** Elisabeth. **c** Tom.

7 Hvem sa 'Takk for maten' på vegne av gjestene?
 a Far. **b** Arne. **c** Morfar.

8 Hvilken dato er fjortende april totusen og ni?
 a 15. 4. 2009. **b** 14. 4. 2009. **c** 14. 4. 2008.

9 Hvilken dato er tjuetredje februar to tusen og elleve?
 a 23.2.2011. **b** 25.2.2011. **c** 3.7.2011.

10 Tanten din har fødselsdag. Hva vil du si til henne:
 a Takk for maten. **b** Gratulerer med dagen. **c** Skål og velkommen.

SELF CHECK

I CAN...
. . . understand Norwegian party customs.
. . . respond to my hosts during and after a party.
. . . say the months and dates.

Slottet, Oslo

11 God Jul! Godt Nyttår!
Happy Christmas! Happy New Year!

In this unit you will learn how to:
▶ *write Christmas cards.*
▶ *enjoy a Norwegian Christmas.*
▶ *tell the time.*

CEFR: (A2) *Can write simple, personal letters (Christmas cards); Can write simple connected text on topics which are of personal interest;* **(B1)** *Can express and respond to feelings.*

Jul *Christmas*

In Norway Christmas preparations get under way in early December. Homes are cleaned from cellar to loft, and the traditional seven kinds of cookies are baked. It is a time for the family to enjoy evenings together, writing *Christmas cards*, **julekort**, and making sweets and Christmas decorations.

The *Christmas tree*, **juletre**, is decorated just before Christmas – and Christmas is celebrated on *Christmas Eve*, the 24th, **julaften**.

An old tradition is to have *rice porridge*, **risgrøt**, for lunch. A blanched almond is hidden in the porridge, and the lucky finder receives a marzipan pig. Many people attend the *children's service*, **barnegudstjeneste**, in the churches.

Christmas Eve is family time. Food traditions vary, with *roast rib of pork*, **ribbe**, in the south and lamb or cod, even **lutefisk** (described below) in the west, and grouse in the far north.

The custom of singing carols round the Christmas tree is dying out as families become smaller. At larger family Christmas parties, however, this tradition is still very much alive. Traditional carols are sung, ending with action/dance songs similar to 'Here we go round the mulberry bush'.

The presents are arranged under the tree, and are distributed one by one.

There are usually many parties and family reunions between Christmas and the New Year. **New Year's Eve**, *nyttårsaften*, is celebrated with parties and fireworks. Church bells chime for the New Year.

 What date do Norwegians celebrate Christmas?

Vocabulary builder

 11.01 Look at the word list and complete the missing English expressions. Then listen and try to imitate the speakers.

I KIRKEN *AT THE CHURCH*

feire	*celebrate*
julaften (en)	_____
barnegudstjenesten (en)	*the children's service*
julesangene (en julesang)	*the Christmas carols*
kirken (en kirke)	_____
kirkeklokkene (en kirkeklokke)	*the church bells*
synge (å synge)	*sing*
tradisjon (en)	_____

JUL HJEMME *CHRISTMAS AT HOME*

måltid (et)	_____
pinnekjøtt	*steamed lamb*
julekakene (en kake)	*Christmas cakes*
juleskikk (en)	*Christmas tradition*
juletreet (et)	_____
pynter (å pynte)	*decorate/decorates*
smake	*taste/tastes*
snø (en)	_____

Dialogue 1

aldri	*never*
flink	*clever*
hilsen (en)	*greeting*
interessant	*interesting*
julegrisen (en gris)	*the Christmas pig**
kommer frem (å komme frem)	*get/gets there*
kyss (et)	*kiss*
tenner (å tenne)	*light*
ønsker (et ønske)	*wishes*

*Pigs are associated with Christmas as pork is probably eaten by the majority of Norwegians on Christmas Eve.

 11.02 Torsdag tjuende desember *(Thursday 20 December). Sue and Arne have been spending a lot of time together, and Sue was delighted when Arne's family invited her to spend Christmas with them.*

1 What is on the Christmas card for Randi and Odd?

Sue og Arne sitter på kjøkkenet og skriver julekort. Far ser på Dagsnytt, mens mor leser avisen.

Arne Hvis vi poster disse kortene i kveld, kommer de kanskje frem til julaften. Vi skulle ha skrevet dem før!

Sue Jeg er alltid sen med julekortene mine. Hvorfor sier du ikke God Jul og God Nyttår?

Arne Så dum du er! Du vet da at det er 'en' jul og 'et' nyttår! Et år!

Sue Ja, selvfølgelig. Men jeg kan ikke huske alt!

Arne Du er veldig flink til å snakke norsk, Sue. Du kan skrive: 'God Jul og Godt Nyttår', eller 'Alle gode ønsker for Julen og det Nye Året'. Vil du skrive navnet ditt på disse, kortene som jeg har skrevet?

Sue Ja, og så må du skrive en hilsen på dette kortet til bestemor i Australia. Jeg tror ikke hun får det til jul! Men hun blir sikkert glad for bildet av snø og fjell.

Arne Odd og Randi skal få kortet med den tykke julegrisen.

Tom kommer inn.

Tom Skal vi lage marsipan nå?

Sue Marsipan?

Tom Ja, vi lager alltid marsipan til jul. Vi farger den gul, grønn og lyserød og former den til små frukter. Det er en hyggelig juleskikk og den smaker veldig godt!

Mor kommer inn.

Mor Nå skal jeg lage kaffe til oss og så skal vi smake på julekakene. Fint at dere vil lage marsipan.

Sue Når pynter dere juletreet?

Mor Vi pynter aldri juletreet før den tjuetredje desember. Lysene blir tent på selve julaften.

Sue Jeg gleder meg til å feire en norsk jul. Det skal bli både festlig og interessant. Tusen takk for at jeg fikk komme hit.

Mor smiler. Arne gir Sue et kyss.

Arne Jeg er glad du er her.

2 True or false?
  a Far lager marsipan, som han former til frukter.
  b Arne skriver julekort til Odd og Randi.
  c Sue er alltid tidlig med julekortene sine.
  d Mor vil gjerne ha en kopp te.

3 Writing

Complete the sentences with the correct words.

a Sue og Arne skriver _____. (*Christmas cards*)

b De skriver: God jul og _____ _____. (*Happy New Year*)

c Far ser på Dagsnytt, og mor _____ _____. (*reads the newspaper*)

d Tom vil gjerne lage _____. (*marzipan*)

> **CULTURE TIP**
>
> You may find a fat pig on a Christmas card a bit surprising, but it is as common on Norwegian Christmas cards as the robin is on English cards. Christmas is a time for good and plentiful food, and roast pork or a side of ribs of pork is traditional food in the south of Norway.

Dialogue 2

bøker (en bok)	*books*
delt ut (å dele ut)	*handed out*
å dele	*to share*
lenger	*any longer*
lyste (å lyse)	*glowed*
oppleve	*experience*

11.03 Julaften, mandag tjuefjerde desember (*Christmas Eve, Monday 24 December*).

1 What were Sue's presents?

Klokken er halv elleve. Sue står ved vinduet og ser på alle lysene i byen. Det har vært en fin dag, og Sue er glad for at hun har fått oppleve en norsk julaften. Klokken fire gikk hele familien i kirken til den tradisjonelle barnegudstjenesten. Kirken var full og Sue kjente mange av julesangene. Da de kom ut, ringte alle kirkeklokkene i byen.

Tom Nå ringer alle kirkeklokkene i hele Norge. Nå er det jul. God jul, alle sammen!

Da de kom hjem, ble juletreet tent. De hadde pyntet det i går kveld. Nå sto det der og lyste med glitter og små, norske flagg, og med pynt som barna hadde laget da de var små. Under treet lå det mange presanger.

Bente og barna var der, og Elisabeth hadde nettopp kommet hjem. Liv og hennes familie skulle feire jul i Trondheim med Geirs familie.

Klokken sju spiste de julemiddag. Det var tradisjon å ha 'pinnekjøtt' med øl og dram. Til dessert var det multer og krem. Sue syntes det var et deilig og spesielt måltid.

Nå var Per utålmodig. Men han måtte vente til alt var ryddet og kaffe og julekaker var på bordet. Da gikk far bort til juletreet.

Far Er det noen snille barn her, da?

Alle Ja! Ja! Ja!!

Presangene ble delt ut i tur og orden. Alle gledet seg over hva de andre fikk og over sine egne presanger. Sue fikk en fin, norsk genser, fire høye glass og flere bøker.

Mor	Da barna var små, gikk vi alltid rundt juletreet og sang julesanger. Men nå gjør vi ikke det lenger.
Per	Jeg skal synge: 'Jeg er så glad hver julekveld'.

Per sang, og lille Pål sov.

● CHRISTMAS DISHES **NORSK JULEMAT**

Pinnekjøtt

Twigs of birch are placed in a large pan; the lamb, cut into pieces, is placed on the twigs; a little water is added; the meat is steamed through the twigs until tender. Season with salt and pepper and serve with plenty of chopped parsley and boiled new potatoes.

Lutefisk

Fillets of dried cod are soaked for some time in a potash lye. They are then soaked, boiled and served with crisply fried diced bacon, and the bacon fat is liberally poured over. A gourmet dish!

---

2 True or false?

   a Familien spiste middag før de gikk til barnegudstjenesten.

   b Alle presangene lå under juletreet.

   c Barna hadde laget pynt til juletreet da de var små.

   d Arne fikk en fin genser.

3 Speaking

Now follow the English prompts below to complete Wayne's part of the conversation. Read aloud and try to focus on the correct pronunciation.

a	**Wayne**	This is my first Christmas in Norway.
b	**Solveig**	Savner du Amerika?
c	**Wayne**	I miss my family and turkey.
d	**Solveig**	Liker du norsk mat?
e	**Wayne**	I like the fish, but I don't like the Norwegian goat's cheese.
f	**Solveig**	Alle liker geitost! Du må spise geitost i Norge.

Dialogue 3

bråker (å bråke)	*make/makes a noise*
fyrverkeri (et)	*fireworks*
himmelen (en)	*the sky/heaven*
klemmer (å klemme)	*hug/hugs*
kysser (å kysse)	*kiss/kisses*
musserende	*sparkling*

1 Who is doing the cooking, Sue or Arne?

Etter jul reiste Sue og Arne til Oslo. Sue har begynt å jobbe igjen, men Arne har ferie fra universitetet noen dager til. De bor i Sues lille leilighet.

I dag er nyttårsaften, og de skal feire den sammen med Odd og Randi. Arne er flink til å lage mat, og han har laget en deilig middag. Det er så vidt plass til fire rundt bordet i det koselige, lille kjøkkenet. Ute er det kaldt, og det har snødd hele dagen.

Nå er klokken ti på tolv. Arne åpner en flaske musserende vin. Sue finner de høye glassene som hun fikk til jul og setter dem på bordet. Hun åpner døren til balkongen. Plutselig begynner et fantastisk fyrverkeri. Himmelen lyser i alle farger, og det smeller og bråker.

Arne	Klokken er tolv. Godt nyttår, alle sammen! Godt nyttår, Sue!
Sue	Godt nyttår, Arne!

Arne kysser Sue.

Sue	Godt nyttår, Odd! Og Randi!

De klemmer hverandre. Nå ringer kirkeklokkene mens rakettene farer mot den mørke himmelen. Klokken er kvart over tolv. Det blir kaldt å stå i den åpne døren. Sue lukker den. De drikker vinen og skåler med hverandre.

Arne har armene rundt Sue.

Arne	Godt nyttår, søte, lille Sue, og takk for det gamle!
Sue	Takk i like måte. Jeg er glad jeg har truffet deg.
Arne	Tror du vi skal være sammen neste nyttårsaften?
Sue	Det håper jeg. Skål for oss, Arne!

Klokken er ett og selskapet er over. Randi og Odd går hjem med armene rundt hverandre. Arne og Sue står ved vinduet og ser dem ute i snøen. Snøfnuggene danser i luften.

 2 Speaking

Now follow the English prompts below to complete Wayne's part of the conversation. Read aloud and try to focus on the correct pronunciation.

a	**Wayne**	What is the time?
b	**Solveig**	Klokken er kvart over fem.
c	**Wayne**	Quarter past five! I must go.
d	**Solveig**	Hvorfor må du gå?
e	**Wayne**	I shall meet my American friend at Aker Brygge at half past five.
f	**Solveig**	Hva heter han?
g	**Wayne**	Not he. She is called Diana.
h	**Solveig**	Du må gå nå. Klokken er ti på halv seks.

This is how we say it

▶ Wishing people a Merry Christmas and a Happy New Year:

God jul!	*Happy Christmas!*
Godt nyttår!	*Happy New Year!*
Alle gode ønsker for julen og det nye året!	*All good wishes for Christmas and the New Year!*
Godt nyttår og takk for det gamle!	*Happy New Year and thank you for the old one!*
Takk det samme!	*Thank you, the same to you!*
Takk i like måte!	*Thank you, the same to you!*
Jeg håper du får et godt nytt år!	*I hope you will have a good New Year!*

▶ Expressions concerning the time:

Hva er klokken?	*What is the time?*
Hvor mange er klokken?	*What is the time? (How many is the time?)*
Klokken er kvart på seks.	*It is a quarter to six.*
Den er kvart på seks.	*It is a quarter to six.*
Den er halv ni.	*It is (half to nine) half past eight.*
Er den halv ni alt?	*Is it half past eight already?*
Det er sent!	*It is late!*
Jeg skal reise tidlig i morgen.	*I shall travel early tomorrow.*
Jeg skal reise klokken halv sju.	*I shall travel at half past six.*
Når skal du legge deg?	*When will you go to bed?*
Jeg skal legge meg klokken tolv.	*I shall go to bed at twelve.*
Han legger seg kvart på ti.	*He goes to bed at a quarter to ten.*
Når står du opp?	*When do you get up?*
Jeg står opp ti på åtte.	*I get up at ten to eight.*
Jeg vil helst sove hele dagen!	*I would rather sleep the whole day!*

💡 Language discovery

1 Å FÅ, FÅR, FIKK, HAR FÅTT   *TO GET/RECEIVE*

This verb can have several different meanings:

a Asking or giving permission:

Får jeg komme inn?	*May I come in?*
Kan jeg få snakke med Kari?	*May I speak to Kari?*
Du kan få lov til å spise hele kaken.	*You have permission to eat the whole cake.*

b To manage, be able to or to get a chance to:

Han får ikke sove når det er lyst.	*He can't sleep when it is light.*
Jeg fikk høre at hun var syk.	*I heard/learned that she was ill.*
Han fikk henne til å smile.	*He managed to make her smile.*

c A softly expressed order:

Du får gjøre som jeg sier.	*You will do what I say.*

d Future:

Vi får se.	*We shall see.*

OBS!

1 What do you think this means? **'Du får komme når du vil'**

2 VERBS: Å LEGGE SEG *TO GO TO BED*, Å SETTE SEG *TO SIT DOWN*

In Unit 10 you looked at these reflexive verbs **å legge seg** (*to go to bed*) and **å sette seg** (*to sit down*). Here are more examples:

Jeg legger meg klokken ti.	*I go to bed at ten o'clock.*
Hun legger seg sent.	*She goes to bed late.*
John la seg klokken ti på elleve.	*John went to bed at ten to eleven.*
Bente setter seg ved bordet.	*Bente sits down by the table.*
Vil du sette deg her?	*Will you sit down here?*
De satte seg ved vinduet.	*They sat down by the window.*

Remember that you use the reflexive **seg** in the 3rd person (he, she, it and they) only, and only when it reflects back to the subject.

3 VERBS: THE '-ING' ENDING

In English the *-ing* ending for verbs is called the present participle.

In Norwegian it is formed by adding **-ende** to the stem of the verb.

å smile   stem = **smil**   present participle = **smilende** (*smiling*)

The present participle is not used so much in Norwegian. Look at the examples below:

Bente sitter. *Bente sits/Bente is sitting.*

John ligger. *John lies/John is lying.*

The present participle is used only after verbs which express movement, like **å komme** and **å gå**.

Han kom syklende til byen. *He came cycling to the town.*

Hun gikk smilende mot ham. *She went smiling towards him.*

4 '-ING' AS AN ADJECTIVE

The present participle is used more as an adjective in Norwegian:

en glitrende stjerne *a twinkling star*

et skrikende barn *a screaming child*

en smilende dame *a smiling lady*

These adjectives do not take endings in comparison. When comparing, you must use **mer** or **mest**.

en lovende student *a promising student*

den mest lovende studenten *the most promising student*

> **OBS!**
> **2** Can you work out what this means? **'en sovende hund'**

5 NOUNS

Here are some more irregular nouns:

et tre	**treet**	**trær**	**trærne**	*(a tree)*
en bok	**boken**	**bøker**	**bøkene**	*(a book)*

Nouns ending in **-er** usually follow this pattern for plurals:

en lærer	**læreren**	**lærere**	**lærerne**	*(a teacher)*
en skulder	**skulderen**	**skuldre**	**skuldrene**	*(a shoulder)*
en finger	**fingeren**	**fingre**	**fingrene**	*(a finger)*
en vinter	**vinteren**	**vintre**	**vintrene**	*(a winter)*
en genser	**genseren**	**gensere**	**genserne**	*(a sweater)*

6 IKKE *NOT*: POSITION

You have seen that **ikke** usually comes immediately after the verb:

John liker ikke Bente. *John doesn't like Bente.*

If the verb consists of two words, **ikke** comes after the first:

Bente vil ikke reise til Bergen.   *Bente will not travel to Bergen.*

There are some situations where **ikke** moves around:

▶ In a subordinate (or 'dependent') clause, **ikke** comes in front of the verb:

Fordi han ikke var syk, gikk han på kino.	*Because he wasn't ill, he went to the cinema.*
Da John ikke kom, spiste Bente all maten.	*As John didn't come, Bente ate all the food.*

▶ If the object of the sentence is a pronoun, **ikke** moves to the end.

Bente så ikke John.	*Bente didn't see John.*
Bente så ham ikke.	*Bente didn't see him.*
Jeg leste ikke boken.	*I didn't read the book.*
Jeg leste den ikke.	*I didn't read it.*

▶ **Ikke** can come first if you want to stress something:

Ikke spiser han og ikke drikker han.	*He doesn't eat or drink.*
Ikke fikk hun lest brevet.	*She didn't get to read the letter.*

▶ **Ikke** comes first when giving an order (imperative):

Ikke sitt der!	*Don't sit there!*
Ikke drikk mer!	*Don't drink any more!*

OBS!

3 How do you say: *'Don't eat the whole cake!'*

Practice

1 What is the time?

a Ti over seks.

b Kvart over ti.

c Fem på elleve.

d Halv åtte.

e Ti over halv to.

2 Study 'Telling the time' at the end of this unit, then write out, or say, in Norwegian the times shown on these clocks:

 11.05 **Listen and repeat.**

a

b

c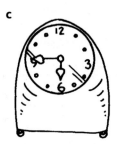

d

e

3 **Which dates are these?**
  a Tjuetredje i fjerde.
  b Sjuende i første.
  c Tiende i tiende.
  d Ellevte i femte.
  e Attende i åttende.

4 **Write out these dates in Norwegian using ordinal numbers and the names of the months:**
  a 5 February
  b 12 March
  c 14 June
  d 16 July
  e 26 September

5 **Give the appropriate greeting/expression of gratitude:**
  a Wish someone a happy birthday.
  b Say: Happy Christmas, Grandmother (paternal).
  c Wish someone a Happy New Year.
  d Thank your host/hostess for a meal.
  e Say: Thank you, the same (to you).

6 Use sette/sitte, legge/ligge, sette seg/legge seg in the present tense:

   a Kari _____ boken på bordet.

   b Erik _____ ved bordet.

   c John _____ klokken tolv.

   d Han _____ ved vinduet.

   e Jeg _____ klokken ti på elleve.

7 These sentences are in the present tense. Change the verbs to past tense:

   a Jeg sitter ved bordet. Jeg _____ ved bordet.

   b John legger seg klokken kvart på tolv. John _____.

   c Vi setter oss ved vinduet. Vi _____.

   d Du legger boken på bordet. Du _____.

   e Bøkene ligger på bordet. Bøkene _____.

TELLING THE TIME

Hvor mange er klokken?	*What is the time?*
Hva er klokken?	*What is the time?*
Klokken er åtte.	*It is eight o'clock.*
Klokken er fem.	*It is five o'clock.*
Klokken er fem over fem.	*It is five past five. (The time is five past five.)*
Klokken er ti på fem.	*It is ten to five. (The time is ten to five.)*
Klokken er kvart på sju.	*It is a quarter to seven.*
Klokken er kvart over sju.	*It is a quarter past seven.*
på	*to*
over	*past*

So far it is easy to tell the time.

Klokken er halv ti.	*It is half past nine. (Half to ten.)*
Klokken er halv tre.	*It is half past two.*
Klokken er ti på halv tre.	*It is twenty past two. (Ten to half to three.)*
Klokken er fem over halv tre.	*It is twenty-five to three. (Five past half to three.)*

TV programmes, train and bus timetables and so on use the 24-hour clock, but, as in English, you don't normally say: **Jeg skal legge meg klokken tjuetretretti** (*23.30*), rather **Jeg skal legge meg klokken halv tolv** (*I shall go to bed at half past eleven*).

When written, **klokken** is shortened to **kl**.

❓ Test yourself

Choose the correct answer for each question.

1 Hvor skal Sue være i julen?
   a Hos Arnes familie.   **b** Hos tante Maiken.   **c** Hos Odd og Randi.

2 Hvem skal få kortet med julegrisen?
   a Bestemor i Australia.   **b** Odd og Randi.   **c** Tante Maiken.

3 Når pynter familien juletreet?
   a Tjuetredje desember.   **b** Tjuefjerde desember.   **c** Tjuefemte desember.

4 Nårspiser familien julemiddag?
   a Julaften.   **b** Tjuefemte desember.   **c** Nyttårsaften.

5 Hvor feirer Sue og Arne nyttårsaften?
   a I Bergen.   **b** I Oslo.   **c** I Kristiansand.

6 Hvem er de sammen med?
   a Tante Maiken.   **b** Bente og barna.   **c** Odd og Randi.

7 Hva drikker de klokken tolv?
   a Kaffe.   **b** Eplesaft.   **c** Musserende vin.

8 Når går Odd og Randi?
   a Klokken tolv.   **b** Klokken ett.   **c** Klokken halv to.

Two different types of questions:

9 What is the definite plural of teacher?
   a Lærer.   **b** Læreren.   **c** Lærerne.

10 What is the indefinite singular of Christmas?
   a Jul.   **b** Julen.   **c** Juler.

I CAN. . .
○ . . . write on Christmas cards.
○ . . . enjoy a Norwegian Christmas.
○ . . . tell the time.

Brev
Letters

In this unit you will learn how to:
▶ *write formal and informal letters.*
▶ *use titles.*
▶ *describe the weather.*
▶ *describe the seasons.*

CEFR: (A2) *Can understand sentences and frequently used expressions related to areas of most immediate relevance;* **(B2)** *Can catch the main point in short, clear, simple messages; Can understand short, simple personal letters.*

Skrive Brev *Writing letters*

Informal letters to friends and relatives start with **Kjære ...** *(Dear ...)*; very informal letters start with **Hei ...** In a business letter it is not common to write *Dear Sir* or anything at all; you just write the name of the organization, with perhaps the title of the person you want to contact: **Personalsjefen** *(the personnel director/manager)*, **Bankdirektøren** *(the director/manager of the bank)*. These are then followed by the address. If you have met the person you are writing to, you could start with:

Hr. Ole Larsen   (hr. = herr *Mr*)   **Fru Kari Berg**   (fru = *Mrs*)

Frk. Liv Grorud (frk. = frøken *Miss*)

The common greetings when ending a letter are:

Hilsen ...   *(greetings ...)*   **Kjærlig hilsen ...**   *(loving greetings ...)*

Hilsen fra ... *(greetings from ...)* **Klem fra ...**   *(hugs from ...)*

Mange hilsener fra ...   *(many greetings from ...)*

Formal endings are:

Med hilsen ...   *(greetings ...)* formal

Ærbødigst ...   *(yours respectfully ...)* very formal

In a business letter one should use the formal **De**. It looks more professional.

 1   How would you end a letter to your boy/girlfriend or best friend?

Vocabulary builder

12.01 Look at the word list and complete the missing English expressions. Then listen and try to imitate the speakers.

SKRIVE BREV *WRITING LETTERS*

brev (et)	_____
dessverre	*unfortunately/sadly*
e-post	*e-mail*
lei av	*tired of/fed up with*
meddele	_____
samtale (en)	_____
ser frem til (å se frem til)	*look/looks forward to*

TITLER *TITLES*

personalsjefen (en)	*the personnel manager*
sjef (en)	*boss/director/manager*
snekker	*carpenter*
doktor	*Dr.*
kunstmaler	*artist/painter*
vaktmester	*caretaker*

VÆRET *WEATHER*

sol (en)	*sun/sunshine*
regn	_____
fint vær	*fine weather*
dårlig vær	_____
det blåser	*it blows/it's blowing*
det snør	_____
det regner	*it rains/it's raining*

Text 1

annonse (en)	*advert*
attester (en attest)	*references/recommendations*
besatt	*taken*
kontor (et)	*office*
om	*if/whether*
opplysninger	*information*
stillingen (en)	*the position*

1 Sue is answering an advert for a job. What sort of job is she looking for?

Personalsjefen Johns Hotell   Leilighet 16 Lillegaten 7 0123 Oslo
Storgaten 599 Bodø

10. februar 2018

Jeg så Deres annonse i Aftenposten fredag sjette februar. Jeg er interessert i opplysninger om den ledige stillingen i resepsjonen.

Jeg er engelsk, tjuetre år, og for tiden arbeider jeg i en forretning i Oslo. Her selger jeg klær. Jeg snakker og skriver norsk ganske bra.

I London arbeidet jeg for økonomisjefen på et kontor. Jeg hadde jobb to kvelder i uken i en pub mens jeg var student. Jeg har også hatt jobb som kjøkkenhjelp på et sykehus.

Hvis denne stillingen allerede er besatt, vil jeg gjerne vite om det er andre muligheter for en jobb i dette hotellet. Jeg kan komme til samtale når som helst.

Attester vedlegges. Ærbødigst

Sue Smith

2 True or false?

    a Sue vil gjerne arbeide på et hotell.

    b Hun arbeidet på et kontor i London før hun reiste til Norge.

    c Hotellet er i Stavern.

    d Det er en ledig stilling i resepsjonen.

3 Writing

Complete the sentences with the correct words.

    a Sue arbeider i en _____ i Oslo. (*shop*)

    b Hun _____ og _____ norsk. (*talks, writes*)

    c Hun arbeidet som _____ på et _____. (*kitchen hand, hospital*)

> **LANGUAGE TIP**
>
> This is a very formal letter. Notice the formal **'De'** meaning *you*. This formal pronoun isn't used all that much any more, but in a letter of this kind it would certainly be correct. Look up the formal *you* in Unit 9.
>
> Notice that the letter has no heading, like *Dear Sir or Madam*. You use **'Kjære'**, meaning *Dear*, only in private letters.
>
> **'Ærbødigst'** meaning *Yours faithfully/yours truly* is the most formal way to end a letter.

Text 2

bransje (en)	line of business
erfaring (en)	experience
foreslår (å foreslå)	suggest/suggests
kvalifiserte (kvalifisert)	qualified
stadig	ever/all the time

1 Did Sue get the job in the hotel reception?

Johns Hotell Storgaten 599 Bodø

Sue Smith Leilighet 16 Lillegaten 7 0123 OSLO

15. februar 2018

Ref JKH / 15.02.14 / bn

Jeg må dessverre meddele deg om at stillingen i resepsjonen er besatt. Vi fikk mange kvalifiserte søkere med mange års erfaring innen hotellbransjen.

Vi vil gjerne treffe deg likevel, hvis du er interessert i å arbeide på kontoret. Vi skal også snart åpne et nytt hotell, så det er muligheter innen vår stadig voksende organisasjon.

Jeg foreslår at du kommer til en samtale 26. februar klokken 11. Jeg ser frem til å møte deg da.

Med hilsen
J. K. Hearst

Direktør

---

2 True or false?

a Stillingen i resepsjonen er allerede besatt.

b Sue kan få jobb på kontoret.

c Hotellet er i Bodø.

d Sue har fått stilling som personalsjef.

3 Writing

a Det var mange _____ til jobben. (*applicants*)

b De hadde mange års _____ innen hotellbransjen. (*experience*)

c John skal snart åpne et _____ _____. (*new, hotel*)

d Sue kan komme til en _____ 26 _____. (*chat/interview, February*)

Text 3

flytter (å flytte)	*move/moves*
hendt (å hende)	*happened*
jobbe (å jobbe)	*work*
kjempekjekk	*very handsome*
leie	*rent*
spennende	*exciting*

 12.02 *Sue sender e-post til Randi.*

1   When is Sue moving, and what is the name of the town?

Hei R!

Takk for sist! Skulle ha takket før. Er litt tankeløs. Veldig hyggelig kveld med deg og Odd.

Vil du høre hva som har hendt? Noe veldig spennende!!

Har nettopp vært i Bodø og skal jobbe på Johns hotell! Flytter dit om 4 uker. Er lei av å bo i Oslo og lei av jobben min her. Treffer bare gamle damer! På tide å flytte.

Mannen som eier Johns hotell, heter John og er engelsk. Kom til Norge for 10 år siden. Han er kjempekjekk! Kanskje 'Mannen med stor M'! Tror han liker meg.

Kan få et bittelite rom på hotellet, men vil leie en leilighet snart. Liker å stå på egne ben.

John er veldig sportsinteressert og er på ski hele tiden. Jeg vet heldigvis litt om engelsk fotball.

Nå må jeg skrive et brev til Arne. Han vet ikke noe. Klem S x

2   True or false?

   a   Sue sender en e-post til Randi.

   b   Arne vet at Sue skal flytte til Bodø.

   c   Sue liker jobben sin.

 3   Writing

   d   Sue skal _____ til Bodø om fire _____. (*move, weeks*)

   e   John er på _____ hele tiden. (*skis*)

   f   Sue vet litt om engelsk _____. (*football*)

   g   Hun er _____ _____ jobben sin. (*fed up with*)

4 Writing

Read the email Solveig has sent Wayne and translate it.

Hei Wayne

Når lander flyet fra Boston? Møter deg på flyplassen.

Gleder meg til å se deg!

Klem, Solveig

Text 4

du kan tro at …	*you can't believe how/what …*
ferdig	*finished*
i fjor	*last year*
studiet (et studium)	*the study/course*
travelt (travel)	*busy*

12.03 *Sue skriver til Arne.*

1 Would Sue prefer to live in a small or a big town?

Kjære Arne   5 mars 18

Det er lenge siden jeg skrev til deg. Jeg har hatt et veldig travelt liv og jeg har ikke hatt tid til å ringe heller.

I februar svarte jeg på en annonse i Aftenposten om jobb på et hotell i Bodø. Jeg har fått jobb der, og jeg reiser om to uker. Jeg skal arbeide på kontoret og jeg har fått et lite rom på hotellet. Snart skal jeg leie en leilighet, og da håper jeg at du kommer og besøker meg.

Jeg er lei av jobben min i Oslo, og jeg vil gjerne se mer av Norge. Jeg er interessert i turisme og jeg vil gjerne treffe flere nordmenn. Oslo er ikke en hyggelig by, synes jeg. Jeg gleder meg til å bo i en liten by.

Håper det går fint med studiet ditt. Du er sikkert glad for at det går mot slutten og at du snart er ferdig. Vil du ha jobb som lærer? Det sa du i fjor.

Du kan tro at det er kaldt her for tiden. Jeg liker ikke vinteren. Er det blitt vår i Bergen? Jeg er sikker på at det regner der.

Hils foreldrene dine og Tom.

Ha det godt, Arne!

Kjærlig hilsen fra Sue

2 True or false?

    a Sue har fått jobb som personalsjef.

    b Sue tror at det regner i Bergen.

    c Sue liker å bo i Oslo.

3 Writing

Complete the sentences and choose the correct word.

    a Sue er _____ _____ å bo i Oslo. (*fed up with*)

    b Sue synes at John er _____. (*very handsome*)

    c Hun kan få et _____ rom på hotellet. (*tiny*)

    d Hun vil heller leie en _____. (*flat*)

Text 5

12.04

1 Is this a happy letter from Arne?

> Kjære Sue
> Bergen, 10. mars 18
>
> Jeg var ikke glad da jeg leste brevet ditt. Hvorfor har du ikke snakket med meg om dette? Jeg visste ikke noe før jeg fikk brevet ditt.
>
> Jeg har ringt til deg mange ganger, men du tar aldri telefonen. Jeg har sendt SMS til deg hver dag, men jeg får ikke svar. Hva er i veien med deg?
>
> Hva med påsken? Vi skulle reise på fjellet og gå på ski. Men du reiser til Bodø like før påske.
>
> Jeg vet ikke hva jeg skal tro. Jeg var veldig sint på deg i sommer og nå er jeg sint igjen!
>
> Arne

This is how we say it

Here are some useful phrases when writing letters. Complete the sentences with the missing word.

_____ for sist!	*Thank you for last time.*
Jeg skal _____ fra mor.	*Mother sends her greetings.*
Jeg _____ hilse fra John.	*John sends his greetings.*
Hils onkel Hans fra meg.	*Give my greetings/love to Uncle Hans.*
Du må hilse din tante.	*Give my greetings/love to your aunt.*
Hilsen ...	*Greetings ...*
Hilsen fra ...	*Greetings from ...*

Mange hilsener fra ...	*Many greetings from ...*
_____ hilsener fra ...	*A thousand greetings from ...*
Kjærlig hilsen fra ...	*Loving greetings/love from ...*
_____ fra ...	*Hugs from ...*
Mange klemmer fra ...	*Many hugs from ...*
Kyss fra ...	*Kiss/kisses from ...*

▶ Business letters:

Takk for Deres brev.	*Thank you for your letter.*
Takk for brev av 15. november.	*Thank you for (your) letter of 15th November.*
Vi har dessverre ikke noen stilling ledig.	*Unfortunately we have no vacant position.*
_____ å møte dem fredag 3. januar.	*We look forward to meeting you on Friday 3rd January.*
Banksjefen _____ dem neste torsdag.	*The bank manager would like to meet you next Thursday.*
Ærbødigst ...	*Yours faithfully/respectfully ...*
_____.	*With greetings.*

> **LANGUAGE TIP**
>
> Look at these phrases. Writing letters should be no problem. Remember the polite phrase **'takk for sist'**, meaning *thank you for last time*, whenever that was. If you know some family member or close friend it is very nice to write **'hils Kari fra meg'** meaning *greetings to Kari (from me)*, or **'hils din mor'**, meaning: *greetings to/remember me to your mother*.
>
> Start friendly letters with **'kjære'** or **'hei'** and end with **'hilsen fra/klem fra'** and a few XXX if appropriate!

 Language discovery

1 PÅ *ON*

The preposition **på** normally means *on*.

Boken ligger på bordet.	*The book lies on the table.*
De er på vei til Nord-Norge.	*They are on their way to north Norway.*

In Norwegian you can often express where you are using **på**. This may sound a bit strange:

Vi spiser frokost på kjøkkenet.	*We eat breakfast in the kitchen.*
John er på universitetet.	*John is at the university.*
Mor arbeider på et legekontor.	*Mother works at a doctor's surgery.*
Barna er på skolen.	*The children are at school.*
Vi er på fjellet i påsken.	*We are in the mountains at Easter.*

Note these too:

Vi er på landet	*in the countryside*
Vi er i byen	*in town*

There are more expressions with **på**:

Jeg er sikker på at ...	*I am sure/certain that ...*
Du må ta på deg en genser.	*You must put on a sweater.*
Klokken er kvart på tre.	*The time is a quarter to three.*
Det er på tide at jeg ...	*It is time that I ...*
På søndag skal vi gå på ski.	*On Sunday we shall go skiing.*
Han søker på en stilling.	*He is applying for a position.*

OBS!

1 Try this one: **'de spiste aftens på kjøkkenet'.**

2 Å GÅ *TO GO/WALK/TRAVEL*

Det er bare fem minutter å gå til stasjonen.	*It takes only five minutes to walk to the station.*
Toget går klokken fem på fire.	*The train leaves at five to four.*
Fergen går til Harwich.	*The ferry goes to Harwich.*
Jeg må gå nå.	*I have to leave now.*
Skal vi gå på kino?	*Shall we go to the cinema?*
Jeg liker å gå på ski.	*I like to ski /go skiing.*

You use **gå** for ferries, trains and so on, but for people only when you are actually walking.

Vi skal reise til Norge i sommer. *We shall go/travel to Norway this summer.*

OBS!

2 Can you translate this into Norwegian in two ways? *'Sue is going to Sydney on Tuesday'*

3 WORDS ENDING IN-M

Words must not end with a double **m** in Norwegian, even if there should be a double consonant for the pronunciation. This means that you have to add the **m** if there is an ending to follow:

Nouns

et rom	**rommet**	**mange rom**	**rommene**	*(a room)*
et hjem	**hjemmet**	**mange hjem**	**hjemmene**	*(a home)*
en klem	**klemmen**	**mange klemmer**	**klemmene**	*(a hug)*

Verb

| å komme | kommer | kom | har kommet | *(to come)* |

Adjective

| en dum | den dumme | mange dumme | de dumme | *(a stupid boy)* |
| gutt | gutter | gutten | guttene | |

Adverb

| hjem | | *(home)* |
| hjemme | | *(at home)* |

4 ANNEN/ANNET/ANDRE *SECOND/(AN)OTHER*

Andre is the second ordinal number. It also means *other*.

| en annen dag | den andre dagen | andre dager | de andre dagene |
| et annet hus | det andre huset | andre hus | de andre husene |

Notice the difference:

Jeg vil gjerne ha en annen kopp.	*I would like another/different cup.*
Jeg vil gjerne ha en kopp til.	*I would like another/one more cup.*
Jeg vil gjerne ha den andre koppen.	*I would like the other cup.*

OBS!

3 What does the following mean? **'Jeg vil gjerne ha et glass vin til'**

5 NOUNS OF FOREIGN ORIGIN

Nouns ending in -**um** are declined this way:

et museum	museet	museer	museene	*(museum)*
et studium	studiet	studier	studiene	*(academic course)*
et laboratorium	laboratoriet	laboratorier	laboratoriene	*(laboratory)*
et sentrum	sentret	sentrer	sentrene	*(centre)*

Notice that they are all **et**-words.

Practice

1 Can you find a contrasting word – meaning the opposite?

Look at the words below:

a nei
b nesten
c interessant

d stor

e stygg

f mørk

g sol

2 **Do you remember the adverbs which have one form for movement and one for non-movement?**

   a John reiser _____ (*home*).

   b Bente er _____ (*inside*).

   c Han kjører _____ (*away*).

   d Hun sender brevet _____ (*there*).

   e De kommer _____ (*here*).

3 **Insert a suitable pronoun:**

   a Jeg legger _____ i sengen.

   b De setter _____ ved bordet.

   c De gifter _____ på lørdag.

   d Han følte _____ dårlig.

4 **How would you end a letter to these people?**

   a Your aunt.

   b A good friend.

   c Your bank manager.

   d Your boyfriend/girlfriend.

5 **Write out and then say these sentences in the present tense:**

   12.05

   a John drakk en kopp kaffe.

   b Bilen stoppet plutselig.

   c Vi bodde i Oslo i tre år.

   d Brevet lå på bordet.

   e Hun smilte til den lille gutten.

6 **Find the correct forms of the adjectives in brackets:**

   a **(god)**   en _____ dag

   b **(rød)**   et _____ hus

   c **(liten)**   den _____ bilen

   d **(stygg)**   de _____ klærne

   e **(blå)**   mange _____ skjorter

   f **(vond)**   det _____ kneet

7 Write a letter to a friend, thanking him/her for a Christmas present.

● **JOB TITLES**

These are used much more in Norway than in England, both on letters and when one makes formal introductions.

Dette er tannlege Knut Berg.	(*dentist*)
Dette er min kollega, veterinær Solveig Dale.	(*veterinary surgeon*)
Har du truffet urmaker Ole Vik?	(*watchmaker*)

Addresses on letters and envelopes:

Snekker Peter Linderud	(*carpenter*)
Doktor / (Dr.) Elisabeth Nilsen	(*Dr.*)
Kunstmaler Håkon Nordnes	(*artist/painter*)
Operasanger Agnes Rud	(*opera singer*)
Vaktmester Harald Olsen	(*caretaker*)

– just to mention a few!

In the telephone directory people are listed with their job/profession.

Royal titles:

There is no aristocracy in Norway, so there are no titles apart from those used by the royals:

Hans Majestet Kong Harald	*His Majesty King Harald*
Hennes Majestet Dronning Sonja	*Her Majesty Queen Sonja*

If you meet them, you should address them as:

Deres Majestet	*Your Majesty*

The King's two children and two sisters are addressed as: **Deres Kongelige Høyhet** *Your Royal Highness*

Norwegians can be knighted for services to the nation. In this event, they receive the insignia from the King, but there is no title or letters after the name.

● **ÅRSTIDENE** *THE SEASONS*

vinter	*winter*
vår	*spring*
sommer	*summer*
høst	*autumn*

Norway is a very elongated country with extreme temperatures and climate, and the seasons are very different. Winter is cold and dark, but the snow gives a lot of pleasure, as both old and young enjoy skiing and other winter activities.

Spring is usually dramatic. In a very short time the snow melts, the ground thaws out and the countryside becomes lush and green. The days grow noticeably longer.

Summer can be as hot and sunny as in southern Europe. But in a bad year it can be like a 'green winter'. Most of the time it is a mixture, and most years there will be several weeks of hot, sunny weather. The coast is ideal for water sports, and the temperature in the fjords and lakes can be surprisingly pleasant for swimming.

Norwegians love the outdoor life and hiking in the mountains and through the forests.

Autumn again is short and dramatic, with beautiful autumn colours and special golden light, soon to be replaced by storms and high seas round the jagged coastline. November often seems to be the darkest month, before the snow again covers the countryside, usually in December.

A great part of Norway lies north of the Arctic Circle (**Polarsirkelen**). Here part of the winter is without daylight, and in the summer the Midnight Sun (**Midnattssolen**) keeps everyone awake.

Test yourself

Choose the correct answer for each question.

1 You are writing to your bank manager. How would you end the letter?

  a Kyss fra ...   **b** Klem fra ...   **c** Ærbødigst ...

2 You are writing to your lover. How would you finish?

  a Ærbødigst.   **b** Med hilsen.   **c** Klem og kyss fra ...

3 Sue vil gjerne ha jobb på Johns Hotell. Hvor er Johns Hotell?

  a I Bergen.   **b** I Bodø.   **c** I Oslo.

4 Kan Sue få jobb på Johns Hotell?

  a Nei.   **b** Ja, i resepsjonen.   **c** Ikke i resepsjonen, men kanskje en annen jobb.

5 Når skal Sue komme til samtale på hotellet?

  a Tjuesjette februar.   **b** Sjette februar.   **c** Tjuesjuende februar.

6 Hvorfor vil Sue reise til Bodø?

  a Hun er lei av klærne sine.   **b** Hun er lei av jobben sin.   **c** Hun er lei av Arne.

7 Er Arne sint på Sue?

  a Ja.   **b** Nei.   **c** Nei, han er sint på Tom.

8 Hvor skulle Sue og Arne reise i påsken?

  a Til London.   **b** På fjellet.   **c** På campingtur.

9 Hvor kommer John fra?

  a Fra Wales.   **b** Fra Skotland.   **c** Fra England.

10 Hva skriver Sue om John til Randi?

  a Han er kjempekjekk.   **b** Han er kjempestor.   **c** Han er kjempedum.

SELF CHECK

I CAN. . .
○ . . . write formal and informal letters.
○ . . . use titles.
○ . . . describe the weather.
○ . . . describe the seasons.

Sinnataggen, Vigeland Sculpture Park, Oslo

 *Påske*
Easter

In this unit you will learn how to:
▶ *ask for advice on skiing.*
▶ *express delight.*
▶ *express fear.*
▶ *describe winter scenery.*

CEFR: (B2) *Can express feelings of delight and fear; Can deal with most situations arising while travelling (skiing) in an area where the language is spoken.*

Påske *Easter*

Easter is the time when the Norwegians take to the mountains for the best skiing holiday of the year. The days are getting longer, and the sun is warm. There is usually plenty of snow on the higher ground. **Høyfjell** *high mountains* are areas above the tree line, usually more than 700 metres above sea level.

All the hotels are fully booked, and all the holiday log cabins, **hytter**, are occupied. They are cosy and warm, and it is very pleasant to relax with friends or family in front of a roaring log fire after a good day's skiing.

The big ski resorts have slalom slopes, ski lifts and after-ski activities. But the majority of Norwegians prefer to spread themselves over the huge snow plains, trekking for miles up and down slopes, with tireless children, babies on sledges and rucksacks with Thermos flasks and food.

People usually take a week to ten days' holiday at Easter. Maundy Thursday is a public holiday as well as Easter Monday. But don't go to Oslo at Easter. There is nobody around!

Even though all Norwegians ski from a very early age, surprisingly there isn't a verb *to ski* in the Norwegian language. You have to say **'jeg liker å gå på ski'** or **'vi skal gå på ski i påsken'**.

Cross-country skiing is **'langrenn'** when you take part in a race. As a sport just for pleasure one usually says **'skitur'** meaning: *skiing trip.* **'Slalom'** is a well-known term. The word for downhill is **'utfor'**.

The combination of sunshine and snow will give your face a deep tan, called: **'påskebrun'**, meaning *'Easter tan'*.

---

 1 How do you say *'Happy Easter'* in Norwegian?

Vocabulary builder

13.01 Look at the word list and complete the missing English expressions. Then listen and try to imitate the speaker.

PÅSKE *EASTER*

God påske!	_____
påske	*Easter*
palmesøndag	_____
skjærtorsdag	*Maundy Thursday*
langfredag	*Good Friday*
påskedag	*Easter Day*

I SKIBAKKEN *ON THE SLOPE*

fort	*fast*
galt	_____
glatt	_____
høyfjellet (et)	*the high mountain* (usually above the tree limit)
farlige (farlig)	*dangerous*
situasjoner (en situasjon)	_____
skiene (en ski)	*the skis*
skiturer (en skitur)	*skiing trips*

NEW EXPRESSIONS

Skal vi gå på ski?	*Shall we go skiing?*
Vil du hjelpe meg med skiene mine?	*Will you help me with my skis?*
Passer støvlene til bindingene?	*Do the boots fit the bindings?*
Er disse stavene lange nok?	*Are these sticks long enough?*
Er det farlig?	*Is it dangerous?*
Jeg er redd!	*I am afraid!*
Jeg tør ikke!	*I dare not!*
Jeg faller!!	*I am falling!!*
Ikke vær redd!	*Don't be afraid!*
Det er ikke farlig!	*It is not dangerous!*
Bøy knærne!	*Bend your knees!*
Bøy deg forover!	*Bend (yourself) forward!*
Kjør ned!	*Ski down!*
Det gjør ikke vondt om du faller.	*It doesn't hurt if you fall.*
Du er en reddhare!	*You are a chicken!*
Jeg vil heller sitte i solen!	*I would rather sit in the sun!*

Dialogue 1

bestemt	*set/decided*
dato (en)	*date*
fly	*rush*
forsiktig	*careful*
langs	*along*
livlig	*lively*

 13.02 *Sue enjoys her job in Bodø.*

1 **There are two Norwegian words for 'winter tyres'. What are they? Try to find them in the dialogue.**

> *Sue tok imot tilbudet om en stilling på Johns Hotell og nå har hun flyttet til Bodø. Hun har ikke snakket med Arne, og hun vet at det er galt av henne.*
>
> *Sue liker arbeidet på hotellet. Det har vært en veldig travel tid. Nå er det påske, og i dag har John invitert henne til en dag på fjellet. De skal på ski på høyfjellet.*
>
> *Det har snødd mye de siste dagene, og det er høye brøytekanter langs veiene. Sue liker å sitte ved siden av John i den store bilen hans.*
>
> **Sue** Synes du det er vanskelig å kjøre når det er så mye snø?
>
> **John** Nei, jeg er vant til det nå, vet du. Jeg har gode piggdekk, og dette er en god, tung bil. Men jeg har vært i noen farlige situasjoner her i Norge. Mange bilister er idioter. De tenker ikke på at en må være veldig forsiktig når det er glatt.
>
> **Sue** Bruker du piggdekk hele året?
>
> **John** Nei, etter en bestemt dato er det forbudt å bruke vinterdekk. De ødelegger veiene, vet du. Jeg skifter til sommerdekk like etter påske. Men det er mye snø i år.
>
> **Sue** Det er vakkert med den hvite snøen. Se, der kommer solen frem også! Jeg håper vi får fint vær i dag. Jeg gleder meg til å prøve skiene! Det skal bli gøy!
>
> **John** Det er fint å gå på ski. Jeg har brukt skiene mye siden jeg kom til Norge. Jeg liker slalom best, men jeg liker også å gå lange skiturer.
>
> **Sue** Jeg gikk på ski-kurs i Oslo, men jeg er ikke flink.
>
> **John** Det blir du sikkert. Du skal sikkert fly fort. Du er en livlig jente!

 2 **Writing**

Complete the sentences with the correct word.

a John har en _____, _____ bil. (*good, heavy*)

b John bruker ikke _____ om sommeren. (*winter tyres*)

c Sue gikk på _____ i Oslo. (*skiing course*)

d John sier at Sue er en _____ _____. (*lively girl*)

154

Dialogue 2

brønn (en)	*well*
frosset	*frozen*
hytte (en)	*cottage, cabin*
koser seg (å kose seg)	*enjoy themselves*
lampe (en)	*lamp*
ovnen (en)	*the stove*
peis (en)	*fireplace*
trepanel (et)	*wood panelling*

13.03 *Our friends spend Easter in a mountain cabin.*

2 Who is spending Easter with Arne?

Arnes familie har en hytte på fjellet. Det er påske, og Arne reiser dit med Bente, søsteren sin. Mor og far skal passe Per og Pål slik at Bente kan ha litt ferie. Elisabeth har en ferieuke, så hun og Jan er der også.

Det er en koselig tømmerhytte. I gangen er det plass til støvlene og anorakkene. Stuen er stor med peis og gode stoler. Det er trepanel på veggene og rødrutete gardiner ved vinduene. Det er flere bokhyller med mange bøker. Kjøkkenet er stort, men de tre soverommene med køyer er små.

Det har vært en fin dag. Solen skinte fra en blå himmel da de var på ski. Nå er det kveld. De er trette etter dagens skitur, og koser seg foran peisen.

Jan	Dette er en kjempekos hytte. Hvor lenge har dere hatt den?
Bente	Mor og far kjøpte den for seks år siden.
Arne	Husker dere hytten vi var på i påskeferiene da vi var barn?
Elisabeth	Den var veldig primitiv.
Bente	Jeg husker hvor langt det var å gå på ski gjennom den dype snøen fra parkeringsplassen til hytten. Vi hadde ryggsekker med alt vi skulle bruke hele uken.
Elisabeth	Og så kaldt det var da vi kom frem! Det første far gjorde var å tenne på peisen og i ovnen. Og mor tente lys og parafinlamper. Ikke elektrisitet.
Arne	Og jeg måtte spa ren snø i flere store bøtter og fat, som vi hadde i stuen. Vi smeltet snø hele tiden. Tom og jeg vasket oss ikke!
Jan	Ikke hele påsken?
Arne	Nei! Det var et vaskerom, men det var ikke vann der. Ute var det en brønn, men den var frosset om vinteren.
Bente	En gang var det så mye snø at vi ikke kunne åpne døren. Far spadde og spadde vekk snø mens vi frøs.
Elisabeth	Det verste var utedoen. Det var en biologisk do, og vi måtte gå ut.

Jan	Jeg liker de gamle hyttene. Mange hytter har verken vann eller elektrisitet, men folk koser seg likevel. Dette er en kjempefin hytte. Dere er heldige! Jeg er glad vi har en hel uke her!
Elisabeth	Vi kan gå ned til hotellet en kveld. Der er det badstue og svømmehall. Vi kan ta en pizza og et glass øl.

3 True or false?

a Bente og barna er på fjellet.

b Det er dårlig vær.

c Hytten har tre små soverom.

d Jan er sammen med Elisabeth og to av hennes søsken.

Dialogue 3

bakkene (en bakke)	*the slopes*
begynnere (en begynner)	*beginner*
ivrig	*eager*
langsomt	*slowly*
livredd	*scared stiff/frightened for your life*
plog (å ploge)	*plough*
på skrå	*across*
sterk	*strong*
svinge	*turn*

 13.04 *Sue and John go skiing.*

1 What is Sue wearing on her skiing trip?

Da Sue bodde i Oslo deltok hun i et skikurs for begynnere. Først holdt hun seg til de minste bakkene. Men hun var ivrig etter å lære, og hun ble flinkere til å gå på ski for hver gang.

Nå er hun på ski med John. Solen er sterk, og hun er glad hun har smarte solbriller og en lekker, ny, rød anorakk. De er på toppen av en stor bakke.

Sue	John, jeg tør ikke! Denne bakken er altfor bratt! Jeg er livredd!!
John	Ikke vær dum, Sue! Du kan ta det langsomt. Kjør på skrå og plog når du vil svinge. Du kan kjøre så langsomt du vil! Jeg visste ikke at du var en sånn reddhare!
Sue	Så ekkel du er! Jeg skulle ikke ha kommet!
John	Men du er her, og ned må du! Det er bare å sette i gang!
Sue	Bare ikke noen kjører på meg!

John	Jeg skal kjøre med deg. Bøy knærne dine godt, og husk å bøye deg forover. Det er mye snø, så det gjør ikke vondt om du faller.
Sue	Så dum jeg var som kom med deg! Men nå kjører jeg!
John	Du skal få en kopp sjokolade på veien tilbake. Kjør på, din tulling!

2 Speaking

Now follow the English prompts below to complete Wayne's part of the conversation. Read aloud and try to focus on the correct pronunciation. Read Solveig's part and translate the Norwegian sentences into English.

a	Solveig	Går du på ski i Amerika?
b	Wayne	Yes, I like slalom.
c	Solveig	Jeg liker best å gå en lang tur på ski.
d	Wayne	That is boring! I like speed and excitement.
e	Solveig	Heldigvis har ikke alle samme smak.

> **LANGUAGE TIP**
>
> The verb *to ski* does not exist in Norwegian; use the following phrases:
>
> **å gå på ski** — *to go skiing*
>
> **å kjøre ned bakken** — *to ski down the slope*

This is how we say it

▶ Some slang expressions:

Dette er gøy!	*This is great!*
Det er kjempegøy!	*It is great fun!*
Det er en kjempekos hytte dere har.	*It is a super cottage you have.*
Vi hadde en kjempefin ferie!	*We had a super holiday!*
Kult!	*Cool!*

▶ Some useful expressions:

Gi deg!	*Give in!/Stop it!*
Din tulling!	*You idiot! (affectionately)*
Din tufs!	*You idiot! (not affectionately)*
Din idiot!	*You idiot!*

Language discovery

1 VERBS

You may have noticed the use of **hadde** + a past participle: **hadde invitert** (*had invited*), **hadde snødd** (*had snowed*).

This tense is called the pluperfect, and is used in much the same way as in English.

Han hadde vært der før.	*He had been there before.*
De hadde hatt en fin ferie.	*They had had a fine holiday.*

OBS!

1 Over to you! How do you say: *'He had eaten the prawns'*?

2 NOUNS

There are a few nouns where the feminine gender is commonly used, especially in the definite singular:

en/ei jente	(*a girl*)	**jenta**	(the girl)
en/ei hytte	(*a cabin*)	**hytta**	(the cabin)
en/ei geit	(*a goat*)	**geita**	(the goat)

The plurals follow the normal pattern for common gender nouns:

mange jenter	(*many girls*)	**jentene**	*(the girls)*
mange hytter	(*many cottages*)	**hyttene**	*(the cottages)*
mange geiter	(*many goats*)	**geitene**	*(the goats)*

3 ADVERBS

You have already seen adverbs which have one stationary and one movement form, such as **ut** – **ute**, **hit** – **her** and so on.

There are two main groups of adverbs.

a Adverbs formed from adjectives by adding a t:

Adjective		Adverb	
høy	*(high, loud)*	**høyt**	*(highly, loudly)*
fin	*(fine)*	**fint**	*(finely)*
pen	*(pretty)*	**pent**	*(prettily)*
gal	*(crazy)*	**galt**	*(crazily)*

In English the equivalent is making adverbs by adding -*ly* to adjectives.

OBS!

2 Find the missing adverb.

	Adjective	Adverb
English	slow	slowly
Norwegian:	sen	_____

b Independent adverbs See below.

4 INDEPENDENT ADVERBS

This is a big group of words. Somebody once said that all the words which can't be put into clear groups (adjectives, nouns, verbs, conjunctions, etc.) are adverbs, and that isn't far wrong!

You will find all the adverbs used in this book in the **Vocabulary** at the back of the book. Here are a few to start you off:

ikke	*not*
alltid	*always*
aldri	*never*
for	*too*
altfor	*much too*
meget	*very*
veldig	*very*
etterpå	*afterwards*
igjen	*again*
kanskje	*perhaps*

5 WORD ORDER

A sentence can have several clauses. A main clause can stand on its own as a sentence.

▶ **Hun satt ved bordet.** The normal word order in a main clause puts the subject before the verb.

▶ **Da han kom inn.** This is also a clause, but it cannot stand on its own as a sentence. It is called a subordinate clause.

You can join these two clauses to form a sentence:

▶ **Hun satt ved bordet da han kom inn.**

You can also put the subordinate clause in front of the main clause with this result:

▶ **Da han kom inn, satt hun ved bordet.**

The rules for inversion are:

The subject and verb in the main clause are inverted if:

▶ the subordinate clause comes before the main clause
▶ the main clause starts with an adverb
▶ the main clause starts with a preposition phrase

OBS!

3 Put the preposition phrase *'on Friday'* first in the following sentence: **'Hun spiser fisk på fredag'.**

6 JOINING CLAUSES INTO SENTENCES

To link together sentences, clauses, phrases or words you use a group of words called conjunctions. You are familiar with many of them. Here are some:

og *(and)*   **men** *(but)*   **så** *(so)*

There are two kinds of conjunctions:

a Coordinating conjunctions
▶ linking main clauses:

Kari spiser.	*Kari eats.*
Knut drikker.	*Knut drinks.*
Kari spiser og Knut drikker.	*Kari eats and Knut drinks.*
Kari spiser, men Knut drikker.	*Kari eats, but Knut drinks.*
Jeg har ingen penger så jeg kan ikke reise.	*I have no money so I can't travel.*

b Subordinating conjunctions
▶ joining a subordinate clause to a main clause:

Kari sto på hodet da Knut kom inn.	*Kari stood on her head when Knut came in.*
Hun spiste ikke fordi hun kastet opp.	*She didn't eat because she vomited.*

▶ starting a subordinate clause:

Da Knut kom inn, sto Kari på hodet. *When Knut came in, Kari stood on her head.*

Fordi hun kastet opp, spiste hun ikke. *Because she vomited, she didn't eat.*

Notice inversion in the main (second) clause.

7 PUNCTUATION

The rules for punctuation are not very different from English.

Full stop is used after a complete sentence, and after some abbreviations:

▶ kl. = klokken, bl. a. = blant annet (among other things)
▶ No full stop after measurements – km (kilometre), kg (kilogram or kilo)

Colon is used to introduce speech or information:

▶ **Han sa: så pen du er!** *He said: how pretty you are!*

Exclamation mark is used when something is shouted or commanded or needs emphasizing:

Din idiot! *You idiot!*

Ti stille! *Keep quiet!*

Semicolon is somewhere between a comma and a full stop, but used only to link two main clauses.

Hyphen is used to divide words at the end of a line, and to clarify a point. Many first names are hyphenated, e.g. **Anne-Lise, Per-Erik, Liv-Bente**.

Comma is used:

▶ to list items: **Hun kjøpte skjørt, jakke, genser og støvler**.
▶ between two clauses connected by a coordinating conjunction:
   Han spiste først, og så sov han.
▶ before the main clause if it is preceded by a subordinate clause:
   Da de kom, ble mor glad.

Practice

1 **Join these clauses with conjunctions to form single sentences:**
   a Det er sol. Det er kaldt.
   b Den ene stolen er blå. Den andre stolen er rød.
   c De ringte på døren. Han var ikke hjemme.

2 **Start these sentences with the adverb, and adjust the word order.**

13.05 **Listen and repeat the sentences until you can say them with confidence.**
   a Kari er på ferie.   Nå _____
   b Vi kan gå på ski.   Her _____
   c Hilde og Erik kommer.   Der _____
   d Jeg vil gjerne ha en kopp kaffe.   Nå _____
   e Hun skal studere i London. Snart _____

3 Change the verb in these sentences to the pluperfect:

a Erik og Hilde (invitere) _____ John og Bente til hytten i påsken.

b Det (snø) _____ mye i vinter.

c John (være) _____ i Trondheim.

d Bente (ha) _____ det travelt.

4 Answer the questions with a complete sentence:

a Bruker John piggdekk om sommeren?

b Var det elektrisitet på den gamle hytta?

c Hvordan fikk de vann om vinteren?

d Hvor er toalettet?

5 The verbs in the following sentences are in the past tense. Change the verbs into present tense:

a Hotellet hadde skikurs for begynnere.

b Hilde gikk lange skiturer.

c Erik kjørte på ski ned bakken.

d Bente stod på toppen av bakken.

6 Use the list of adverbs from the Language discovery and choose suitable ones below:

a Det er lite (*not much*) snø, så vi kan _____ gå på ski.

b Erik er _____ flink til å kjøre slalom.

c Først skal vi gå på ski, og _____ skal vi drikke sjokolade.

d Hilde går _____ lange skiturer.

7 Imperatives!

a (å bøye) _____ knærne!

b (å kjøre) _____ ned bakken!

c (å sitte) _____ stille!

d (å være) Ikke _____ dum!

? Test yourself

Choose the correct answer for each question.

1 Hvor er familiens hytte?
- **a** Ved sjøen.
- **b** På fjellet.
- **c** I Danmark.

2 Hvor mange soverom er det?
- **a** To.
- **b** Tre.
- **c** Fire.

3 Hvor er Sue?
- **a** I Bodø.
- **b** I Oslo.
- **c** I London.

4 Når bruker John piggdekk?
- **a** Om vinteren.
- **b** Om sommeren.
- **c** I september.

5 Hvem er Sue på ski med?
- **a** Bente.
- **b** Odd og Randi.
- **c** John.

6 Sue har en ny anorakk. Hvilken farge?
- **a** Gul.
- **b** Rød.
- **c** Grønn.

7 Hva gjør mor og far i påsken?
- **a** De er i Italia.
- **b** De er i Tromsø.
- **c** De passer Bentes barn.

8 Which of these words is a noun?
- **a** Kjøre.
- **b** Sitte.
- **c** Bil.

9 Which of these words is an adjective?
- **a** Stor.
- **b** Tog.
- **c** I.

10 Which of these words is a verb?
- **a** Reise.
- **b** Ferie.
- **c** Gammel.

SELF CHECK

I CAN...
. . . ask for advice on skiing.
. . . express delight.
. . . express fear.
. . . describe winter scenery.

14 Norges nasjonaldag
Norwegian National Day

In this unit you will learn how to:
▶ *discuss the Norwegian National Day.*
▶ *ask about the past.*
▶ *express interest in a subject.*

CEFR: (B1) *Can deliver short, rehearsed announcements on a topic pertinent to occurrences in this field; Can talk about conditions.*

 Syttende mai *17th May*

The most interesting period in Norwegian history is from 1814 to 1905. During these years Norway went from being a Danish province through a union with Sweden to becoming an independent country.

The final Napoleonic war was a main factor in the events to follow. When Napoleon lost his last big battle at the end of 1813, Denmark and Norway were on the losing side. Sweden had sided with the Allies, and after their victory, Sweden insisted on having Norway as part of the peace agreement.

Norway could not accept this. With the help of Denmark, Norwegian representatives formulated the new **Grunnloven** *(Norwegian Constitution)*. Norway did not become a part of Sweden, but entered into a union with Sweden, which ended in 1905, when Norway at last became fully independent.

Karl Johan, formerly Count Jean Bernadotte, strangely enough, one of Napoleon's marshals, became king of Sweden and Norway, and as far as Norway was concerned, he was a good and popular king. To mark the day when the **Grunnloven** was finalized in 1814 Norway's National Day is celebrated every year on **syttende mai**, the 17th of May.

Sankt Hans aften, the *Eve of St John* on 23 June, is another day of celebrations in Norway. It is close enough to the longest day, 21 June. In the north there is the midnight sun, but there is hardly any night in the south either. People flock to the seaside to have bonfires, grill sausages, dance on the jetties and go out in small boats. Traditionally nobody goes to bed.

---

1 Which event do you associate with the formulation of the new **Grunnloven**?

a the Napoleonic war, **b** Norway's National Day, **c** both.

Vocabulary builder

 14.01 Look at the word list and complete the missing English expressions. Then listen and try to imitate the speaker.

NORSK HISTORIE *NORWEGIAN HISTORY*

aksepterte (å akseptere)	*accepted*
dansk	*Danish*
del (en)	_____
grunnlov (en)	*constitution*
het (å hete)	*was called*
krig (en)	_____
Napoleonskrigen (en)	*the Napoleonic war*
nasjonaldag (en)	*National Day*
provins (en)	*province*
selvstendig	_____

PÅ PARADE *THE PARADE*

barnetoget (et)	*the children's parade/procession*
befolkning (en)	_____
Kongefamilien	*the Royal Family*
marsjer (en)	_____
musikk-korps (et)	*brass band*
omegn (en)	*surrounding area*
spiller (å spille)	_____
vinker (å vinke)	*wave*

NEW EXPRESSIONS

Unnskyld.	*Excuse me.*
Jeg er lei meg.	*I am sorry.*
Jeg er lei for at ...	*I am sorry that ...*
Om forlatelse.	*Forgive me.*
Tilgi meg!	*Forgive me!*
Kan du tilgi meg?	*Will you forgive me?*
Er du sint på meg?	*Are you cross with me?*
Ikke mas!	*Don't nag!*

Dialogue 1

ensom	*lonely*
forelsket	*in love*
fryktelig	*terribly*
lei meg	*sorry*
løpe	*run*
om forlatelse	*sorry/please forgive me*
sjalu	*jealous*
tilgi	*forgive*

14.02 17 *May, morning. Sue rings Arne's mobile. Now Sue is sorry! Will Arne give in? Do you think he should find another girlfriend?*

1 Will Arne forgive Sue?

Syttende mai (17 May). Klokken er ti over åtte om morgenen. Sue ringer til Arnes mobiltelefon.

Sue	Hei, Arne! Det er meg. Husker du meg?
Arne	Hei, Sue! Selvfølgelig husker jeg deg! Det er lenge siden vi snakket sammen.
Sue	Arne, jeg er så lei meg. Jeg savner deg fryktelig. Kan du tilgi meg?
Arne	Liker du ikke å være i Bodø?
Sue	Jo, jeg liker å bo her og jeg liker jobben min. Men det var galt av meg at jeg ikke snakket med deg før jeg tok denne jobben. Og jeg skulle ha ringt til deg før. Er du sint på meg?
Arne	Jeg var veldig sint på deg. Men jeg er ikke sint lenger. Du må gjøre hva du vil.
Sue	Om forlatelse, Arne. Det hele kom av at jeg var ensom i Oslo. Du er jo i Bergen. Jeg skulle ønske jeg var sammen med deg nå.
Arne	Jeg er i Oslo i et par dager. Nå skal jeg til byen og se på barnetoget med Odd og Randi. Og så skal vi ta en øl eller to.
Sue	Barnetoget?
Arne	Det er syttende mai. Alle skolebarna i Oslo og omegn går i en stor prosesjon opp hele Karl Johans gate og forbi Slottet. På Slottsbalkongen står Kongefamilien og vinker til barna. Hver skole har sitt musikk-korps som spiller marsjer og norske melodier. Hele Oslos befolkning er i byen. Det er blitt vår, og varmt nok til sommerklær. 17.mai er alltid en festlig dag.
Sue	Jeg tror det er et barnetog her også. Men jeg arbeider i dag.
Arne	Er du forelsket i sjefen din?
Sue	Nei. Han er veldig kjekk og hyggelig, men han er veldig gammel. Sikkert nesten 35 år.
Arne	Fint. Jeg var litt sjalu. Og såret.
Sue	Si at du tilgir meg!
Arne	Jeg gjør vel det, din tulling. Nå må jeg løpe. Ringer til deg i kveld. Ha det!

2 Speaking

Now follow the English prompts to complete Wayne's part of the conversation. Read aloud and try to focus on the correct pronunciation.

Solveig	**Liker du å være i Oslo syttende mai?**
Wayne	*It's fantastic! I have never seen so many kids.*
Solveig	**Alle har flagg, det norske flagget.**
Wayne	*I can see the Royal Family on the palace balcony.*
Solveig	**De står der i mange timer.**
Wayne	*Poor teachers who are looking after the kids.*

Dialogue 2

 14.03 *Sue has some unhappy guests to deal with!*

1   What did the angry guest have to say about the hotel lift?

Siste dag før ferien! Men ikke alle gjestene er fornøyde! En sint mann kommer i full fart til resepsjonen.

Mannen	Jeg vil snakke med direktøren! Jeg vil klage på dette dårlige hotellet!
Sue	Et øyeblikk, hr. Johansen. Jeg skal hente direktøren.
Sue finner John. Han kommer til resepsjonen.	
John	God dag, hr. Johansen. Kan jeg hjelpe Dem?
Mannen	Nå reiser vi, heldigvis. Jeg vil ikke betale regningen. Vi kommer ikke tilbake hit igjen!
John	Jeg vil gjerne vite hva det er De er så misfornøyd med. Våre andre gjester er meget fornøyde, både med maten og rommene.
Mannen	Rommet var for varmt. Jeg ville ikke åpne vinduet fordi det var trafikk på veien. Det var lyst hele natten.
John	Det er sommer i Nord-Norge. Da er det lyst om natten, hr. Johansen!
Mannen	Min kone likte ikke fargen på gardinene. De var for tynne også. Min kone syntes at badet var skittent og at sengen var for hard. I morges var frokosten dårlig også.
John	Hva var i veien med frokosten?
Mannen	Kaffen var for sterk og eggene var kokt for meget. Jeg likte ikke marmeladen, og jeg fikk en skitten kopp!
John	Jeg er lei for at dere har hatt en dårlig natt her. Var det noe mer?
Mannen	Ja! Det er for mange barn her. Barna skulle ikke ha lov til å bruke svømmehallen. Og heisen var ikke stor nok for min kone!
John	Jeg beklager. Men De må nok betale regningen. Jeg skal undersøke saken, og hvis De har rett i klagene, skal De få penger tilbake.
Mannen	Her er kredittkortet mitt. La meg få kvitteringen.

2 Writing

Complete the sentences with the correct word.

a Frokosten var _____. (*bad*)

b Mannen fikk en _____ kopp. (*dirty*)

c Det er trimrom og _____ på hotellet. (*swimming pool*)

d Mannen vil ikke _____ _____. (*pay, the bill*)

> **LANGUAGE TIP**
>
> You know the preposition **'for'**, meaning: *for*. There is also the expression **'for ... siden'**, meaning: *ago*. Here two words in Norwegian become one in English. In this dialogue we have another use of **'for'** meaning: *too*.

Language discovery

1 DA, DA, DA/NÅR   *THEN, AS/SINCE, WHEN*

Da	*then* (tag word, explained in Unit 15)
Da	*then* (adverb)
Da gikk han.	*Then he went.*
Da	*as/since* (conjunction)
Da hun ikke likte norsk mat, reiste hun hjem til Amerika.	*As she did not like Norwegian food, she travelled ...*
Da	*when* (conjunction)
Da de kom hjem, spiste de.	*When they came ...*
Når	*when* (conjunction)
Når de kommer hjem, skal de spise.	*When they come ...*

Da and **når** both mean *when*. **Da** is used about the past and **når** is used about the present and future, and stating something that happens regularly (see the examples above). *When* as a question is always **når** (**når kom han?/når kommer han?**).

Norwegians remember this by the following:

Den gang da – hver gang når.   *That time when – every time when.*

Try to remember it!

2 GÅ   *TO GO*

Here are some more examples:

Jeg går på ski.	*I go skiing.*
Toget går klokken seks.	*The train goes/leaves at six o'clock.*
Flyet går til New York.	*The plane goes to New York.*
Det går/er en god film på Odeon.	*There is a good film on at the Odeon.*

Dette går ikke.	*This won't do.*
Jeg går til tannlegen.	*I go to the dentist.*

In all these examples you use **å gå**, but remember that if you are travelling somewhere, you never use **gå** unless you are actually walking:

Jeg reiser til Los Angeles i kveld.	*I go to Los Angeles this evening.*
Jeg kjører til Newcastle nå.	*I am going to Newcastle now.*
Jeg drar til London på mandag.	*I am going to London on Monday.*

OBS!

1 How would you say: *'The bus goes/leaves at six o'clock'*?

3 VERBS – THE INFINITIVE

There is one way of constructing sentences in English which does not exist in Norwegian, so you'll need to re-phrase:

Jeg vil at du skal komme.	*I want you to come.*
John visste ikke hva han skulle.	*John didn't know what to do.*
Bente vet ikke når hun skal stoppe.	*Bente doesn't know when to stop.*

The short infinitive in English must have a modal, or helping, verb in Norwegian.

OBS!

2 Try this one: **'Han fortalte dem når de skulle synge'.**

4 FORMING THE FUTURE: THE MODAL VERBS **SKAL** AND **VIL**

You have already learned how the future tense is formed from a modal verb + infinitive:

▶ **Vi skal reise til Amerika.**
▶ **John vil ha sommerjobb på et hotell.**

There is a tendency to use **skal** in the first person and **vil** in the second and third, but there is no rigid rule. Notice these uses of **skal**:

Jeg skal reise på torsdag.	*I shall go/travel on Thursday.*
Jeg skal kjøpe en sykkel.	*I am going to buy a bike.*
Jeg skal være der klokken ti.	*I am supposed to be there at ten o'clock.*

Peculiar to the Scandinavian languages and German is that you can omit the main verb in certain situations.

Jeg vil hjem.	*I want to go home.*
Jeg skal til tannlegen.	*I shall go to the dentist.*
Hvor skal du?	*Where are you going?*
Jeg må til byen.	*I have to go to town.*

OBS!

3 Can you work out the following: *'I shall travel to New York at Easter'?*

 Practice

1 **Choose between da or når to complete these sentences:**
   a _____ John kom til Bergen, regnet det.
   b Det regner alltid _____ han er i Norge.
   c _____ kommer du?
   d _____ kom dere til Norge?
   e Det var mørkt _____ Bente kom hjem.

2 **Where would you use gå and where would you use reise to complete these sentences?**
   a John liker å _____ på ski.
   b Bente vil gjerne _____ til Amerika.
   c Fergen _____ til Gøteborg.
   d Skal vi _____ på kino i kveld?
   e De skal ikke _____ til Nord-Norge denne sommeren.

3 **These sentences are in the past tense. Change them to the future using skal and vil:**

14.04

   a Vi kjøpte en rød bil.   Vi _____.
   b Jeg reiste til Stavanger.   Jeg _____.
   c John sendte et brev og kort til York. John _____.
   d Trond spiste en stor is.   Trond _____.
   e John drakk et glass saft.   John _____.

4 **Now time for some mental arithmetic! Complete these sentences.**
   a Tretten og seks er ...
   b Seksten og fjorten er ...
   c Sju og åtte og elleve er ...
   d Tolv og atten er ...
   e Nitten og femten er ...

5 **Don't forget what you have learned about adjectives and nouns. Find the correct form.**
   a en dårlig far   _____   _____   _____
   b en liten søster   _____   _____   _____
   c en tykk mann   _____   _____   _____
   d et snilt barn   _____   _____   _____

6 **How would you say sorry in the following situations?**
   a You have been really awful to someone.
   b You accidentally step on someone's foot.
   c You have made someone cross.
   d You have to interrupt a conversation.
   e You ask someone to forgive you.

7 Find the correct form of the adverb:

a John kom (*often*) _____ til Norge.

b Bente kjørte (*faster*) _____ enn Erik.

c Bente skriver (*more uglily*) _____ enn Hilde, men Kari skriver (*most uglily*) _____.

d Jeg vil (*rather*) _____ reise til Alaska.

e Tom spiller fotball (*better*) _____ enn Arne.

Test yourself

Choose the correct answer for each question.

1 Når er Norges nasjonaldag?

  a Femtende mai.   **b** Sekstende mai.   **c** Syttende mai.

2 Hva heter Norges konge?

  a Haakon.   **b** Harald.   **c** Charles.

3 Hva het kongens bestemor?

  a Maud.   **b** Sue.   **c** Victoria.

4 Hva heter Oslos hovedgate?

  a Storgaten.   **b** Kongens gate.   **c** Karl Johans gate.

5 Karl Johan var svensk konge. Hvor kom han fra?

  a Frankrike.   **b** Hong Kong.   **c** Argentina.

6 Hvor er Sue 17 mai?

  a Bodø.   **b** I Oslo.   **c** I Bergen.

7 Vil Arne tilgi Sue?

  a Ja.   **b** Nei.   **c** Kanskje.

8 Hvor skal Arne spise middag?

  a På Slottet.   **b** På Aker Brygge.   **c** Hos tante Maiken.

9 Hvor bor Sue i Bodø?

  a På Johns Hotell.   **b** I en bitteliten leilighet.   **c** I et stort hus.

10 Hva er et 'barnetog'?

  a En stor buss.   **b** En prosesjon av barn.   **c** Toget som går fra Oslo til Bergen.

SELF CHECK

I CAN...
...understand the Norwegian National Day.
...ask about the past.
...express interest in a subject.
...book a hotel room.

15

Hva nå?
What now?

In this unit you will learn how to:
▶ *express thoughts.*
▶ *express feelings.*
▶ *be nostalgic.*

CEFR: (B1) *Can follow an argument well enough to be understood without difficulty most of the time;* **(B2)** *Can explain why something is a problem; Can express and respond to feelings.*

I Bodø *At Bodø*

Although Bodø has a population of less than 50 000, it is a major Norwegian city. Not as important as Tromsø, but with many advantages for tourists. Bodø is quite a new city, as it was badly destroyed by bombing during the Second World War. The new cathedral, **Domkirken**, is worth a visit, and the aviation museum, **Flymuseet**, is renowned.

As Bodø is north of the Arctic Circle, **Polarsirkelen**, the midnight sun, **midnattsolen**, can be watched from the top of a nearby mountain, where you can follow it slanting down, and then start moving upwards again without ever reaching the horizon. Lots of people, locals and tourists alike, do this on sunny summer nights.

Bodø is the gateway to the magnificent Lofoten Islands and a short distance from Saltstraumen, the world's strongest tidal flow, **tidevannstrøm**. There are car ferries and fast passenger boats, **hurtigbåter**, to Lofoten, and the coastal ships, **hurtigruten**, stop for a few hours daily on both north- and southbound journeys.

You can go by bus to Saltstraumen. There are also exciting excursions from Bodø into the turbulent tidal flow by 'RIB', with experienced drivers and everybody dressed in full survival kit.

 1 Why can you watch the **midnattsolen** in Bodø?

a Because it is north of the **Polarsirkelen**. **b** Because there are high mountains.

Vocabulary builder

15.01 Look at the word list and complete the missing English expressions. Then listen and try to imitate the speakers.

FØLELSER *EMOTIONS*

angre (å angre)	*regret*
fri	_____
forandret seg (å forandre seg)	*changed*
forskjellige (forskjellig)	*different*
gled fra hverandre (å gli)	*drifted apart*
klokere (klok)	_____
merkelig	*strange*
mistet (å miste)	_____
skilt	*separated*
tenke seg	_____
trives (å trives)	*thrive(s)/like(s) to be*

PÅ KYSTEN *ON THE COAST*

blåser (å blåse)	*blow/blows*
fiske	*fish*
kysten (en)	_____
tidevannsstrøm (en)	*tidal current*
kystriksveien	*the coastal main road*
vannmassene (en vannmasse)	*the masses of water*
klippe (en)	_____
sand (en)	*sand*
sol (en)	_____
midnattsol	*midnight sun*
vind (en)	_____

Text 1

We are back to John and Bente, who had a stormy relationship in the first two editions of this course. John is now a successful hotelier in Bodø. He is still single. But there is a new development. Read on!

finner frem (å finne frem)	*get out/gets out*
fotograferte (å fotografere)	*took photos*
lenger	*further*
med det første	*soon/in the foreseeable future*
sambœre (en samboer)	*live-in partners*
solbrune (solbrun)	*sun-tanned*
traff (å treffe)	*met*
viser (å vise)	*show/shows*

15.02 *Autumn in Bodø*

1 John is looking at a photo. Who is in the photo?

Attende september *(18 September)*. Det er blitt høst igjen. John trives i Bodø. Hotellet hans er godt, og han har tenkt å starte et nytt hotell lenger nord med det første. Sue er flink. Han er veldig fornøyd med henne.

Bodø er en hyggelig, liten by på kysten, nord for Polarsirkelen. Naturen er utrolig vakker, med høye, snødekte fjell mot sør og med fjorder og sjø. Verdens sterkeste tidevannstrøm, Saltstraumen, er ikke langt fra Bodø. Det er fint å fiske, og John har mye å tilby sine gjester.

John har blitt kjent med mange, og han har fått gode venner.

Han har bodd i Norge i ti år, og føler seg helt norsk. Han kan ikke tenke seg å flytte tilbake til England nå. Heldigvis tar foreldrene hans ofte ferie i Bodø, og søsteren hans besøker ham hvert år med familien sin.

Livet er godt, men merkelig også, synes John. Han har aldri glemt Bente. Han og Bente var sammen i flere år.

Bente var student i Amerika. Hun studerte økonomi og moter. Men da hun kom tilbake, traff hun Knut igjen, som hun hadde vært forelsket i tidligere. De ble samboere, og fikk to barn. John har hørt at de er skilt og at Bente er alene med de to barna.

Sues spesielle venn er Bentes bror, Arne. Sue snakker ofte om Arne og om familien i Bergen. John trivdes sammen med Bentes familie, men han mistet kontakten med dem da det ble slutt med ham og Bente. Nå tenker han ofte på familien, og han savner Bente.

Han fotograferte mye med det lille kameraet sitt det første året i Norge. Han finner frem det bildet som han liker best. Det viser Bente som smiler til ham. Det lyse håret hennes blåser rundt det solbrune ansiktet. De blå øynene er fulle av latter.

Skulle han ringe til henne?

 2 Writing

Complete the sentences with the correct word.

    a Bente studerte _____ og _____ i Amerika. (*economics, fashion*)

    b Bente er alene-mor med to _____. (*children*)

    c John _____ Bente. (*misses*)

    d Bente har _____ hår og _____ øyne. (*blonde, blue*)

> **LANGUAGE TIP**
>
> Look at the final sentence in the fourth paragraph of Text 1:
>
> | **Søsteren hans besøker ham hvert** | *His sister visits him every year* |
> | **år med familien sin.** | *with her family.* |
>
> Do you remember how to use the reflexive pronoun? **'Søsteren hans'**, meaning *his sister*, is the subject of this phrase. The family belongs to her, so you have to use **'sin'** to define ownership. Remember never to use **'sin'** with the subject, but only when it refers back to the subject.

Dialogue 2

halv	*half*
stemmen (en stemme)	*the voice*
studielån (et)	*study loan*
utlandet	*abroad*

15.03 *John is in his office when the phone rings.*

1 Is it Sue who phones John?

John er på kontoret sitt. Han arbeider. Plutselig ringer telefonen.

John Johns Hotell, vær så god.

Bente Hallo! Er det John? Husker du meg? Det er Bente.

John Bente! Fint å høre stemmen din! Jeg har tenkt mye på deg. Hvordan har du det?

Bente Jeg har det bra. Det er travelt med to barn, men familien min hjelper meg mye.

John Hvor gamle er barna dine?

Bente Per er fem og Pål er to. De likner på meg, sier alle. Begge har lyst hår og blå øyne.

John Arbeider du?

Bente Ja, jeg jobber halv dag på et kontor i byen. Men jeg vil gjerne ha tid med barna mens de er små. Men du, da? Er du gift?

John Nei, jeg har det for travelt. Hotellet går fint, og nå skal jeg snart åpne et hotell til.

Bente Det gikk som du ønsket. Du sa at du ville bli hotell-direktør!

John Ikke alt har gått som jeg ønsket! Hva gjør lillebror Tom?

Bente Han har begynt å studere i Australia og har det veldig bra. Han trives i utlandet, men han får nok et stort studielån. Mor savner ham, vet du.

John Du kjenner jo Sue, som er Arnes venninne. Hun har jobb her. En livlig og flink jente.

Bente Jeg liker henne. Og Elisabeth skal gifte seg med Jan til våren. Det er vi glade for.

John Bente, kunne du tenke deg å besøke meg? Det er stille her nå. Ta med deg barna. Jeg vil veldig gjerne se deg.

Bente Det er for sent å angre på at vi gled fra hverandre, John. Men jeg vil veldig gjerne besøke deg. Hvis du er sikker på at du virkelig vil treffe meg etter alt som har hendt.

John Du kjenner da meg! Jeg sier det jeg mener! Når kommer du?

Bente Jeg har en uke fri i oktober. Jeg ringer til deg i morgen. Ha det, John.

John Ha det godt, Bente!

2 **Now follow the English prompts below to complete Wayne's part of the conversation. Read aloud and try to focus on the correct pronunciation.**

Solveig	*Har du sett midnattsolen?*
Wayne	No, I have never been to the Arctic Circle.
Solveig	*Vi kan reise til Bodø hvis du vil.*
Wayne	Can we see the northern lights?
Solveig	*Nei, ikke om sommeren.*
Wayne	I would like to see Lofoten.
Solveig	*Vi kan reise med fly til Bodø og ta ferge til Lofoten.*
Wayne	Fine! We'll book tickets today.
Solveig	*Have you seen the midnight sun?*
Wayne	*Nei, jeg har aldri vært til Polarsirkelen.*
Solveig	*We can travel to Bodø if you like.*
Wayne	*Kan vi se nordlys?*
Solveig	*No, not in the summer.*
Wayne	*Jeg vil gjerne se Lofoten.*
Solveig	*We can travel by air to Bodø and take the ferry to Lofoten.*
Wayne	*Fint! Vi kan bestille billetter i dag.*

> **LANGUAGE TIP**
>
> There are two words, **'både'** and **'begge'**, both meaning: *both*. **'Både'** is used when you mention two persons or items: **'både Per og Pål ligner på Bente'**, meaning *both Per and Pål look like Bente*. **'Begge'** is used when you lump them together **'begge likner Bente'**, meaning *both look like Bente*.

Dialogue 3

alvor	*seriousness*
av og til	*now and then*
betingelse (en)	*condition*
fremtiden (en)	*the future*
planer (en plan)	*plans*
rart	*strange*
spøk (en)	*joke*
umulige	*impossible* (plural)

15.04 *John and Bente are together again.*

1 What is the name of the famous tidal flow near Bodø?

Sekstende oktober (16 October). Bente og barna reiste med fly til Bodø. John møtte dem på flyplassen. Det var rart å se Bente igjen.

Hun hadde ikke forandret seg. John ga Bente en liten klem og hilste på de to små guttene. Så kjørte de til hotellet.

Bente og barna fikk et stort, pent rom med utsikt til fjellene i sør. Mens John arbeidet, var Bente i svømmehallen med barna. Det var også et stort lekerom. Sue passet barna om kvelden slik at Bente og John fikk tid til å snakke sammen. Sue var flink med barna og de likte å være sammen med henne.

En dag sto John og Bente opp tidlig og kjørte til Saltstraumen. De sto på den store, fine broen og så ned på vannmassene som strømmet under dem. Så kjørte de opp i fjellene og gikk en lang tur. De hadde matpakke og termos med kaffe, og de spiste og pratet sammen. De fikk tid til å kjøre et stykke på den nye kystriksveien før de drog tilbake til Bodø.

Senere på kvelden spiste de en god middag på restauranten. Barna sov og Bente hadde tatt på seg en ny, svart genser og noen smarte, smale bukser. John syntes hun var nydelig. De har spist, og nå sitter de med et glass vin hver.

John	Skål, Bente. Du er enda nydeligere enn før.
Bente blir rød.	
Bente	Skål, John. Dette har vært en kjempefin dag. Det er så vakkert her. Og fargene er spesielle nå om høsten.
John	Ja, Norge er et vakkert land. En blir så vant til det at en nesten ikke ser det! Saltstraumen er fantastisk. Tenk på alt det vannet som fosser frem og tilbake hver dag! Det er verdens sterkeste tidevannsstrøm.. Jeg fisker der med en av vennene mine. Det er utrolig mye fisk der.
Bente	Jeg tenker du er glad for at vi reiser i morgen! Det er livlig med småbarn!
John	Ja, de er helt umulige! Jeg skal trenge en ukes søvn! Nei, du, fra spøk til alvor: jeg skal savne dere alle tre.
Bente	Jeg er lei for at vi skal reise. Dette har vært en veldig fin uke.
John	Jeg liker barna dine. De likner deg, men de er veldig forskjellige. Per er livlig, men Pål er mer rolig. Det er to fine unger. Ser du Knut ofte?
Bente	Nei, nesten aldri. Han har flyttet til Stavanger med den nye venninnen sin. De har et lite barn. En pike. Han er ikke interessert i guttene sine. Han har en stor gutt fra før også.
John	Hva nå, Bente. Har du planer for fremtiden?
Bente	Jeg vet ikke.

John	Av og til lurer jeg på om du og jeg kan ha en fremtid sammen. Vi er eldre og klokere nå. I hvert fall jeg.
Bente	Det vil tiden vise. Hva med julen? Har du juleferie?
John	Nei, men jeg kunne tenke meg noen dager i Bergen i desember.
Bente	Fint! Jeg gleder meg til du kommer.
John	På en betingelse! At dere kommer hit i juleferien.
Bente	Ja! Skål, John!
John	Skål for oss, Bente!

2 True or false?

a Bente synes at naturen i Nord-Norge er stygg.

b John liker Bentes gutter.

c Bentes gutter heter Per og Pål.

d John skal reise til Amerika i juleferien.

3 Writing

Complete the sentences with the correct word.

a Norge er et _____ land. (*beautiful*)

b John liker å _____ . (*fish*)

c Bentes barn er veldig _____. (*different*)

d Bente har ingen planer for _____. (*the future*)

LANGUAGE TIP

John says **'Du er enda nydeligere enn før'** meaning *You are even more beautiful than before* (ahhhh). **'Nydelig'** means *beautiful*. You can say either **'Du er enda mer nydelig enn før'** or **'Du er enda nydeligere enn før'**. As in English there are two ways to compare adjectives, either by endings or by using *more* and *most*.

This is how we say it

▶ How to get something to drink:

Hvor er Vinmonopolet?	*Where is the Wine Monopoly shop?*
Hvor er nærmeste Vinmonopol?	*Where is the nearest Wine Monopoly shop?*
Hvor mye koster en flaske rødvin?	*How much does a bottle of red wine cost?*
Hva koster en flaske hvitvin?	*What is the price of a bottle of white wine?*
Hvor kan jeg kjøpe øl?	*Where can I buy beer?*

▶ Some useful expressions:

Jeg trives i Guildford ...	*I am happy in/like to be in Guildford.*
Han trives på hytta.	*He enjoys staying at the cabin.*
Tiden vil vise ...	*Time will show/time will tell.*

Nyt livet!	*Enjoy life!*
Aldri i livet!	*Not on your life!*
Fra spøk til alvor.	*Let us be serious/'from joking to seriousness'/joking apart.*
Jeg gleder meg til ...	*I am looking forward to ...*
Jeg ser frem til ...	*I am looking forward to ...*
Jeg er glad i deg.	*I am fond of you/I love you.*

▶ And the one we haven't used:

Jeg elsker deg!	*I love you!*

💡 Language discovery

1 HVERANDRE *EACH OTHER*

The reciprocal pronoun in Norwegian is **hverandre** (*each other*).

De elsket hverandre.	*They loved each other.*
De skriver til hverandre.	*They write to each other.*

The pronoun can take the genitive ending **s**:

De leste hverandres bøker.	*They read each other's books.*
De passet hverandres barn.	*They looked after each other's children.*

> **LANGUAGE TIP**
>
> In Norwegian you cannot say **'vi skal møte klokken 12'**, as you do in English: *we shall meet at 12 o'clock.*
> You have to say: **'vi skal møte hverandre klokken 12'**, or **'vi skal møtes klokken tolv'**, or **'jeg skal møte deg klokken 12'**.

2 PREPOSITIONS

You have used many of these words in this course already. They are not easy in any language, as they often have more than one meaning.

▶ **av** *of*

part of/made of

et hus av tre	*a house of wood*
en venn av meg	*a friend of mine*

cause/reason

Jeg dør av sult.	*I'm dying of hunger.*
Hun ropte av glede.	*She shouted for joy.*

▶ **fra** *from*

fra morgen til kveld	*from morning to evening*
Han kom fra York.	*He came from York.*

▶ **for** *for*

Jeg skal gjøre det for deg.	*I shall do it for you.*
Hva betalte du for kaffen?	*How much did you pay for the coffee?*

▶ **foran** *in front of*

Han sto foran hotellet.	*He stood in front of the hotel.*
Hun gikk ut foran ham.	*She went out in front of him.*

▶ **bak** *behind*

damen bak disken	*the lady behind the counter*
De satt bak oss.	*They sat behind us.*

▶ **etter** *after/for*

after

De reiste etter frokost	*They went after breakfast.*
Han gikk etter henne.	*He walked after her.*

for

Jeg ser etter henne.	*I am looking for her.*
Jeg lengter etter våren.	*I am longing for the spring.*

OBS!

1 Here is one for you. How would you say: *'Aunt Maiken sleeps after dinner.'*

▶ **med** *with/by*

Vi reiste med fly til Amerika.	*We travelled by plane to America.*
Han betalte med kredittkort.	*He paid with a credit card.*

▶ **ved** *by/near/at*

by/at

John satt ved bordet.	*John sat by/at the table.*
Huset ligger ved sjøen.	*The house is by the sea.*

with the help of

Han kom dit ved egen hjelp.	*He got there by his own effort.*
Hun kom dit ved å sykle.	*She got there by cycling.*

▶ **uten** *without*

Jeg kan ikke leve uten deg.	*I can't live without you.*
Hun gikk ut uten klær.	*She went out without clothes.*

▶ **under** *under/beneath/below*

Trollet var under broen.	*The troll was under the bridge.*
Katten satt under bordet.	*The cat sat under the table.*

▶ **til** *to/till/for*

to

Vi skal reise til Bodø.	*We shall go to Bodø.*
Han kom til oss i går.	*He came to us yesterday.*

till

Vi skal bli der til fredag.	*We shall be there till Friday.*
Vente til sommeren!	*Wait until the summer!*

for

Her er et brev til deg.	*Here is a letter for you.*
Vi skal ha gjester til middag.	*We shall have guests for dinner.*

▶ **mellom** *between*

Det skal bli mellom oss.	*It will be between us.*
Han satt mellom dem.	*He sat between them.*

▶ **mot/imot** *towards/against/to*

towards

Hun kom mot ham.	*She came towards him*
mot slutten av dagen	*towards the end of the day*

against

Hva er det du har imot meg?	*What is it you have against me?*
Regnet slo mot vinduet.	*The rain hit against the window.*

to

Du må være snill mot hunden.	*You must be kind to the dog.*
Ikke vær slem mot meg!	*Don't be nasty to me!*

You usually use **mot** in a physical situation, but there is no special rule about when to use **mot** and when to use **imot**.

▶ **gjennom** *through*

De gikk gjennom huset.	*They went through the house.*
Vi ble kjent gjennom kurset.	*We got to know each other through the course.*

▶ **før** *before*

Han gikk før dem.	*He went before them.*
Hun lærte norsk før ferien.	*She learned Norwegian before the holiday.*

▶ **hos** *in one's company/at one's house (in French = chez)*

Min tante bor hos oss.	*My aunt lives with us.*
Det er to katter hos oss.	*There are two cats in our house.*

▶ **i** *in/at/into/for*

in

Vi bor i Oslo.	*We live in Oslo.*
Barna leker i hagen.	*The children play in the garden.*

at

i samme øyeblikk	*at that moment*
I begynnelsen likte hun ham.	*At the beginning she liked him.*

into

Hunden falt i vannet.	*The dog fell into the water.*
Gutten løp ut i gaten.	*The boy ran out into the street.*

for

Vi skal være der i tre uker.	*We shall be there for three weeks.*
De bodde i Norge i seks år.	*They lived in Norway for six years.*

▶ **om** *about/of/in*

about/of

Hun fortalte meg om det.	*She told me about it.*
Hva synes du om ham?	*What do you think of him?*

in

Jeg går på ski om vinteren.	*I go skiing in the winter.*
Om morgenen drikker jeg te.	*In the morning I drink tea.*
Han kommer om ti minutter.	*He will come in ten minutes.*

⋮ OBS!
⋮ 2 Can you translate the following: **'Han leser en bok om Napoleon'**

▶ **over** *over/across/above/of/more than*

over, across, above

John gikk over gaten.	*John went across the street.*
Fuglen fløy over treet.	*The bird flew over the tree.*

of

et kart over Norge	*a map of Norway*
en liste over bøkene	*a list of the books*

more than

Det er over tre dager siden.	*It is more than three days ago.*

3 THE S-GENITIVE

The genitive is formed by adding **s** to the noun in the singular and plural. There is no apostrophe:

guttens hund	*the boy's dog*
guttenes hund	*the boys' dog*
Johns bil	*John's car*
Bentes bøker	*Bente's books*
en god natts søvn	*a good night's sleep*
husets vinduer	*the windows of the house*

In Norwegian you use the **s-genitive** for objects as well as for people.

4 GENITIVE USING PREPOSITIONS

In formal speech you often use prepositions:

pikens navn	**navnet til piken**
farmors hus	**huset til farmor**
Johns bok	**boken til John**
byens gater	**gatene i byen**

Notice that what is 'owned' is in the definite form when you use a preposition.

A compound noun can replace the genitive:

en damesko	*a lady's shoe*
en sommerdag	*a summer's day*

OBS!

3 How about: *'child's bicycle'*?

5 INDEFINITE PRONOUNS 1: *MAN/EN ONE*

The indefinite pronouns are **man** and **en** meaning *one*.

Man is used only as a subject in a sentence:

Man vet ikke hva som kan hende. *One does not know what may happen.*

Man sier at han er gal. *They say that he is mad (It is said ...)*

En can replace **man** as a subject:

En vet aldri.	*One never knows.*
En skal ikke være for sikker.	*One shouldn't be too sure.*

En as an object:

Man vet ikke hvem som liker en. *One doesn't know who likes one.*

Det gjør en glad. *It makes one happy.*

Ens *one's* (genitive)

Ens egne bøker.	*One's own books.*
Ens pass og penger.	*One's passport and money.*

6 INDEFINITE PRONOUNS 2: NOEN, NOE *SOME, ANY*

Noen means *some* or *any* referring to all nouns in the plural:

Min tykke tante vil kjøpe noen flasker vin.	*My fat aunt will buy some bottles of wine.*
Det er ikke noen bøker her.	*There aren't any books here.*

Noen means *any* or even *a* referring to common gender countable nouns in the singular, in questions and negative sentences:

Har du sett noen gode filmer denne uken?	*Have you seen any good films this week?*
Jeg har ikke noen genser i den fargen.	*I have not got a sweater in that colour.*

Noen means *somebody* or *anybody* when not referring to a noun:

Er det noen der?	*Is there anybody there?*
Jeg hører noen gå opp trappen.	*I hear somebody go up the stairs.*

Noe means *some* or *any* referring to uncountable nouns regardless of gender:

Tom har kjøpt noe mat til kattene.	*Tom has bought some food for the cats.*
Er det noe øl her?	*Is there any beer here?*

Noe means *any* or *a* referring to neuter nouns in the singular, in negative questions and sentences:

Jeg kan ikke se bilen noe sted.	*I cannot see the car any place/anywhere.*
Har han ikke noe hjem?	*Hasn't he got a home?*

Noe means *something* or *anything* when not referring to a noun:

John har noe interessant å fortelle oss.	*John has something interesting to tell us.*
Vi kunne ikke gjøre noe mer.	*We could not do any more.*

OBS!

4 Can you translate the following sentence? **'John skriver noe på papiret'.**

7 INDEFINITE PRONOUNS 3: INGEN, INGENTING *NO, NOBODY, NOTHING*

Ingen (*no, nobody, nothing*) is the opposite of **noen**:

Det er ikke noen her.	*There is nobody here./There isn't anybody here.*
Det er ingen her.	*There is nobody here./There isn't anybody here.*

Another word for *nothing* is **ingenting**:

Bente vet ikke noe om dette.	*Bente doesn't know anything about this.*
Bente vet ingenting om dette.	*Bente knows nothing about this.*

Intet is the very formal neuter form of **ingen**:

Han var død så det var intet vi kunne gjøre. *He was dead, so there was nothing we could do.*
Han var død, så det var ingenting vi kunne *He was dead, so there was nothing we could do.*
gjøre.

Practice

1 Find the correct prepositions.

15.05 **Then listen to the sentences and repeat them.**

a Bente er norsk. Hun kommer _____ Norge.
b John reiser _____ Bergen _____ ferie. (*to, on*)
c Han skal bo _____ Bente.
d De sto _____ hotellet. (*in front of*)
e Hunden gikk _____ mannen. (*behind*)
f Klokken er ti _____ seks. (*to*)
g Du må lære norsk _____ ferien.
h Vi skal være i Norge _____ ti dager. (*for*)
i Dette brevet er _____ deg. (*to*)
j Skal vi gå _____ kino _____ kveld?
k Ja, vi kan gå _____ middag. (*after*)

2 Quiz. How much do you remember?

1	en bil	_____	biler	_____
2	et fly	_____	_____	flyene
3	en mor	moren	_____	_____
4	et barn	_____	_____	_____
5	en lang vei	den _____	_____	_____
6	et gult hus	det _____	_____	_____
7	Klokken er 5.15	_____		
8	Klokken er 7:25	_____		
9	Klokken er 11:50	_____		

10 Hvor mye er sju og ni? _____
11 Hvor mye er fem og fire? _____
12 Det er mandag i dag. Hvilken dag er det i morgen? _____
13 Hvilken dag var det i går? _____
14 I dag er det sekstende juni. Hvilken dato er det i morgen? _____
15 Hvilken dato var det i går? _____
16 I går spiste John frokost klokken åtte. I dag _____ han frokost klokken sju.
17 Han drakk mange store glass øl. I dag vil han ikke _____ øl.
18 Tom og Trond (*play*) _____ med Lego.
19 John og Erik (*play*) _____ poker.
20 (*when*)_____ de kom, spiste de middag.

21 (when) _____ det regner, er vi inne.

22 Jeg vil gjerne gå _____ kino.

23 Vi skal reise _____ Norge _____ sommer.

24 Han kjørte (after) _____ henne.

25 Er det _____ høyre eller _____ venstre?

26 Han liker _____ i Oslo.

27 Bente ringte til vennen (her) _____.

28 Jeg liker katten (my) _____.

29 John bruker de nye skiene (his) _____.

30 Hva heter du?

31 Hvor kommer du fra?

32 Hva gjør du?

33 Hvorfor vil du lære norsk?

34 Hvordan har du det?

35 Hvilken farge liker du best?

36 Hvor vil du helst reise?

37 Den filmen er god, men denne er (better) _____.

38 Arne er (older) _____ enn Tom.

39 Tom er den (youngest) _____.

40 Bente's mother (s-genitive). (Translate!)

41 The reception of the hotel (s-genitive). Translate!

42 The boy's cat (s-genitive). Translate!

43 The Norwegian for these words: Grandparents.

44 Car keys.

45 Fourteenth.

46 Slowly.

47 Write in Norwegian: 368.

48 The Norwegian for these expressions: Wednesday 17 May.

49 The time is 25 past three.

50 Forstår du alt?

● BUYING WINE AND SPIRITS

Wine and spirits are very expensive in Norway, and can only be purchased from the special state monopoly shops. These are called **Vinmonopolet**. They can be found in most towns of a certain size, but there are not many of them about.

Each local authority will decide if it wants a wine outlet in its town or not, for whatever reason. This can result in a situation where you may have to travel for miles if you are in need of a bottle of wine. On the west coast, apart from in the big cities, it can be difficult to find a **Vinmonopol**.

The big hotels will sell wine with meals all over Norway – at a price! Beer and lager can be obtained from supermarkets.

? Test yourself

Choose the correct answer for each question.

1 Hvor mange barn har Bente?
  a To.   **b** Tre.   **c** Fire.

2 Hva heter faren deres?
  a John.   **b** Knut.   **c** Jan.

3 Hvilken farge har Bentes hår?
  a Rødt.   **b** Lyst.   **c** Mørkt.

4 Hva heter verdens sterkeste tidevannsstrøm?
  a Niagara.   **b** Suez-kanalen.   **c** Saltstraumen.

5 Når har John ferie?
  a I julen.   **b** I januar.   **c** I desember.

6 Hvor kan du kjøpe vin i Norge?
  a På apotek.   **b** På Vinmonopolet. **c** I butikken.

7 Hvor er Bodø?
  a Nord for   **b** Sør for Polarsirkelen. **c** I Bergen.
    Polarsirkelen.

8 Hvor bor tante Maiken?
  a I Leeds.   **b** I Trondheim.   **c** I Oslo.

9 Hva liker nordmenn å gjøre i påsken?
  a Gå på kino.   **b** Arbeide.   **c** Gå på ski.

10 Hvilke farger er det i det norske flagget?
  a Rødt, hvitt og blått. **b** Grønt, hvitt og blått. **c** Gult og blått.

SELF CHECK

I CAN...
. . . express thoughts.
. . . express feeling.
. . . be nostalgic.

Kjære student,

Nå er du kommet til slutten av boken. Gratulerer! Jeg håper du har likt kurset. Det er mange nye ord, og du husker kanskje ikke alle! Det er ikke dumt å lese boken en gang til.

Jeg håper at du gjerne vil lære mer norsk, og at du ikke glemmer det du har lært! Jeg har likt å arbeide med denne boken. Hvis det er noe mer du synes at jeg skulle ha tatt med, vil jeg gjerne høre fra deg!

Ha det! Margaretha Danbolt Simons

Taking it further

The best way to learn more Norwegian is to go to Norway. There is a variety of Norwegian classes at different levels at the International Summer School, University of Oslo, from late June to August. Contact:

International Summer School University of Oslo
PO Box 1082 Blindern
0317 Oslo
Norway
E-mail: iss@admin.uio.no

The University of Bergen also runs summer courses for students of Norwegian. These are not for beginners, as all the teaching is in Norwegian. The students are divided into groups according to level, and to have completed a course, like this book, is an absolute minimum requirement. The course lasts for three weeks in July. Students can apply for grants to cover expenses. Contact:

Sommerkurs
Nordisk institutt
ydnesplassen 7
5007 Bergen
Norway
Tel: +47 55 58 24 07; Fax: +47 55 58 96 60
E-mail: sommerkurs@nor.uib.no

A great institution in the Scandinavian countries is the **Folkehøyskole**. These are residential adult educational colleges with a one-year course from August to May. The teaching is free, but students must pay the boarding cost. There are many of these colleges dotted about the country. Sporting facilities are excellent, and most students find it a very rewarding year. Many of the colleges are especially interested in attracting students from abroad and offer intensive Norwegian tuition. Pastoral care is exceptionally good. No entry qualifications needed. Contact:

Informasjonskontoret for folkehøyskolen
Karl Johansgate 12
0154 Oslo
Norway
E-mail: if@folkehogskole.no; Web: www.folkehogskole.no

Books

If you would like to get hold of Norwegian books and dictionaries, the best way is to contact the Norwegian bookshop Norli. They can supply every book published in Norway, provided it is in print. Try them at www.norli.no. You can also write to them, telephone or fax:

Norlis Bokhandel
Universitetsgaten 20–24
0162 Oslo
Norway
Tel: +47 22 00 43 00; Fax: +47 22 42 26 57

Another possibility is the Norwegian mail-order site www.bokkilden.no, which accepts credit card payment.

In the UK you can order books from the Anglo-Norse Society. The address is:

The Anglo-Norse Society
25 Belgrave Square
London SW1X 8QD
Tel/fax: +44 (0) 20 7235 9529
E-mail: anglonorse@yahoo.co.uk

The **Anglo-Norse Book Scheme** has several dictionaries to suit various needs and pockets, as well as text-books for different levels. There is a comprehensive list of titles of Norwegian classics as well as more contemporary literature.

For travel information there are several excellent guide-books on the market. Some include a lot of cultural information about Norway.

▶ *Norway, The Rough Guide,* Phil Lee, 2006 (ISBN:1843536609)
▶ *Lonely Planet Norway,* Anthony Ham, 2011 (ISBN:1741793300)

For further reading, try the *Dørene Åpnes* series, edited by Elisabeth Borgen et al. and available from www.norli.no. The series includes books, workbooks and video, and contains well-reproduced art and a wealth of short stories, poetry, and insight into Norwegian life and culture.

Another course, a good follow-on from *Complete Norwegian*, is *Troll i ord*, by Anne Bjørnebek, again available from www.norli.no. This is a spy thriller, taking the reader all over Norway. Grammatical notes and explanations are all in Norwegian. There are exercises and a comprehensive glossary from Norwegian into French, English and German, and four CDs.

Organizations

The Anglo-Norse Society welcomes new members. Contact them at the address given above for information on membership and of events, lectures, etc. in the London area.

H.M. King Harald of Norway is patron of **Normannsforbundet/ The Norse Federation**. Their goal is to strengthen cultural and personal bonds between Norway and Norwegian speakers abroad, particularly in the USA and Canada. For information on membership and benefits contact:

Normannsforbundet
Rådhusgaten 23 B
0158 Oslo
Norway
Tel: +47 23 35 71 70; Fax: +47 23 35 71 75
E-mail: membership@norseman.no

Many American universities teach Norwegian in their linguistics departments. You can contact **NorTANA** (Norwegian Researchers and Teachers Association of North America) for information at www.stolaf.edu/depts/norwegian/nortana/nortana.html

You can also try

Norge-Amerika Foreningen
Rådhusgaten 23 B
0158 Oslo
Norway
Tel: +47 22 35 71 60
Web: www.noram.no

Another helpful organization is the Norwegian Seamen's Church Abroad:

Sjømannskirken
Postboks 2007 Nordnes
5817 Bergen
Norway
Tel: +47 55 55 22 55; Fax: +47 55 55 22 50
E-mail: info@sjomannskirken.no
www.sjomannskirken.no

The Norwegian Seamen's Church provides a link between Norway and Norwegians living abroad and offers useful contact and friendship to people in their host towns. The Church has branches in a vast number of major cities across the world. These are listed on its website (which is available in English).

Another organization in the USA is Sons of Norway, www.sofn.com. This is mainly a social organization, and arranges Lutefisk suppers, etc. Every year a big autumn festival is arranged in North Dakota, with Norwegians and Americans from most of the USA taking part.

Newspapers and websites

The Internet has various websites for national newspapers.

The paper which is read by most people is **Aftenposten** (www.aftenposten.no). The two biggest national tabloids are **Dagbladet** (www.dagbladet.no) and **Verdens Gang** (www.vg.no). Don't get disheartened if you find newspapers a bit difficult. Journalists often use a rather racy style. The tabloids are easier to read than **Aftenposten**.

Also on the Internet, try searching for Norge Aviser. At **'Finn din norske avis'** you will be able to get most Norwegian newspapers. Try also **News Index Norge**.

Radio

If you live in the UK and tune your radio to 1314 kHz medium wave, you will get Norwegian radio. Reception is variable, but better in the evening than during the day. There is a wide variety of programmes, and the presenters speak very clearly. For more information contact the **Norwegian Broadcasting Corporation**:

NRK (Norsk Rikskringkasting)
Bjørnstjerne Bjørnsons plass 1
0340 Oslo
Norway
Tel: +47 23 04 70 00; Fax: +47 75 12 27 77
You can get Norwegian radio and TV on broadband internet:
www.nrk.no.

Embassies

The Norwegian Embassies are very useful. They will provide addresses and information about travelling and working in Norway. Here are some addresses:

Royal Norwegian Embassy

25 Belgrave Square
London SW1X 8QD

Royal Norwegian Embassy
2720 34th Street NW
Washington DC
20008 – 2714 USA

Royal Norwegian Consulate
General 825 Third Avenue, 38th Floor
New York
NY 10033 – 7584 USA

Royal Norwegian Embassy
17 Hunter Street Yarralumla
Canberra ACT 2600
Australia

Good luck with your further studies!

Answer key

UNIT 1

Hi! Fint takk, med bil.

Vocabulary builder *Greeting*: Are you Norwegian? Hi/hello, Sue! How are you? Bye bye

Dialogue 1 1 Sue and the boy live in London. **2 a**/F, **b**/T, **c**/T, **3 a** heter, **b** Jeg, **c** God morgen, **d** God aften. **4 a**/3, **b**/5, **c**/4, **d**/1, **e**/2.

Dialogue 2 1 Sue has the motorbike. **2 a**/T, **b**/F, **c**/F, **3** med bil.

Dialogue 3 1 Odd and Randi are both Norwegian. **2 a**/F, **b**/T, **c**/F.

Language discovery Obs! **1** We call the genders 'common gender' (masculine and feminine together) and 'neuter'. **2** Han er norsk. Hun bor i London. **3** Han bor i Atlanta. **4** Ja, han er norsk.

Practice 1 a Jeg heter ..., **b** Jeg kommer fra ..., **c** Bare bra, takk, **d** Nei, jeg er ikke norsk, **e** Jeg bor i .... **2 a** Hei, **b** Adjø, **c** God dag, **d** God natt, **e** Ha det! **3 a** Nei, John er ikke norsk. **b** Nei, jeg vil ikke ha en kopp kaffe. **c** Nei, Bente kommer ikke fra York. **d** Nei, jeg bor ikke i Wales. **e** Nei, Bente har ikke bil. **4 a** Er John norsk? **b** Kommer han fra York? **c** Bor du i London? **d** Har hun bil? **e** Lærer Bente engelsk?

Writing 1a Hva heter han? **b** Hvor bor du? **c** Hvordan har du det? **d** Hvor kommer han fra? **e** Hva studerer han? **2 a** reiser, **b** bor, **c** har, **d** har, **e** kommer.

Test yourself 1/a, **2**/c, **3**/b, **4**/c, **5**/c, **6**/a, **7**/b, **8**/a, **9**/b, **10**/c.

UNIT 2

I would like to I like Saturday.

Vocabulary builder Monday, Wednesday, Saturday.

Dialogue 1 1 Sue goes to her Norwegian class on Monday evening. **2 a**/T, **b**/F, **c**/F, **d**/T. **3 a** lærer, **b** kjedelig, **c** stor.

Dialogue 2 1 Yes, Sue would like to travel with Arne to Norway. **2 a**/F, **b**/T, **c**/T, **d**/T.

Dialogue 3 1 Sue will travel to Oslo in July. **2 a**/F, **b**/T, **c**/T, **d**/T.

Language discovery Obs! **1** bilen, toget', **2** kjedelig, hyggelig **3** dere **4** På fredag, Hun må komme på mandag.

Practice 1 a på mandag, **b** til Bergen, **c** norsk, **d** en kopp kaffe. **2 a** skolen, **b** studenten, **c** hotellet, **d** damen, **e** fergen, **f** kartet, **g** veien, **h** passet. **3 a** reise, **b** ha, **c** ha, **d** lære, **e** kjøre, **f** bestille. **4 a** en student, **b** en direktør, **c** en dame, **d** et hotell, **e** en lærer, **f** en kveld, **g** et glass, **h** en kopp. **5 a** stort, **b** gammelt, **c** kjedelig, **d** engelsk. **6 a** tirsdag, **b** fredag, **c** fem, **d** ti, **e** ni, f ti. **7 a** en, **b** fem, **c** ett.

Test yourself 1, c **2**, a **3**, a **4**,b **5**,b **6**,c **7**,b **8**,a **9**,c **10**,b

UNIT 3

Norwegian food 1 Jeg er allersgisk!

Vocabulary builder *On the ferry*: cars, cabin. *In the restaurant*: bottle light, red wine.

Dialogue 1 1 Poor Sue has to share her cabin with the Norwegian teacher. **2 a**/F, **b**/T, **c**/T, **d**/T. **3 a** fly, **b** ferge, **c** to, **d** dame.

Dialogue 2 1 Sue and the teacher don't share a bottle of wine. The teacher doesn't drink alcohol. **2** a/T, b/T, c/T, d/T.

Dialogue 3 1 Sue would like a cup of good English tea with her breakfast. **2** a/T, b/F, c/F, d/F.

Language discovery Obs! 1 Her er jeg. 2 fly, ferger 3 den gule koppen

Practice 1 a en kopp, koppen, kopper, **b** et glass, glasset, glass, **c** en ferge, fergen, ferger, **d** et bord, bordet, bord, **e** en time, timen, timer, **f** en middag, middagen, middager. **2 a** en tørst student, den tørste studenten, tørste studenter, **b** en sulten dame, den sultne damen, sultne damer, **c** et norsk pass, det norske passet, norske pass, **d** et engelsk sertifikat, det engelske sertifikatet, engelske sertifikater, **e** en liten bil, den lille bilen, små biler, **f** et lite glass, det lille glasset, små glass. **3 a** skal/vil/kan/må a spise, **b** lære, **c** reise, **d** kjøre. **4 a**/S, **b**/Q, **c**/Q, **d**/S, **e**/Q, **f**/Q. **5 a** Bente kommer ikke fra Bergen. **b** Fergen har ikke mange passasjerer. **c** Studenten lærer ikke engelsk. **d** Kari er ikke sulten. **e** Hun spiser ikke en god middag.

Test yourself 1/b, **2**/b, **3**/a, **4**/c, **5**/c, **6**/a, **7**/c, **8**/a, **9**/b, **10**/a.

UNIT 4

Sightseeing in Oslo 1 At Holmenkollen you can see the big ski-jump, also visible from far and wide.

Vocabulary builder *In Oslo*: castle, outside, beautiful. *Directions*: here away, right, left.

Dialogue 1 1 Does Arne think the City Hall looks like: Two brown goat cheeses? to brune geitoster? Yes, you are right. **2 a**/F, **b**/F, **c**/F, **d**/T. **3 a** bygning, **b** øl, **c** ute-restaurant.

Dialogue 2 1 Sue and Arne are not going by car. They are going on the tram! **2 a**/T, **b**/F, **c**/T, **d**/F. **3 a** høyre, **b** venstre, **c** trikken

Dialogue 3 1 Old friends Randi and Odd turn up. **2 a**/T, **b**/F, **c**/T, **d**/T. **3 a** gutten, **b** piken, **c** Ha det!

Language discovery Obs! **1** guttene, husene. **2** map, tram, girl. **3** Jeg skal ta toget som går til London.

Practice 1 a bussen, busser, bussene, **b** trikken, trikker, trikkene, **c** flyet, fly, flyene, **d** toget, tog, togene, **e** lastebilen, lastebiler, lastebilene, **f** fergen, ferger, fergene. **2 a** den store bussen, store busser, de store bussene, **b** den gule trikken, gule trikker, de gule trikkene, **c** det store flyet, store fly, de store flyene, **d** det fine toget, fine tog, de fine togene, **e** den grønne lastebilen, grønne lastebiler, de grønne lastebilene, **f** den gode fergen, gode ferger, de gode fergene. **3 a** damen, damene, **b** en student, studentene, **c** skolen, skoler, skolene, **d** et hus, huset, hus, **e** kurset, kurs, kursene, **f** en kopp, koppen, koppene, **g** en flaske, flasker, flaskene. **4 a** Det er et stort hus som ligger i en grønn park. **b** De tar trikken som går til Frognerparken. **c** Solen skinner på sjøen som er blå. **d** Bente spiser mange reker som er gode. **5 a** Nå kommer vi til Frognerparken. **b** Nå skal vi spise reker. **c** Nå går John og Bente til Aker Brygge. **d** Til venstre kan du se den britiske ambassaden. **e** Til venstre ser vi Slottet. **f** Til venstre ser John en restaurant. **6 a** hit / dit, **b** her / der, **c** her / der, **d** hit / dit. **7 a** stor, **b** store, **c** store, stor, **d** store, store. (You can of course use other adjectives!) **8 a** Akershus er til høyre for Rådhuset. **b** Frognerparken er på venstre side av kartet. **c** Nei, Slottet er i en stor park. **9 a** Kongen og dronningen bor på Slottet. **b** Nei. Slottet er en stor gul bygning. **c** Trikkene i Oslo er blå.

Test yourself 1/a **2**/b **3**/b **4**/c **5**/b **6**/c **7**/a **8**/b **9**/b **10**/a.

UNIT 5

Sue goes into town 1 The krone is divided into 100 øre.

Vocabulary builder *At the post office*: the counter, post, stamps. *Money*: hundred, to cost, money.

Dialogue 1 1 Sue wants to buy postcards and stamps. **2 a**/F, **b**/F, **c**/F, **d**/F. **3 a** kort, frimerker, **b** bygning, **c** Tusen takk.

Dialogue 2 1 Sue wants to find the main railway station, called Oslo S. **2 a**/F, **b**/F, **c**/F, **d**/F.

Dialogue 3 1 The Norwegian word for passport is just pass. **2 a**/F, **b**/F, **c**/F, **d**/T. **3 a** penger, **b** dårling, **c** kafe.

Language discovery Obs! **1** Sue bor i det huset der. **2** Lær Norsk! **3** Der regnet på fredag, men i dag er det sol.

Practice 1 a den, **b** den, **c** dette, **d** de, **e** de, **f** dette. **2 a** kjør!, **b** sitt! **c** gå! **d** kjøp! **3 a** ferien, feriene, **b** en by, byene, **c** veien, veier, **d** et hotell, hotellet, hotellene, **e** en park, parker, parkene, **f** kortet, kort, kortene, **g** et frimerke, frimerker, frimerkene. **4 a** stor, **b** kjedelige, **c** gamle, **d** blå, **e** norske, **f** grønne, **g** pene. **6** Bente is in a bad mood. The weather is bad. It is not fine (good) weather. It is not sunny. It rains. John is in Oslo alone. He is in a good mood. He buys many pretty cards and some stamps. Then he goes to the tourist information and to a bank. He has no money, and he would like to change some travellers' cheques.

Test yourself 1/b **2**/a **3**/c **4**/c **5**/a **6**/b **7**/c **8**/a **9**/b **10**/a.

UNIT 6

Hallo! 1 Hjemmekontor.

Vocabulary builder Jeg vil gjerne bestille time.

Dialogue 1 1 Arne's brother is called Tom. **2 a**/F, **b**/F, **c**/F. **3 a** venner, **b** kranglet, **c** i morgen, **d** lillebror.

Dialogue 2 1 Arne wants to go home to Bergen. **2 a**/T, **b**/T, **c**/F, **d**/F. **3 a** bestille, **b** vindusplass, **c** returbillett, d fem, tre.

Dialogue 3 1 The train between Oslo and Bergen is called **Bergensbanen**. **2 a**/F, **b**/F, **c**/F, **d**/T.

Language discovery Obs! **1** Sue drakk øl i går. **2** Sitt der! **3** Mor er oppe.

Practice 1 a reiste, **b** spiste, **c** drakk, **d** hadde, **e** gikk. **2 a** hjemme, **b** der, **c** inn, **d** ute, **e** hjem. **3 a** Liker John øl? **b** Kommer han fra York? **c** Vil Bente reise til Bergen? **d** Heter Bentes bror Tom? **4 a** Jo, jeg liker kaffe. **b** Ja, jeg vil komme med deg til Bodø. **c** Jo, han vil ringe til Bente. **d** Jo, han heter Per. **5 a** blå, **b** store, **c** lange, **d** fine. **6 a** 16, **b** 25, **c** 59, **d** 74, **e** 202. **7 a** sju, **b** sytten, **c** atten, **d** åtti, **e** sekshundreogtrettito. **8 a** fire pluss/og fem er ni, **b** femten minus sju er åtte, **c** tre ganger seks er atten, **d** tjueåtte delt på/dividert med sju er fire, e tolv pluss/og to er fjorten.

Test yourself 1/c, **2**/a, **3**/c, **4**/b, **5**/b, **6**/b, **7**/a, **8**/b, **9**/c, **10**/c.

UNIT 7

Family 1 barnebarn.

Vocabulary builder *Family*: child, parents, siblings. *Arne's family in Bergen*: eldest, tell/s, about.

Text 1 1 Arne's grandfather was killed by a lorry. **2 a**/F, **b**/F, **c**/F, **d**/F. **3 a** søster, **b** sønn, datter, **c** nevø, niese, **d** farfar.

Dialogue 2 1 Arne is so cross because Tom has taken his coat, broken his bike and gone off in Mum's car. **2 a**/F, **b**/F, **c**/T, **d**/T.

Dialogue 3 1 Bente's boys are called Per and Pål. **2 a**/T, **b**/F, **c**/F, **d**/T. **3 a** skriker, **b** geitost, **c** is, **d** leker.

Language discovery Obs! **1** Dere lærer norsk. **2** Sønnen hans heter Petter. **3** Bente leker med barna sine. **4** smilte. **5** Arne spiler poker.

Practice 1 a søsteren, søstre, søstrene, **b** en far, fedre, fedrene, c et barn, barnet, barn, **d** en mann, mannen, mennene, **e** læreren, lærere, lærerne. **2 a** den gode vennen, gode venner, de gode vennene, **b** det store huset, store hus, de store husene, **c** det lille barnet, små barn, de små barna, **d** den kjedelige filmen, kjedelige filmer, de kjedelige filmene. **3 a** min, **b** hennes, **c** min, **d** sin, **e** hennes. **4 a** farfar, **b** nieser, **c** svoger, **d** foreldre, **e** sønnen /broren.

Test yourself **1**/c, **2**/a, **3**/b, **4**/c, **5**/b, **6**/b, **7**/a.

UNIT 8

Sue is in hospital 1 Doktor.

Vocabulary builder *The human body*: the hand, the mouth. *Expressing pain and discomfort:* red, accident.

Dialogue 1 1 Sue thought the water was too cold. **2 a**/F, **b**/F, **c**/F, **d**/F. **3 a** motorsykkel, **b** fantastisk, **c** lastebil, **d** alle.

Dialogue 2 1 Hjernerystelse. In Norwegian this actually means 'brainshaking'! **2 a** brukket, **b** tørst, **c** speilet, **d** kaste opp.

Dialogue 3 1 Elisabeth, the nurse, is Arne's sister. **2 a**/F, **b**/T, **c**/F, **d**/F.

Language discovery Obs! **1** Familien har alltid bodd i Bergen. **2** har sett. **3** He feels ill. **4** Stakkars deg!

Practice 1 a spiste, **b** drakk, **c** reiste, **d** tok. **2 a** bodd, **b** trodd, **c** stoppet, **d** brukket. **3** hode, øyne, ører, nese, munn, armer, ben, fingre, tær, hodet, magen. **4 a** brune, **b** blå, **c** stort, **d** rødt, stor. **5 a** sitt, **b** sine, **c** hans, **d** hans. **6** våkner, er, har, sier, vil, har, er, er, er, ser, må, sier, har, heter. **7** Jan woke up in a hospital bed. He was at a big hospital. He had pains everywhere. The doctor said that he would get some scars on his feet. He had many stitches in his head and on his arms and legs, but he was lucky not to have been killed. Sue was also at the hospital. She saw her face in the mirror. Then she had to vomit (throw up). The nurse said she had a brother called Arne.

Test yourself **1**/c, **2**/b, **3**/c, **4**/a, **5**/c, **6**/a, **7**/c, **8**/b, **9**/c, **10**/a.

UNIT 9

We buy clothes and medicines 1 resept.

Vocabulary builder *Clothing and patterns*: dress, shirt, sock. *Illnesses and medicines:* allergies, feel, pills.

Dialogue 1 1 Sue's customer is looking for a dress, as she is going to a party. **2 a**/T, **b**/F, **c**/F, **d**/F. **3 a** kjoler, **b** korallrøde, **c** turkis, **d** selskap.

Dialogue 2 1 Bente feels ill and goes to the chemist's with the boys. **2 a**/F, **b**/F, **c**/F, **d**/F. **3 a** hoster, nyser, **b** halsen, **c** allergisk, **d** alkohol.

Dialogue 3 1 Elisabeth doesn't want jeans. She wants some smart trousers. **2 a**/F, **b**/F, **c**/T, **d**/F. **3 a** skyepleier, **b** søster, **c** ferie, uke, **d** bo hos.

This is how we say it red, dark blue, pale/ light blue, yellow.

Language discovery Obs! **1** fin - finere - finest. **2** synes.

Practice 1 a grønne; **b** blått; **c** stripet; **d** pene. **2 a** fælere, fælest; **b** finere, finest; **c** smartere, smartest; **d** blekere, blekest. **3 a** større, **b** mindre, **c** minst, **d** størst. **4 a** brødre; **b** en far, fedrene; **c** en søster, søsteren, søstrene; **d** moren, mødre, mødrene; **e** en mann, menn, mennene. **5 a** Dem, **b** De, **c** Dem, **d** Deres. **6 a** synes, **b** tror, **c** tror, **d** synes.

Test yourself **1**/c, **2**/a, **3**/a, **4**/c, **5**/b, **6**/b, **7**/c, **8**/c, **9**/b, **10**/a.

UNIT 10

Parties 1 aftens.

Vocabulary builder *Food and drink*: drink, fruit, cheese.

Dialogue 1 1 Elisabeth and Arne are also visiting tante Maiken. **2 a**/F, **b**/T, **c**/T, **d**/T. **3 a** koselig leilighet, **b** vin, eplesaft, **c** ingeniør, **d** ost, frukt.

Dialogue 2 1 Sue's guests are going to eat pizza and a cream cake called bløtkake. **2 a**/T, **b**/F, **c**/T, **d**/ F. **3 a** bløtkake, **b** sint, nabo, **c** unnskyld, **d** arbeidsdag.

Text 3 1 Arne's mum is fifty! **2 a**/F, **b**/F, **c**/F, **d**/F. **2 a**/F, **b**/F, **c**/F, **d**/F.

Language discovery Obs! **1** første i fjerde, totusenogfjorten. **2** Jeg skal være i Oslo i en uke. **3** De setter seg.

Practice 1 a til, **b** på, **c** til, **d** over, **e** i. **2 a** i dag, **b** i går, **c** i morges, **d** om morgenen, e på. **3 a** fjerde, **b** sekstende, **c** tjuesjette, **d** første, **e** niende. **4 a** fem, **b** tolv, **c** fjorten, **d** førtisju, **e** sekstini. **5 a** Gratulerer med dagen, **b** Velkommen (til oss), **c** Vil du ha litt mer?, **d** Nei takk, jeg er forsynt, **e** Takk for maten. **6 a** den sinte naboen, **b** det spesielle selskapet, **c** den koselige kvelden, **d** den deilige bløtkaken, **e** det store smilet. **7 a** en god venn, **b** en kjedelig gjest, **c** en stor kake, **d** en snill søster, **e** en dårlig bror. **8 a** setter, **b** satt, **c** ligger, **d** lå, e sitter. **9 a** smiler, har smilt, **b** tenker, tenkte, **c** å kaste, kastet, **d** drikker, drakk, har drukket, e ser, har sett.

Test yourself 1/b, **2**/c, **3**/a, **4**/c, **5**/a, **6**/a, **7**/c, **8**/b, **9**/a, **10**/b.

UNIT 11

Happy Christmas! Happy New Year! 1 Christmas is celebrated on the Eve of the 24th of December.

Vocabulary builder *At the church:* Christmas Eve, the church, tradition. Christmas at home: meal, the Christmas tree, snow.

Dialogue 1 1 A fat pig is on the Christmas card for Odd and Randi. **2 a**/F, **b**/T, **c**/F, **d**/F. **3 a** julekort, **b** Godt Nyttår, **c** avisen, **d** marsipan.

Dialogue 2 1 Sue got a fine Norwegian jersey, 4 tall glasses and several books for Christmas. **2 a**/F, **b**/T, **c**/T, **d**/F. **3 a** Dette er min første jul i Norge. **b** Do you miss America? **c** Jeg savner familien min og kalkun. **d** Do you like Norwegian food? **e** Jeg liker fisken, men jeg liker ikke norsk geitost. **f** Everybody likes goat's cheese! You have to eat goat's cheese in Norway.

Dialogue 3 1 Arne is doing the cooking. **2 a** Hva er klokken? **b** The time is a quarter past five. **c** Kvart over fem! Jeg må gå. **d** Why must you go? **e** Jeg skal møte min amerikanske venn på Aker Brygge klokken halv seks. **f** What is he called? **g** Ikke han. Hun heter Diana. **h** You must go now. The time is 20 past five (ten to half past five).

Language discovery Obs! **1** You can/are allowed to come when you want to. **2** A sleeping dog. **3** Ikke spis hele kaken!

Practice 1 a 6.10, **b** 10.15, **c** 10.55, **d** 7.30, **e** 1.40. **2 a** fem over tre, **b** halv fem, **c** kvart på sju, **d** ti på åtte, **e** fem på halv ti. **3 a** 23rd April, **b** 7th January, **c** 10th October, **d** 11th May, **e** 18th August. **4 a** femte februar, **b** tolvte mars, **c** fjortende juni, **d** sekstende juli, **e** tjuesjette september. **5 a** Gratulerer med dagen, **b** God jul, farmor, **c** Godt nyttår, **d** Takk for maten, **e** Takk, det samme/takk i like måte. **6 a** legger, **b** sitter/setter seg, **c** legger seg, **d** sitter/setter seg e legger meg. **7 a** satt, **b** la seg, **c** satte oss, **d** la, **e** lå.

Test yourself 1/a, **2**/b, **3**/a, **4**/a, **5**/b, **6**/c, **7**/c, **8**/b, **9**/c, **10**/a.

UNIT 12

LETTERS 1 Klem fra.... or Kjærlig hilsen fra ....

Vocabulary builder *Letters*: letter, inform, chat. *Titles*: rain, bad weather, it snows.

Text 1 1 Sue would like to work as a receptionist in a hotel. **2 a**/T, **b**/T, **c**/F, **d**/T. **3 a** forretning, **b** snakker, skriver, **c** kjøkkenhjelp, sykehus.

Text 2 1 Unfortunately Sue didn't get the job in the hotel reception. **2 a**/T, **b**/T, **c**/T, **d**/F.

Text 3 1 Sue is moving in four weeks to Bodø. **2 a** T, **b** F, **c** F. **3 a** søkere, **b** erfaring, **c** nytt, hotell, **d** samtale, februar. **4** Hi Wayne, When does the plane from Boston land? Meet you at the airport. Look forward to seeing you! Hug, Solveig.

Text 4 1 Sue really would like to try a small town. **2 a**/F, **b**/T, **c**/F. **3 a** lei av, **b** kjempekjekk, **c** bittelite, **d** leilighet.

Text 5 1 No, it is not a happy letter. Arne is cross!

This is how we say it takk, hilse, skal, tusen, klem, vi ser frem til, vil gjerne treffe, med hilsen.

Language discovery Obs! **1** They ate supper in the kitchen. **2** Sue skal reise til Sydney på tirsdag/Sue skal til Sydney på tirsdag. **3** I would like another glass of wine.

Practice 1 a ja, **b** helt, **c** kjedelig, **d** liten, **e** pen, **f** lys, **g** regn. **2 a** hjem, **b** inne, **c** bort, **d** dit, **e** hit. **3 a** meg, **b** seg, **c** seg, **d** seg. **4 a** mange hilsener fra/hjertelig hilsen, **b** klem fra, **c** ærbødigst/med hilsen, **d** kjærlig hilsen/klem fra/kyss fra. **5 a** drikker, **b** stopper, **c** bor, **d** ligger, **e** smiler. **6 a** god, **b** rødt, **c** lille, **d** stygge, **e** blå, **f** vonde.

Test yourself 1/c, **2**/c, **3**/b, **4**/c, **5**/a, **6**/b, **7**/a, **8**/b, **9**/c, **10**/a.

UNIT 13

Easter 1 God Påske.

Vocabulary builder *Easter*: Happy Easter, Palm Sunday. *On the slope*: wrong, slippery, situations.

Dialogue 1 1 The Norwegian words for winter tyre is **piggdekk** or **vinterdekk**. **2 a** God, tung, **b** vinterdekk/piggdekk, **c** skikurs, **d** livlig jente.

Dialogue 2 1 Arnes søstre, Bente og Elisabeth, og Elisabeths venn, Jan. **2 a**/F, **b**/F, **c**/T, **d**/T.

Dialogue 3 1 Sue has some smart sunglasses and a super new red anorak. **2 a** Do you go skiing in America? **b** Ja, jeg liker slalom. **c** I like best to go for a long trip on skis. **d** Det er kjedelig! Jeg liker fart og spenning. **e** Luckily, not everybody has the same taste.

Language discovery Obs! **1** Han hadde spist rekene. **2** sent. **3** På fredag spiser hun fisk.

Practice 1 a Det er sol, men/og det er kaldt. **b** Den ene stolen er blå, og/men den andre stolen er rød. **c** De ringte på døren, men han var ikke hjemme. **2 a** Nå er Kari på ferie. **b** Her kan vi gå på ski. **c** Der kommer Hilde og Erik. **d** Nå vil jeg gjerne ha en kopp kaffe. **e** Snart skal hun studere i London. **3 a** hadde invitert, **b** hadde snødd, **c** hadde vært, **d** hadde hatt. **4 a** John bruker piggdekk bare om vinteren. **b** Det var ikke elektrisitet i hytten, så de brukte parafinlamper. **c** Om vinteren smeltet de snø for å få vann. **d** Toalettet var utenfor. **5 a** har, **b** går, **c** kjører, **d** står. **6 a** lite, ikke **b** meget, **c** etterpå **d** veldig. **7 a** Bøy! **b** Kjør! **c** Sitt! **d** vær!

Test yourself 1/b, **2**/b, **3**/a, **4**/a, **5**/c, **6**/b, **7**/c, **8**/c, **9**/a, **10**/a.

UNIT 14

Norwegian National Day 1 c both.

Vocabulary builder *Norwegian history:* part, war, independent. *The parade:* population, marches, play.

Dialogue 1 1 Yes, Arne will forgive Sue. **2** Solveig: Do you like being in Oslo 17 May? Wayne: Det er fantastisk! Jeg har aldri sett så mange unger. Solveig: Everybody has flags, the Norwegian flag. Wayne: Jeg kan se Kongefamilien på Slottsbalkongen. Solveig: They stay there for many hours. Wayne: Stakkars lærere som passer barna.

Dialogue 2 1 The angry guest was upset because the lift wasn't big enough for his wife. **2** a dårlig, b skitten, c svømmehall, d betale, regningen.

Language discovery Obs! **1** Bussen går klokken seks. **2** He told them when to sing. **3** Jeg skal til New York i påsken.

Practice 1 a da, **b** når, **c** når, **d** når, **e** da. **2 a** gå, **b** reise, **c** går, **d** gå, e reise. **3 a** skal kjøpe, **b** skal reise, **c** vil sende, **d** vil spise, **e** vil drikke. **4 a** nitten, **b** tretti, **c** tjueseks, **d** tretti, **e** trettifire. **5 a** den dårlige faren, dårlige fedre, de dårlige fedrene; **b** den lille søsteren, små søstre, de små søstrene; **c** den tykke mannen, tykke menn, de tykke mennene; **d** det snille barnet, snille barn, de snille barna. **6 a** jeg er lei meg; **b** unnskyld!/om forlatelse! **c** ikke vær sint på meg! **d** unnskyld, **e** kan du tilgi meg?/om forlatelse. **7 a** ofte, **b** fortere, **c** styggere, styggest, **d** heller, **e** bedre.

Test yourself 1/c, **2**/b, **3**/a, **4**/c, **5**/,a **6**/a, **7**/a, **8**/c, **9**/b, **10**/b.

UNIT 15

What now? 1 a Because Bodø is north of the **Polarsirkelen**.

Vocabulary builder *Emotions*: free, wiser, lost, imagine. *The coast*: coast, cliff, sun, wind.

Text 1 1 The photo is of Bente. **2 a** økonomi, moter. **b** barn. **c** savner. **d** lyst, blå.

Dialogue 2 No, it is Bente who phones John.

Dialogue 3 1 The tidal flow is called **Salttraumen. 2** a/F, **b**/T, **c**/T, **d**/F. **3 a** vakkert. **b** fiske. **c** forskjellige. **d** fremtiden.

Language discovery Obs! **1** Tante Maiken sover etter middag. **2** He reads a book about Napoleon. **3** barnesykkel. **4** John writes something on paper.

Practice 1 a fra. **b** til, på. **c** hos. **d** foran. **e** bak; **f** på. **g** før. **h** i. **i** til. **j** på, **i. k** etter.

Quiz 1 bilen, bilene. **2** flyet, fly. **3** mødre, mødrene. **4** barnet, barn, barna. **5** den lange veien, lange veier, de lange veiene. **6** det gule huset, gule hus, de gule husene. **7** kvart over fem. **8** fem på halv åtte. **9** ti på tolv. **10** seksten. **11** ni. **12** tirsdag. **13** søndag. **14** syttende juni. **15** femtende juni. **16** spiser. **17** drikke. **18** leker. **19** spiller. **20** Da. **21** Når. **22** på. **23** til, i. **24** etter. **25** til, til. **26** seg. **27** sin. **28** min. **29** sine. **30** Jeg heter ... . **31** Jeg kommer fra ... . **32** Jeg er ... . **33** Jeg vil gjerne lære norsk fordi ... . **34** Takk, bare bra. **35** ? **36** Jeg vil gjerne/helst reise til ... . **37** bedre. **38** eldre. **39** yngste. **40** Bentes mor. **41** hotellets resepsjon. **42** guttens katt. **43** besteforeldre. **44** bilnøkler. **45** fjortende. **46** sakte. **47** trehundreogsekstiåtte. **48** onsdag syttende mai. **49** klokken er fem på halv fire. **50** ?

Test yourself 1/a, **2**/b, **3**/b, **4**/c, **5**/c, **6**/b, **7**/a, **8**/c, **9**/c, **10**/a.

Grammar

Irregular nouns

barn	barnet	barn	barna	(et)	*(child)*
begynner	begynneren	begynnere	begynnerne	(en)	*(beginner)*
ben	benet	ben	bena	(et)	*(leg/bone)*
		besteforeldre	besteforeldrene		*(grandparents)*
bok	boken	bøker	bøkene	(en)	*(book)*
bror	broren	brødre	brødrene	(en)	*(brother)*
engel	engelen	engler	englene	(en)	*(angel)*
far	faren	fedre	fedrene	(en)	*(father)*
farfar	farfaren	farfedre	farfedrene	(en)	*(father's father)*
farmor	farmoren	farmødre	farmødrene	(en)	*(father's mother)*
finger	fingeren	fingre	fingrene	(en)	*(finger)*
fot	foten	føtter	føttene	(en)	*(foot)*
genser	genseren	gensere	genserne	(en)	*(sweater)*
hybel	hybelen	hybler	hyblene	(en)	*(bedsit)*
juletre	juletreet	juletrær	juletrærne	(et)	*(Christmas tree)*
kafé	kaféen	kaféer	kaféene	(en)	*(café)*
kne	kneet	knær	knærne	(et)	*(knee)*
lærer	læreren	lærere	lærerne	(en)	*(teacher)*
mann	mannen	menn	mennene	(en)	*(man)*
mor	moren/mora	mødre	mødrene	(en/ei)	*(mother)*
morfar	morfaren	morfedre	morfedrene	(en)	*(mother's father)*
mormor	mormoren/ mormora	mormødre	mormødrene	(en/ei)	*(mother's mother)*
museum	museet	museer	museene	(et)	*(museum)*
natt	natten	netter	nettene	(en)	*(night)*
rom	rommet	rom	rommene	(et)	*(room)*
seddel	seddelen	sedler	sedlene	(en)	*(note, banknote)*
ski	skien	ski	skiene	(en)	*(ski)*
sko	skoen	sko	skoene	(en)	*(shoe)*
skulder	skulderen	skuldre	skuldrene	(en)	*(shoulder)*
sommer	sommeren	somre	somrene	(en)	*(summer)*
studium	studiet	studier	studiene	(et)	*(university course)*
støvel	støvelen	støvler	støvlene	(en)	*(boot)*
svoger	svogeren	svogre	svogrene	(en)	*(brother-in-law)*
sykkel	sykkelen	sykler	syklene	(en)	*(bike)*
søster	søsteren/ søstera	søstre	søstrene	(en/ei)	*(sister)*

tre	treet	trær	trærne	(et)	*(tree)*
tå	tåen	tær	tærne	(en)	*(toe)*
vinter	vinteren	vintre	vintrene	(en)	*(winter)*
øye	øyet	øyne	øynene	(et)	*(eye)*

Irregular verbs

Infinitive	Present	Past	Past participle	
bli	blir	ble	blitt	*(become)*
brekke	brekker	brakk	brukket	*(break)*
brenne	brenner	brant	brent	*(burn)*
delta	deltar	deltok	deltatt	*(take part in)*
dra	drar	drog	dradd	*(go, travel)*
drikke	drikker	drakk	drukket	*(drink)*
falle	faller	falt	falt	*(fall)*
fare	farer	for	fart	*(travel)*
finne	finner	fant	funnet	*(find)*
finnes	finnes	fantes	funnes	*(find)*
fly	flyr	fløy	fløyet	*(fly, rush)*
foreslå	foreslår	foreslo	foreslått	*(suggest)*
forstå	forstår	forstod	forstått	*(understand)*
fortelle	forteller	fortalte	fortalt	*(tell)*
fortsette	fortsetter	forstatte	forstatt	*(continue)*
fryse	fryser	frøs	frosset	*(freeze)*
føles	føles	føltes	føltes	*(feels)*
følge	følger	fulgte	fulgt	*(follow)*
få	får	fikk	fått	*(get, receive)*
gi	gir	ga	gitt	*(give)*
gjøre	gjør	gjorde	gjort	*(do)*
gli	glir	gled	glidd	*(slip, slide)*
gå	går	gikk	gått	*(go, travel)*
ha	har	hadde	hatt	*(have)*
hete	heter	het	hett	*(be called, named)*
hjelpe	hjelper	hjalp	hjulpet	*(help)*
holde	holder	holdt	holdt	*(hold)*
komme	kommer	kom	kommet	*(come)*
la	lar	lot	latt	*(let)*
le	ler	lo	ledd	*(laugh)*
legge	legger	la	lagt	*(lay, put)*
ligge	ligger	lå	ligget	*(lie)*
løpe	løper	løp	løpt	*(run)*
møte	møter	møtte	møtt	*(meet)*
nyse	nyser	nøs	nyst	*(sneeze)*
nyte	nyter	nøt	nytt	*(enjoy)*
se	ser	så	sett	*(see)*

selge	selger	solgte	solgt	(sell)
sette	setter	satte	satt	(set, put)
sitte	sitter	satt	sittet	(sit)
si	sier	sa	sagt	(say)
skilles	skilles	skiltes	skilt	(separate)
skrike	skriker	skrek	skreket	(cry, scream)
skrive	skriver	skrev	skrevet	(write)
slå	slår	slo	slått	(hit, tap)
sove	sover	sov	sovet	(sleep)
spørre	spør	spurte	spurt	(ask)
stå	står	sto	stått	(stand)
synes	synes	syntes	synes	(think, be of the opinion)
synge	synger	sang	sunget	(sing)
ta	tar	tok	tatt	(take)
tilby	tilbyr	tilbød	tilbudt	(offer)
tilgi	tilgir	tilga	tilgitt	(forgive)
treffe	treffer	traff	truffet	(meet)
trives	trives	trivdes	trives	(thrive, flourish)
vite	vet	visste	visst	(know)
være	er	var	vært	(be)
ødelegge	ødelegger	ødela	ødelagt	(spoil, break)

Modal verbs

Infinitive	Present	Past	Perfect	
burde	bør	burde	burdet	(ought to)
kunne	kan	kunne	kunnet	(can)
måtte	må	måtte	måttet	(must, have to)
skulle	skal	skulle	skullet	(shall)
tore	tør	torde	tort	(dare)
ville	vil	ville	villet	(will)

Modal verbs in Norwegian are conjugated in the same way as other verbs.

Grammar glossary

adjectives Adjectives give us more information about the **nouns**. They tell us about colours and shapes and whether somebody or something is good, bad, interesting or boring. **Jeg har en bil**/ *have a car*, doesn't tell anything about the noun, **bil**. By adding a few descriptive adjectives, **Jeg har en liten, gammel, rød bil** *I have a small, old, red car*, one can imagine what the car looks like. **En kjedelig lærer** *a boring teacher* is quite different from **en hyggelig lærer** *a nice teacher*.

adverbs An adverb provides more information about a verb and how something happens. **Han kjørte fort**. *He drove fast*. Some adjectives convert to adverbs by adding **-t: god godt**, *good well*. This is similar to the English *-ly* ending: *slow slowly*. All sorts of words fall into the 'bag' of adverbs, like **ikke** *not*, **alltid** *always*, **aldri** *never* and so on. If you cannot find a sensible grammatical group for a word, it is very likely to be an adverb!

articles In English the indefinite article is *a/an*, which in Norwegian is **en/(ei)/et.** Whereas in English the definite article is *the*, the definite of nouns in Norwegian is formed by adding the indefinite article to the word itself: **en bil** *a car* **bilen** *the car*. **Et hus** *a house* **huset** *the house*. When there is an adjective in front of the noun, and only then, one uses a definite article as well as the ending. This article is **den/det**. More about this in Units 1–4. See **gender**.

clause A clause can be either main or subordinate. A main clause must have at least one subject and one verb, and can end with a full stop. A subordinate clause will also have a subject and a verb, but is formed in such a way that it must be attached to a main clause. See **main clause** and **subordinate clause**.

comparative When we make comparisons, we use the comparative form of the adjective. In English this usually means adding *-er* to the adjective, or putting *more* in front, and adding *than* to make the comparison. In Norwegian one usually adds **-ere** to the adjective, or **mer** *more* in front, and **enn** *than*: **Richard er flinkere enn Robert.** *Richard is cleverer than Robert.* **Richard er mer flink enn Robert.** *Richard is more clever than Robert.* See also **superlative**.

conjunctions Conjunctions are words used to link two phrases together. **Ingen liker Robert.** *Nobody likes Robert.* **Alle liker Richard.** *Everybody likes Richard.* These two phrases can be linked together with the help of a conjunction: **Ingen liker Robert og alle liker Richard (og** *and*). Or: **Ingen liker Robert, men alle liker Richard (men** *but*).

demonstratives In English the demonstratives are *this/these* and *that/those*. In Norwegian the demonstratives are, according to gender, **denne/dette** (*this*), **disse** (*these*) and **den/det** (*that*) **de** (*those*).

gender In English one usually thinks of gender in connection with male and female people or animals, and we refer to them as *he* or *she*. Objects are usually referred to as *it* and are of *neuter* gender. We refer to a car or *house* as *it*. In Norwegian every single noun has a gender, either masculine, feminine or neuter, indicated by **en**, **ei**, or **et**, the indefinite articles. Sometimes the gender follows common sense, but very often it does not. As the gender of the noun affects other words it is important to try to learn the gender with each noun. We have **en bil** *a car*, but **et tog** *a train*, and **en kopp** *a cup*, but **et glass** *a glass*. It is perfectly acceptable to use just one gender for masculine and feminine nouns, called the common gender, indicated by **en**. Neuter is indicated by **et**. In this book we use the common gender and neuter only, but where one could use feminine if one so wishes, this is indicated in the Vocabulary at the back of the book. See **articles**.

genitive Genitive is a way of expressing ownership. In English *Robert's money* means that the money belongs to Robert. In Norwegian this is done in a similar way, but with no apostrophe: **Roberts penger**.

imperative The imperative is the form of the verb used to give instructions, orders, directions or commands. In Norwegian one strips the verb down to its shortest possible form to make it sound really snappy. **Smil!** *Smile!* The verb is **å smile** *to smile*. If the verb is very short, the imperative will be the same: **Gå!** *Go!* The verb is **å gå** *to go*. See **infinitive**.

infinitive The traditional way of listing verbs in a dictionary is in what we call the infinitive, **å sove** *to sleep*.

irregular verbs Many verbs follow a set pattern for the different tenses, present, past and perfect, but unfortunately many do not! In Norwegian these irregular verbs are called strong verbs.

main clause A main clause is a complete sentence, containing at least one subject and one verb and after which we can put a full stop if we so wish. **Odd sover**. *Odd sleeps*. Usually, however, a main clause will offer a little more information. See **clause** and **subordinate clause**.

nouns A noun is a word that means a person, a thing, an animal or a place. **Student** *student*, **bil** *car*, **katt** *cat* and **by** *town* are examples of nouns. Proper nouns are names of people and places, such as Tim and Guildford, and are spelled with a capital letter in Norwegian as in English.

object See also **subject**. The term 'object' refers to the person or thing on the 'receiving end' of a verb. **Robert drikker øl**. *Robert drinks beer*. Here, *Robert* is the subject, as he is the one who is doing something. *Drinks* is the verb, expressing the action. What is he drinking? *Beer* is the object, as it is what Robert is drinking.

personal pronouns The personal pronouns are *I, you, he, she, it, we, you, they*. In Norwegian they are **jeg, du, han, hun, den/det, vi, dere, de**. Proper nouns and other nouns can be replaced by a personal pronoun. Instead of **Richard spiser** *Richard eats*, we can say **han spiser** *he eats*. We can replace **bil** *car* with **den** *it* and **mor** *mother* with **hun** *she*.

plural The plural of a noun means that we are concerned with more than one person or object. See **singular**.

possessives Possessive pronouns define ownership of something or somebody. **Min katt** *my cat*, **hans tante** *his aunt* are examples. Ownership can also be expressed in this way: **katten min** *the cat of mine*, **tanten hans** *the aunt of his*.

prepositions Prepositions are rather tricky words in any language. They are used in time expressions, such as **på fredag** *on Friday*, and for defining places, **katten sitter på/under/ved bordet** *the cat sits on/under/by the table*. A difficulty with Norwegian prepositions is that they sometimes have more than one meaning.

pronouns We have mentioned personal and possessive pronouns. There are other groups of pronouns, such as the reflexive and indefinite pronouns, which are explained in the book.

singular The term 'singular' is used when we are concerned with only one person or object. See **plural**.

subject The subject of a sentence is who is doing whatever. In the sentence **Robert drikker øl** *Robert drinks beer*, it is Robert who is doing something, and so he is the subject. In **Andrew og Martin snakker norsk** *Andrew and Martin speak Norwegian* there are two subjects. They both speak Norwegian. See **object**.

subordinate clause A main clause can stand on its own. A subordinate clause will also have a subject and a verb, but it needs to be attached to a main clause. **Når jeg er sulten** *When I am hungry* has a subject and a verb, but when it's on its own it cannot end with a full stop. We add a main clause: **Når jeg er sulten, spiser jeg**. *When I am hungry, I eat*. Or: **Jeg spiser når jeg er sulten**. *I eat when I am hungry*. A subordinate clause needs the support of a main clause. See **clause** and **main clause**.

superlative The superlative form of the adjective is used for the most extreme version of comparison. **Jeg er den beste** *I am the best,* and **katten min er den dummeste av alle** *my cat is the stupidest of all,* are examples. One can also use **mest** *most* to express superlative: **katten min er den mest dumme av alle**, *my cat is the most stupid of all.* See **comparative**.

tense The tenses of the verb tell us about when things happened or are going to happen, as they express the past, the future or right now, by their endings. Some verbs, called strong verbs, are irregular. See **irregular verbs**. Others follow a regular pattern and fall into four categories. They are called weak verbs. See **verbs**.

verbs A verb is a word which states what someone or something is doing. **Reise** *travel,* **drikke** *drink* and **se** *see* are examples of verbs.

word order In Norwegian the order in which we put words, mainly the subject and the verb, varies in different situations. This is explained as we get to it, quite early in the book.

Norwegian–English vocabulary

n	noun	adv	adverb
(en) (en/ei) (et)	gender	pre	preposition
v	verb	p	pronoun
(s)	strong/irregular verb	c	conjunction
(1) (2) (3) (4)	weak verb group	pl	plural
a	adjective		

The unit in which the word is first used is indicated by a number.

adresse n (en) *6 address*
aftens n (en) *10 supper*
akevitt n (en) *11 aquavit*
akseptere *v (2) 14 accept*
aldri *adv 11 never*
alene *adv 5 alone*
alkohol n (en) *3 alcohol*
alle p *4 all (pl)*
allerede adv *12 already*
allergi n (en) *9 allergy*
allergisk a *9 allergic*
alltid adv *3 always*
alt p *5 everything*
alt adv *10 already*
altfor adv *5 much too*
altså adv *6 consequently*
alvor n (et) *16 seriousness*
alvorsord n (et) *7 telling off*
ambassade n (en) *4 embassy*
ambulanse n (en) *8 ambulance*
Amerika *3 America*
amerikansk a *4 American*
andre p *6 others*
andre a *5 second, other*
angre v *(1) 16 regret*
ankomme v *(s) 15 arrive*
anlegg n (et) *10 installation*
annonse n (en) *12 advert*
anorakk n (en) *13 anorak*
ansikt n (et) *8 face*
apotek n (et) *9 pharmacy*
april *10 April*
arbeide v *(1) 4 work*
arbeidsdag n (en) *10 working day*
arm n (en) *8 arm*
arr n (et) *8 scar*
at p *3 that*

atten *5 eighteen*
attende *10 eighteenth*
attest n (en) *12 reference*
au! *8 ouch!*
au pair n (en) *1 au pair*
august *10 August*
ø **av pre** *3 of, by*
av og til *16 now and then*
avgang n (en) *6 departure*
avis n (en) *11 newspaper*

bad n (et) *15 bathroom*
bade v *(1) 8 bathe, swim*
badstue n (en) *13 sauna*
◄ **bak pre** *5 behind*
bake v *(2) 10 bake*
bakke n (en) *13 slope, hill*
balkong n (en) *11 balcony*
bank n (en) *5 bank*
bankdirektør n (en) *12 bank manager*
bar n (en) *3 bar*
bare adv *1 only*
barn n (et) *7 child*
barndomshjem n (et) *10 childhood home*
barnebarn n (et) *7 grandchild*
barnegudstjeneste n (en) *11 children's service*
barnetog n (et) *14 children's parade*
bedre a, adv *2 better*
befolkning n (en) *14 population*
begge p *5 both*
begynne v (2) *9 begin, start*
begynnelse n (en) *13 beginning*
begynner n (en) *13 beginner*
beklage v (1) *15 be sorry*
belte n (et) *9 belt*
ben n (et) *12 leg, bone*
besette v (s) *12 take, occupy*

best a, adv *3 best*
besteforeldre n (pl) *7 grandparents*
bestemt a *13 certain*
bestille v (2) *2 book, order*
besøk n (et) *7 visit*
besøke v (2) *7 visit*
betale v (2) *3 pay*
betingelse n (en) *16 condition*
beundre v (1) *10 admire*
bh n (en) *9 bra*
bil n (en) *1 car*
bilde n (et) *11 picture*
bilist n (en) *13 driver*
billett n (en) *2 ticket*
billig a *6 cheap*
bilnøkkel n (en) *7 car key*
biltur n (en) *16 car trip*
biologisk a *13 biological*
bitteliten a *12 tiny*
bleie n (en) *7 nappy, diaper*
blek a *9 pale*
bli v (s) *2 become*
bli kjent med *10 get to know*
bluse n (en) *9 blouse*
bløtkake n (en) *10 gateau, cake*
blå a *4 blue*
blåse v (2) *16 blow*
bo v (4) *1 live, reside*
bok n (en) *11 book*
bokhylle n (en) *13 bookshelf*
bolle n (en) *7 bun*
bomull n (en) *9 cotton*
bord n (et) *3 table*
borte adv *4 away*
bra adv *1 well*
bratt a *13 steep*
brekke v (s) *8 break*
brenne v (s) *15 burn*
brev n (et) *12 letter*
britisk a *4 British*
bro n (en) *4 bridge*
bronse n (en) *4 bronze*
bror n (en) *7 brother*
brosjyre n (en) *5 brochure*
bruke v (2) *9 use, wear*
brun a *4 brown*
brun saus n (en) *8 gravy*
bry n (et) *12 trouble*
brygge n (en) *4 quay, jetty*
bryst n (et) *14 breast, chest*
brød n (et) *3 bread, loaf*
brønn n (en) *13 well*
brøytekant n (en) *13 bank of snow*

bråke v (2) *11 make a noise*
bukse n (en) *9 trousers*
buss n (en) *3 bus*
butikk n (en) *9 shop*
by n (en) *3 town, city*
bygning n (en) *4 building*
bøtte n (en) *13 bucket*
bøye v (1) *13 bend*
➔ både c *6 both*
bål n (et) *15 fire, bonfire*
bånd n (et) *14 ribbon, tie*
båt n (en) *15 boat*
campingplass n (en) *8 campsite*

➔ da c *7 when, since*
da adv *5 then*
dag n (en) *2 day*
Dagsnytt *11 news on TV*
dame n (en/ei) *2 lady*
Danmark *14 Denmark*
dans n (en) *10 dance*
danse v (1) *10 dance*
dansk a *14 Danish*
dato n (en) *date*
de p *3 they*
De p *9 you (formal)*
deg p *1 you*
deilig a *10 delicious, lovely*
dekk n (et) *13 tyre*
del n (en) *14 part*
dele v (2) *11 share*
delta v (s) *13 take part*
dem p *5 them*
Dem p *9 you (formal)*
dempe v (1) *10 quieten*
den p *4 it, that*
denne p *5 this*
der adv *4 there*
der borte *4 over there*
dere p *6 you (plural)*
Deres p *9 yours*
derfor adv *13 therefore*
desember *10 December*
dessert n (en) *10 sweet, pudding*
dessverre adv *12 unfortunately*
det p *1 it, that*
dette p *3 this*
diaré n (en) *8 diarrhoea*
din p *5 your, yours*
direktør n (en) *2 director, manager*
disk n (en) *5 counter*
disse p *4 these*
dit adv *4 there*

dividere v (2) 6 divide
divisjon n (en) 6 division
do n (en) 13 loo
dobbel a 15 double
dra v (s) 15 go, travel
dram n (en) 11 tot of aquavit
drepe v (2) 7 kill
dress n (en) 9 suit
drikke v (s) 3 drink
drink n (en) 10 drink
drittunge n (en) 7 brat
dronning n (en/ei) 4 queen
du p 1 you
dum a 10 stupid
dusj n (en) 15 shower
dyp a 13 deep
dyr a 9 expensive
dør n (en/ei) 5 door
dørklokke n (en/ei) 10 doorbell
dårlig a, adv 5 bad

egen a 11 own
egentlig a, adv 14 really
egg n (et) 3 egg
eggerøre n (en) 10 scrambled eggs
ei (ind art) 1 a, an
eie v (3) 13 own
ekkel a, adv 13 awful
ekstra a, adv 15 additional, extra
eldre a 16 older
eldst a 7 oldest
elegant a 9 elegant
elektrisitet n (en) 13 electricity
eller c 2 or
elleve 5 eleven
ellevte 10 eleventh
elske v (1) 10 love
en 1 a, an
enda adv 9 even
ende n (en) 5 end
engel n (en) 7 angel
engelsk a 1 English
England 1 England
enn c 7 than
ensom a 14 lonely
eplesaft n (en) 10 apple juice
erfaring n (en) 12 experience
erme n (et) 9 sleeve
eske n (en) 9 box
et 1 a, an
etasje n (en) 8 floor, level
etter adv, pre 2 after
etternavn n (et) 7 surname

etterpå adv 4 afterwards
Europa 2 Europe

falle v (s) 13 fall
familie n (en) 6 family
familieselskap n (et) 10 family party
fantastisk a 8 fantastic
far n (en) 6 father
fare v (s) 11 travel
farfar n (en) 7 grandfather
farge n (en) 9 colour
farge v (1) 11 colour
farlig a 13 dangerous
farmasøyt n (en) 9 chemist
farmor n (en) 7 grandmother
fart n (en) 13 speed
fartsgrense n (en) 3 speed limit
fat n (et) 13 serving dish
feber n (en) 9 temperature
februar 10 February
feire v (1) 11 celebrate
felles a 7 common
fem 2 five
femte 10 fifth
femten 5 fifteen
femtende 10 fifteenth
femti 5 fifty
femtiende 10 fiftieth
ferdig a 12 ready, finished
ferge n (en) 2 ferry
ferie n (en) 2 holiday
festlig a 10 festive, fun
festning n (en) 4 castle
fetter n (en) 7 cousin (male)
film n (en) 2 film
fin a 3 fine
finger n (en) 8 finger
finne v (s) 5 find
finnes v (s) 15 can be found
fint adv 1 fine
fire 2 four
firma n (et) 10 firm, company
fisk n (en) 3 fish
fiske v (1) 16 fish
fjell n (et) 3 mountain
fjerde 10 fourth
fjord n (en) 15 fjord
fjorten 5 fourteen
fjortende 10 fourteenth
flagg n (et) 11 flag
flaske n (en/ei) 3 bottle
flere a, p 8 several, more
flink a 10 clever

fly n (et) *1 aeroplane*
fly v (s) *13 rush, fly*
flyplass n (en) *3 airport*
flytte v (1) *12 move*
folk n (pl) *8 people*
fontene n (en) *4 fountain*
for pre *5 for*
for adv *8 too*
for ... siden pre *7 ago*
for seg selv *14 by oneself*
for tiden *12 at the moment*
foran adv, pre *13 in front of*
forandre v (1) *16 change*
forbause v (1) *10 surprise*
forbi pre *4 past*
forbudt a *3 not allowed, forbidden*
fordi c *2 because*
foreldre n (pl) *7 parents*
forelsket a *14 in love*
foreslå v (s) *12 suggest*
forkjølet a *9 suffering from a cold*
forklare v (2) *5 explain*
forme v (1) *11 form, shape*
fornøyd a *15 satisfied*
forover adv *13 forward*
forretning n (en) *12 business*
forrett n (en) *10 starter*
forsiktig a, adv *13 careful*
forskjellig a, adv *16 different*
forstoppelse n (en) *9 constipation*
forstå v (s) *6 understand*
forsyne seg v (2) *10 help oneself*
fort a *13 fast*
fortelle v (s) *7 tell*
fortøye v (1) *15 tie up (a boat)*
fosse v (1) *16 surge*
fot n (en) *8 foot*
fotball n (en) *12 football*
fotografere v (2) *16 take photos*
fra pre *1 from*
frakk n (en) *9 overcoat*
fransk a *7 French*
fredag *2 Friday*
frem adv *11 forward, forth*
fremdeles adv *10 still*
fremtid n (en) *16 future*
fri a, adv *15 free*
frimerke n (et) *5 stamp*
frisk a *8 healthy, well*
frisør n (en) *6 hairdresser*
frokost n (en) *3 breakfast*
fru *12 Mrs*
frukt n (en) *10 fruit*

fryktelig a, adv *14 terrible, terribly*
fryse v (s) *13 freeze*
frøken *12 Miss*
full a *6 full*
fylle ut v (2) *15 fill in*
fyrverkeri n (et) *11 fireworks*
fæl a *9 gruesome*
føde v (2) *15 give birth, be born*
fødselsdag n (en) *10 birthday*
føle seg v (2) *9 feel*
følge v (s) *10 follow*
før pre, adv *6 before*
først adv *4 first*
førti *5 forty*
førtiende *10 fortieth*
få v (s) *3 get, receive*
få lov til *5 be allowed to*
få tak i *7 get hold of*

galt adv *13 wrong*
gammel a *2 old*
gang n (en) *5 time*
gang n (en) *13 passage*
ganger v (1) *times (multiplication)*
ganske adv *12 quite*
gardin n (en) *13 curtain*
gate n (en/ei) *4 street*
geitost n (en) *4 goat cheese*
gelé n (en) *3 jelly*
genser n (en) *9 sweater*
gi v (s) *7 give*
gi opp *16 give in*
gift med *7 married to*
gifte seg v (1) *7 marry*
gitar n (en) *15 guitar*
gjennom pre *13 through*
gjerne adv *1 with pleasure*
gjest n (en) *10 guest*
gjøre v (s) *5 do*
glad a, adv *7 happy, pleased*
glad for at *6 pleased, happy that*
glad i *7 fond of*
glass n (et) *1 glass*
glatt a *13 slippery*
glede v (1) *13 please*
glede seg til *2 look forward to*
glemme v (2) *3 forget*
gli v (s) *16 slide*
glitter n (et) *11 tinsel*
god a *2 good*
god bedring *8 get well soon*
godt adv *3 well*
grad n (en) *8 degree*

granitt n (en) *4 granite*
gratulere v (2) *10 congratulate*
gravlaks n (en) *3 cured salmon*
gressløk n (en) *10 chives*
grille v (1) *15 grill, barbecue*
gris n (en) *11 pig*
grunnlov n (en) *14 constitution*
gryterett n (en) *10 casserole*
grønn a *4 green*
grønnsak n (en) *10 vegetable*
grå a *9 grey*
gudstjeneste n (en) *11 church service*
gul a *4 yellow*
gutt n (en) *4 boy*
Gøteborg *2 Gothenburg*
gøy n (et) *13 fun*
gå v (s) *1 go, travel*

ha v (s) *1 have*
hage n (en) *7 garden*
hals n (en) *9 neck*
halv *11 half*
ham p *7 him*
han p *1 he*
hard a *2 hard*
hatt n (en) *9 hat*
hav n (et) *8 sea*
hei *1 hi/hello*
heis n (en) *15 lift*
hel a *2 whole*
heldig a *6 lucky*
heldigvis adv *9 luckily*
heller adv *2 rather, either*
helt adv *8 completely*
hende v (2) *12 happen*
henge v (2) *9 hang*
henne p *2 her*
hennes p *6 her, hers*
hente v (1) *6 collect, gather*
her adv *3 here*
herfra adv *14 from here*
herr *12 Mr*
hest n (en) *14 horse*
hete v (s) *1 be called*
hilse v (2) *6 greet*
hilsen n (en) *11 greeting*
himmel n (en) *11 sky, heaven*
historie n (en) *14 history, story*
hjelp n (en) *5 help*
hjelpe v (s) *5 to help*
hjem adv *6 home*
hjemme adv *6 at home*
hjernerystelse n (en) *8 concussion*
hode n (et) *8 head*

hodepine n (en) *9 headache*
hodepinetablett n (en) *9 headache pill*
holde v (s) *6 keep, hold*
holme n (en) *15 small island*
hos pre *2 by, with, at the house of*
hoste v (1) *9 cough*
hostesaft n (en) *9 cough medicine*
hotell n (et) *2 hotel*
hotellbransje n (en) *12 hotel business*
hoved- *11 main*
hovedgate n (en) *4 main street*
humør n (et) *5 mood, humour*
hun p *1 she*
hund n (en) *15 dog*
hundre *5 hundred*
hus n (et) *4 house*
huske v (1) *3 remember*
hva p *1 what*
hva slags *5 what kind of*
hvem p *4 who*
hver a, p *2 each, every*
hverandre p *5 each other*
hvilken a, p *5 which*
hvis c *2 if*
hvit a *7 white*
hvitvin n (en) *3 white wine*
hvor adv *1 where*
hvor adv *8 how*
hvordan adv *1 how*
hvorfor adv *2 why*
hybel n (en) *14 bedsit*
hygge seg v (1) *8 have a good time*
hyggelig a *2 nice, pleasant*
hytte n (en/ei) *13 cottage, cabin*
høre v (2) *6 hear*
høres bra ut *15 sounds good*
høst n (en) *9 autumn*
høy a *8 tall, high*
høyfjell n (et) *13 mountain, above the tree line*
høyre a *3 right*
hånd n (en/ei) *8 hand*
håpe v (1) *10 hope*

i pre *1 in*
i aften *10 this evening*
i dag *7 today*
i en uke *7 for a week*
i fjor *12 last year*
i går *6 yesterday*
i hvert fall *16 in any case*
i kveld *2 this evening*
i morgen *2 tomorrow*
i morges *14 this morning*
i orden *7 in order*

i sommer *1 this summer*
i tur og orden *11 one by one*
i uken *12 per week*
idé n (en) *14 idea*
idiot n (en) *13 idiot*
igjen adv *4 again, left*
ikke adv *1 not*
ikke sant *10 isn't that so*
ikke så verst *6 not too bad*
ingen a, p *5 nobody, no, none*
ingen årsak *no problem*
ingeniør n (en) *10 engineer*
ingenting p *16 nothing*
inkludere v (2) *15 include*
inn i *3 into*
inne adv *7 inside*
innen adv, c *12 before, within*
interessant a *11 interesting*
interessert a *9 interested*
invitere v (2) *10 invite*
is n (en) *7 ice-cream*
ivrig a *13 eager*

ja *1 yes*
jada *14 yes, all right!*
jakke n (en) *7 coat, jacket*
januar *10 January*
jeg p *1 I*
jente n (en/ei) *13 girl*
jo *6 yes (after negative)*
jobb n (en) *7 job, position*
jobbe v (1) *12 work*
jord n (en) *13 earth*
jul n (en) *10 Christmas*
julaften n (en) *11 Christmas Eve*
juledag n (en) *11 Christmas Day*
juleferie n (en) *16 Christmas holiday*
julegris n (en) *11 Christmas pig*
julekake n (en) *11 Christmas cake*
julekveld n (en) *11 Christmas Eve*
julesang n (en) *11 Christmas carol*
juleskikk n (en) *11 Christmas tradition*
juletre n (et) *11 Christmas tree*
juli *2 July*
juling n (en) *7 beating, hiding*
juni *10 June*

kafé n (en) *4 café*
kafeteria n (en) *3 cafeteria*
kaffe n (en) *1 coffee*
kake n (en/ei) *10 cake*
kald a *8 cold*
kalle v (2) *7 call*
kamera n (et) *16 camera*

kanskje adv *5 perhaps*
karamellpudding n (en) *10 crème caramel*
kart n (et) *2 map*
kasse n (en) *5 till*
kaste v (1) *8 throw*
kaste opp *8 vomit*
katt n (en) *15 cat*
kino n (en) *2 cinema*
kiosk n (en) *5 kiosk*
kirke n (en) *11 church*
kirkeklokke n (en/ei) *11 church bell*
kjedelig a *2 boring*
kjempe- *12 very, 'mega-'*
kjempefin a *12 very fine, superb*
kjempekjekk a *12 very hunky*
kjenne v (2) *10 know, be acquainted with*
kjole n (en) *9 dress*
kjære *10 dear*
kjøkken n (et) *10 kitchen*
kjøkkenhjelp n (en) *12 kitchen hand*
kjøpe v (2) *5 buy*
kjøre v (2) *2 drive*
kjøtt n (et) *3 meat*
kjøttkake n (en/ei) *8 meat ball*
klage v (1) *15 complain*
kle v (4) *9 suit*
kle på v (4) *9 to dress*
klem n (en) *7 hug*
klemme v (2) *11 hug*
klippe v (1) *8 cut (with scissors)*
klok a *16 wise*
klokke n (en/ei) *6 clock, time*
klær n (pl) *9 clothes*
klø v (4) *9 itch*
kne n (et) *8 knee*
koke v (2) *3 boil*
koldtbord n (et) *3 cold buffet*
kollega n (en) *9 colleague*
komme v (s) *1 come*
kone n (en/ei) *10 wife*
konge n (en) *4 king*
kongefamilie n (en) *14 royal family*
kongelig høyhet n (en) *12 royal highness*
konsert n (en) *5 concert*
kontakt n (en) *9 contact*
kontor n (et) *12 office*
kopp n (en) *1 cup*
korallrød a *9 coral-red*
kort a *9 short*
kort n (et) *5 card, postcard*
kos a *10 pleasant (slang)*
kose seg v (2) *13 enjoy oneself*
koselig a *10 pleasant, lovely*
koste v (1) *5 cost*

kraftig a *8 strong*
krangle v (1) *6 argue, quarrel*
kredittkort n (et) *15 credit card*
krem n (en) *11 cream*
krig n (en) *14 war*
krone n (en) *5 unit of Norwegian currency*
kronprins n (en) *14 crown prince*
kropp n (en) *8 body*
kul a *14 fun (slang)*
kuldegrad n (en) *13 minus degree*
kunde n (en) *9 customer*
kunne v (modal) *2 can*
kunstmaler n (en) *12 artist*
kurs n (et) *2 course*
kusine n (en) *7 cousin (female)*
kvalifisere v (2) *12 qualify*
kvalm a *8 nauseous*
kvart på *11 quarter to*
kveld n (en) *2 evening*
kvittering n (en) *5 receipt*
kyss n (et) *11 kiss*
kysse v (1) *11 kiss*
kyst n (en) *16 coast*
køye n (en/ei) *3 bunk*
kåpe n (en/ei) *9 overcoat*

la v (s) *15 let*
lage v (1) *4 make*
laks n (en) *3 salmon*
lammestek n (en) *10 roast lamb*
lammeull n (en) *9 lambswool*
land n (et) *14 country*
lang a *3 long*
langs pre *13 along*
langsom a *13 slow*
langt adv *4 far*
lastebil n (en) *3 lorry*
latter n (en) *15 laughter*
le v (s) *10 laugh*
ledig a *6 free, vacant*
lege n (en) *8 doctor*
legekontor n (et) *7 surgery*
legge v (s) *11 put*
legge seg v (s) *11 go to bed*
lei av *9 tired of*
lei meg *14 sorry*
leie v (1) *12 rent*
leilighet n (en) *7 flat*
leke v (2) *7 play (with toys)*
lekerom n (et) *15 playroom*
lekker a *9 super*
lenge adv *5 a long time*
lese v (2) *11 read*
lett a *5 easy*

ligge v (s) *4 lie*
lik a *5 like*
like v (2) *2 like*
like adv *12 just*
likevel adv *12 after all*
likne v (1) *4 look like*
lillebror n (en) *6 little brother*
lite adv *13 not much*
liten a *3 small*
litt adv *3 a little*
liv n (et) *12 life*
livlig a *13 lively*
livredd a *13 frightened to death*
lue n (en/ei) *9 cap*
luft n (en) *11 air*
lugar n (en) *3 cabin*
lukke v (1) *11 shut*
lunsj n (en) *15 lunch*
lure på v (2) *16 wonder*
lys n (et) *3 light*
lys n (et) *10 candle*
lys a *15 light*
lyse v (2) *11 shine*
lære v (2) *1 learn*
lærer n (en) *2 teacher*
løfte v (1) *10 lift*
løpe v (s) *14 run*
lørdag *2 Saturday*
låne v (2) *7 borrow*

mai *10 May*
majestet n (en) *12 majesty*
majones n (en) *8 mayonnaise*
mandag *2 Monday*
mange p, a *3 many*
mann n (en) *5 man*
marmelade n (en) *3 marmalade*
mars *10 March*
marsipan n (en) *11 marzipan*
marsipankake n (en/ei) *10 marzipan cake*
marsj n (en) *14 march*
mase v (2) *14 nag*
mat n (en) *3 food*
matpakke n (en) *15 packed meal*
matpapir n (et) *15 greaseproof paper*
med pre *1 with*
med en gang *6 at once*
meddele v (2) *12 inform*
medisin n (en) *1 medicine*
meg p *2 me*
meget adv *3 much, very*
melk n (en) *3 milk*
melodi n (en) *14 tune*
men c *1 but*

mene v (2) 5 think, mean
menneske n (et) 14 person
mens c 7 while
mer a, adv 3 more
merkelig a 16 strange, peculiar
middag n (en) 3 dinner
midnatt n (en) 15 midnight
min p 2 my, mine
mindre a, adv 9 smaller, less
mineralvann n (et) 10 mineral water
minst a, adv 9 smallest
minutt n (et) 5 minute
misfornøyd a 15 dissatisfied
miste v (1) 16 lose
monolitt n (en) 4 monolith
mor n (en/ei) 6 mother
morfar n (en) 7 grandfather
morgen n (en) 9 morning
mormor n (en) 7 grandmother
morn 1 hi/hello
moro n (ei, en) 10 fun
morsom a 10 funny, amusing
mot pre 8 towards
mote n (en) 9 fashion
motorbåt n (en) 15 motor boat
motorsykkel n (en) 1 motorbike
mulighet n (en) 12 possibility
multe n (en) 11 cloudberry
munn n (en) 8 mouth
museum n (et) 5 museum
musikk n (en) 10 music
musikk-korps n (et) 14 band
musserende a 11 sparkling (of wine)
mye adv 3 much, a lot of
mynt n (en) 5 coin
mønster n (et) 9 pattern
mønstret a 9 patterned
mørk a 8 dark
møte v (s) 1 meet
måltid n (et) 11 meal
måned n (en) 7 month
måtte v (modal) 2 must, have to

nabo n (en) 10 neighbour
nasjonaldag n (en) 14 national day
Nationalteatret 5 The National Theatre
natt n (en) 15 night
natur n (en) 8 nature
navn n (et) 5 name
ned pre 5 down
nederst i 16 at the bottom of
nei 1 no
nese n (en) 8 nose
neste a 3 next

nesten adv 5 nearly, almost
nettopp adv 9 just
nevø n (en) 7 nephew
ni 2 nine
niende 10 ninth
niese n (en) 7 niece
niste n (en) 15 packed meal
nitten 5 nineteen
nittende 10 nineteenth
nitti 5 ninety
nittiende 10 ninetieth
noe p 5 some/any, something
noen p 5 somebody, some, any
nok adv 3 enough
nokså adv 16 fairly
Nord-Norge 1 north Norway
nord 3 north
nordmann n (en) 12 Norwegian
Norge 1 Norway
norsk a 1 Norwegian
november 10 November
nummer n (et) 6 number
ny a 7 new
nydelig a 16 lovely
nyse v (s) 9 sneeze
nyte v (s) 16 enjoy
nyttår n (et) 11 New Year
nyttårsaften n (en) 11 New Year's Eve
nærmere adv 14 nearer
nøkkel n (en) 15 key
nå adv 1 now
nå v (4) 7 reach
nå og da 12 now and then
når adv 1 when
når som helst 12 any time

ofte adv 7 often
og c 1 and
også adv 2 also
oktober 10 October
ola-bukser n (pl) 8 jeans
om pre 4 in, about
om c 12 whether
om et par uker 6 in a couple of weeks
om forlatelse 13 sorry
ombord adv 3 on board
omegn n (en) 14 neighbourhood
onkel (en) 7 uncle
onsdag 2 Wednesday
operasanger n (en) 12 opera singer
opp pre 6 up
oppleve v (3) 11 experience
opplysninger n (pl) 12 information
ordliste n (en) word list

organisasjon n (en) *12 organization*
oss p *6 us*
ost n (en) *3 cheese*
over pre, adv *2 over, more than*
overnatte v (1) *10 stay overnight*
ovn n (en) *13 stove, oven*

pakke v (1) *6 pack*
papir n (et) *5 paper*
par n (et) *6 couple*
parafinlampe n (en) *13 paraffin lamp*
park n (en) *4 park*
parkeringsplass n (en) *13 parking place*
pasient n (en) *6 patient*
pass n (et) *2 passport*
passasjer n (en) *3 passenger*
passe v (1) *3 mind, look after*
passe v *(1) 9 fit*
passe til *9 go with*
peis n (en) *13 fireplace*
pen a *4 pretty*
penere a *9 prettier*
penger n (pl) *5 money*
pensjonat n (en) *16 guesthouse*
person n (en) *15 person*
personalsjef n (en) *12 personnel director*
piggdekk n (et) *13 studded tyre*
pike n (en) *4 girl*
pille n (en) *9 pill*
pinnekjøtt n (et) *11 mutton dish*
plan n (en) *16 plan*
plass n (en) *3 space, place*
plassbillett n (en) *6 booked seat*
plaster n (et) *8 plaster*
plikt n (en) *10 duty*
ploge v (1) *13 plough*
plutselig a, adv *6 suddenly*
Polarsirkelen *5 the Arctic Circle*
politimann n (en) *14 policeman*
pommes frites n (pl) *8 chips*
pop-konsert n (en) *5 pop concert*
porsjon n (en) *3 portion*
port n (en) *4 gate*
poste v (1) *11 post*
potet n (en) *8 potato*
prate v (1) *10 chatter*
presang n (en) *11 present*
primitiv a *13 primitive*
prins n (en) *14 prince*
program n (et) *11 programme*
prosesjon n (en) *14 procession*
provins n (en) *14 province*
prøve v (3) *9 try*
prøverom n (et) *9 changing room*

pub n (en) *2 pub*
pynt n (en) *11 decoration*
pynte v (1) *11 decorate*
pølse n (en) *3 sausage*
på pre *2 on, at*
på gjensyn! *1 See you (soon)!*
på vegne av *10 on behalf of*
påkjørt a *8 run over*
påske n (en) *12 Easter*

rakett n (en) *11 rocket, fireworks*
rart adv *16 strange*
redd a *13 frightened*
reddhare n (en) *13 coward*
redningsvest n (en) *15 life jacket*
regne v (1) *5 rain*
regning n (en) *15 bill*
reise v (2) *1 travel*
reise n (en) *6 journey*
reisesjekk n (en) *5 travellers cheque*
reisesykemiddel n (et) *9 travelsickness remedy*
reke n (en/ei) *3 prawn*
rekved n (en) *15 driftwood*
ren a *13 clean*
resepsjon n (en) *12 reception*
respekt n (en) *15 respect*
rest n (en) *5 rest*
restaurant n (en) *3 restaurant*
returbillett n (en) *6 return ticket*
riksvei n (en) *6 main road*
ringe v (2) *6 ring*
riste v (1) *3 toast, shake*
rom n (et) *8 room*
rope v (2) *14 shout*
rundstykke n (et) *3 bread roll*
rundt pre, adv *4 around*
russisk a *7 Russian*
rutet a *9 checked*
rydde v (1) *7 tidy*
ryggsekk n (en) *13 rucksack*
rød a *8 red*
rødvin n (en) *3 red wine*
røkelaks n (en) *10 smoked salmon*
røre v (2) *8 touch*
røre seg v (2) *8 move*
rørt a *10 touched, moved*
rådhus n (et) *4 city/town hall*

saft n (en) *7 juice, squash*
sak n (en) *15 matter, case*
sakte a *11 slow*
salat n (en) *3 salad*
samboer n (en) *16 live-in partner*
samme a *9 same*

sammen adv *2 together*
samtale n (en) *12 dialogue*
sann a *5 true*
saus n (en) *10 sauce, gravy*
savne v (1) *9 miss*
se v (s) *1 see, look*
se frem til *12 look forward to*
seddel n (en) *5 note*
seks *2 six*
seksten *5 sixteen*
sekstende *10 sixteenth*
seksti *5 sixty*
sekstiende *10 sixtieth*
selge v (s) *5 sell*
selskap n (et) *9 party*
selv p *7 -self*
selv om c *3 even if*
selvfølgelig a, adv *11 of course*
selvstendig a *14 independent*
semester n (et) *9 term, semester*
sen a *6 late*
sende v (2) *5 send*
senere adv *6 later*
seng n (en/ei) *8 bed*
sennep n (en) *8 mustard*
sent adv *2 late*
september *10 September*
sertifikat n (et) *3 driving licence*
servere v (2) *15 serve*
servitør n (en) *15 waiter*
sette v (s) *11 place, put*
sette i gang *13 start*
sette opp v (s) *8 set up*
sette seg *10 sit down*
si v (s) *5 say*
side n (en) *3 side*
siden c *6 since*
sikker a *12 sure*
sikkert *4 certainly*
sild n (en/ei) *3 herring*
sin p *5 his, her(s)*
sint a *4 cross, angry*
sist a *9 last*
situasjon n (en) *13 situation*
sjalu a *14 jealous*
sjef n (en) *12 boss*
sjette *10 sixth*
sjokolade n (en) *13 chocolate*
sju *2 seven*
sjuende *10 seventh*
sjø n (en) *4 sea*
skandinavisk a *3 Scandinavian*
ski n (en/ei) *13 ski*
skifte v (1) *7 change*

skikk n (en) *11 custom, tradition*
skilles v (2) *15 get divorced*
skilt a *16 separated*
saus n (en) *8 sauce*
skinne v (2) *4 shine*
skitten a *15 dirty*
skitur n (en) *13 skiing trip*
skje n (en) *9 spoon*
skjev a *8 crooked*
skjorte n (en/ei) *9 shirt*
skjørt n (et) *7 skirt*
sko n (en) *9 shoe*
skole n (en) *2 school*
skolebarn n (et) *14 pupil, school child*
skoletid n (en) *10 school time*
skrike v (s) *7 cry, scream*
skrive v (s) *5 write*
skrå a *13 crooked*
skulder n (en) *8 shoulder*
skulle v (modal) *1 shall*
skulptur n (en) *1 statue, sculpture*
skynde seg v (2) *16 hurry*
skål! *3 cheers!*
skåle v (2) *10 say 'skål'*
'skål' slik a, adv *15 like this*
slik at c *13 so that*
slott n (et) *4 palace*
slutt n (en) *12 end*
slå v (s) *6 hit, dial*
smak n (en) *9 taste*
smake v (2) *11 taste*
smal a *9 narrow*
smart a *9 smart*
smelle v (2) *11 bang*
smelte v (1) *13 melt*
smil n (et) *10 smile*
smile v (2) *5 smile*
smilende a *10 smiling*
smør n (et) *4 butter*
småbåt n (en) *15 small boat*
snakke v (1) *3 talk*
snart adv *6 soon*
snekker n (en) *12 carpenter*
snill a *7 good, kind*
snø n (en) *11 snow*
snø v (4) *11 snow*
snødekt a *16 snow-covered*
snøfnugg n (et) *9 snow flake*
sokk n (en) *9 sock*
sol n (en) *3 sun*
solbriller n (pl) *13 sun glasses*
solbrun a *16 sun-tanned*
solkrem n (en) *13 suntan lotion*
som p *2 who, which, that*

+ **som c** *8 like, as*
+ **som om c** *16 as if*
sommer n (en) *1 summer*
sommerklær n (pl) *14 summer clothes*
sove v (s) *7 sleep*
soverom n (et) *13 bedroom*
spa v (4) *13 dig*
speil n (et) *8 mirror*
spennende a *12 exciting*
spesielt adv *9 especially*
spille v (2) *14 play*
spise v (2) *3 eat*
spøk n (en) *16 joke*
spørre v (s) *7 ask*
stadig adv *12 often, steadily*
stakkars a *8 poor*
starte v (1) *15 start, begin*
stasjon n (en) *5 station*
stativ n (et) *5 stand*
sted n (et) *8 place*
stemme n (en) *16 voice*
sterk a *13 strong*
stil n (en) *9 style*
stille adv *8 still*
stilling n (en) *12 position*
sting n (et) *8 stitch*
stol n (en) *13 chair*
stoppe v (1) *4 stop*
stor a *2 big*
Stortinget *5 the Norwegian Parliament*
strengt adv *3 strictly*
strømme v (1) *16 stream*
strømpe n (en) *9 stocking*
strømpebukse n (en) *9 tights*
student n (en) *1 student*
studere v (2) *1 study*
studielån n (et) *16 study loan*
studium n (et) *12 study course*
stue n (en/ei) *10 living room*
stund n (en) *6 time, while*
stygg a *9 ugly*
stykke n (et) *16 bit*
størrelse n (en) *9 size*
støttebandasje n (en) *9 support bandage*
støvel n (en) *9 boot*
stå v (s) *8 stand*
sulten a *3 hungry*
svak a *7 weak*
svare v (2) *6 answer*
svart a *8 black*
svensk a *14 Swedish*
Sverige *2 Sweden*
svinge v (2) *13 turn*
svoger n (en) *7 brother-in-law*

svømmehall n (en) *13 swimming-pool*
sykehus n (et) *8 hospital*
sykepleier n (en) *8 nurse*
sykeseng n (en/ei) *8 hospital bed*
sykkel n (en) *1 bicycle*
synd n (en) *14 pity*
synes v (s) *4 think, find*
synge v (s) *11 sing*
sytten *5 seventeen*
syttende *10 seventeenth*
sytti *5 seventy*
syttiende *10 seventieth*
særlig adv *14 especially*
søker n (en) *12 applicant*
søndag *2 Sunday*
sør *16 south*
sørover *8 southwards*
søsken n *7 siblings*
søster n (en/ei) *7 sister*
søt a *4 sweet*
søvn n (en) *16 sleep*
+ **så c, adv** *2 so, subsequently*
+ **så ... som c** *8 as ... as*
så vidt *11 hardly*
sånn a *13 such*
sår n (et) *8 wound*
såre v (1) *14 hurt, wound*

ta v (s) *2 take*
ta seg av *7 take care of*
takk *1 thank you*
takk i like måte *11 thank you, the same*
takke v (1) *10 thank*
tale n (en) *10 speech*
tale v (2) *10 speak*
tankeløs a *12 thoughtless*
tannlege n (en) *6 dentist*
tante n (en) *2 aunt*
te n (en) *3 tea*
teater n (et) *5 theatre*
teaterstykke n (et) *5 play*
telefon n (en) *6 telephone*
telefonkatalog n (en) *6 directory*
televisjon n (en) *10 television*
telt n (et) *6 tent*
tenke v (2) *8 think*
tenke seg v (2) *16 imagine*
tenne v (2) *11 light*
termos n (en) *15 Thermos*
ti *2 ten*
ti over *11 ten past*
ti på *11 ten to*
tid n (en/ei) *2 time*
tidevannsstrøm n (en) *16 tidal flow*

tidlig a, adv *10 early*
tiende *10 tenth*
til pre *1 to, till*
til felles *7 in common*
til slutt *10 at the end*
tilbake adv *3 back*
tilbud n (et) *13 offer*
tilby v (s) *16 offer*
tilgi v (s) *14 forgive*
time n (en) *3 hour*
tirsdag *2 Tuesday*
tjue *5 twenty*
tjueen *5 twenty-one*
tjueførste *10 twenty-first*
tjuende *10 twentieth*
to *2 two*
toalett n (et) *15 toilet*
tog n (et) *1 train*
tog n (et) *14 parade*
tolv *5 twelve*
tolvte *10 twelfth*
topp n (en) *8 peak*
tore v (modal) *13 dare*
torsdag *2 Thursday*
tradisjon n (en) *11 tradition*
trafikk n (en) *15 traffic*
travel a *12 busy*
tre *2 three*
tre n (et) *11 tree*
trebygning n (en) *16 wooden building*
tredje *8 third*
treffe v (s) *8 meet*
trenge v (2) *5 need*
trepanel n (en) *13 wood panelling*
trett a *13 tired*
tretten *5 thirteen*
trettende *10 thirteenth*
tretti *5 thirty*
trettiende *10 thirtieth*
trikk n (en) *4 tram*
trimrom n (et) *15 gym*
trives v (s) *16 thrive*
tro v (4) *3 believe*
troll n (et) *9 troll, ogre*
truse n (en) *9 pants*
trøye n (en) *9 vest*
tulling n (en) *13 idiot*
tung a *13 heavy*
tur n (en) *7 trip*
tur n (en) *10 turn*
turisme n (en) *12 tourism*
turistinformasjon n (en) *5 tourist information*
turkis a *9 turquoise*
tusen *5 thousand*

tusenvis *5 thousands*
tykk a *4 thick, fat*
tynn a *15 thin*
typisk a *3 typical*
tømmerhytte n (en/ei) *13 timber cabin*
tørke v (1) *10 dry*
tørr a *7 dry*
tørst a *3 thirsty*
tå n (en/ei) *8 toe*
tålmodig a *14 patient*
tåre n (en) *10 tear*
tårn n (et) *4 tower*

uke n (en/ei) *5 week*
ull n (en) *9 wool*
ulykke n (en) *8 accident*
under pre *11 under*
underbukse n (en/ei) *9 underpants*
undersøke v (2) *8 examine*
ung a *9 young*
unge n (en) *14 child, kid*
union n (en) *14 union*
universitet n (et) *9 university*
unnskyld *5 excuse me*
urmaker n (en) *12 watch-maker*
ut adv *4 out*
ute adv *4 out*
uten pre *8 without*
utenfor adv, pre *13 outside*
utkjørt a *14 exhausted*
utland n (et) *16 abroad*
utrolig a *16 unbelievable*
utsikt n (en) *8 view*
utstilling n (en) *5 exhibition*
utålmodig a *11 impatient*

vaffel n (en) *10 waffle*
vakker a *4 beautiful*
vaktmester n (en) *12 caretaker*
vaniljesaus n (en) *3 custard*
vanlig a *13 usual*
vann n (et) *4 water*
vannmasse n (en) *16 mass of water*
vanskelig a *6 difficult*
vant til *13 used to*
vare v (2) *14 last*
varm a *8 warm*
vaske v (1) *7 wash*
vaske opp v (1) *7 do the dishes*
vaske seg v (1) *13 wash oneself*
vaskerom n (et) *13 washroom*
ved pre *5 by, at, near*
ved siden av *13 next to*
vedlegge v (s) *12 enclose*

vegg n (en) *13 wall*
vei n (en) *2 road*
vekk adv *13 away*
veksle v (1) *5 change (money)*
veldig a, adv *3 very*
velkommen a *10 welcome*
venn n (en) *3 friend*
venninne n (en/ei) *10 female friend*
venstre a *4 left*
vente v (1) *6 wait*
verden n (en) *14 world*
verken ... eller c *13 neither ... nor*
verst a *6 worst*
vest *12 west*
Vestlandet *2 west Norway*
veterinær n (en) *12 veterinary surgeon*
vi p *2 we*
videre adv *2 further*
vikingskip n (et) *6 Viking ship*
viktig a *6 important*
ville v (modal) *1 will, want*
vin n (en) *3 wine*
vindu n (et) *11 window*
vindusplass n (en) *6 window seat*
vinke v (1) *14 wave*
vinter n (en) *12 winter*
virkelig adv *8 really*
vise v (2) *16 show*
visst adv *10 certainly*
vite v (s) *5 know*
voksende a *12 growing*
vond a *8 painful, bad*
vær n (et) *6 weather*
vær så god *6 can I help you?, do help yourself*

være v (s) *2 be*
våkne v (1) *8 wake up*
vår n (en) *12 spring*
vår p *7 our*
våt a *8 wet*

WC n (et) *WC, toilet*

yngste a *7 youngest*

ærbødigst *12 yours faithfully*
æsj! *7 yuk!*

ødelegge v (s) *13 ruin, spoil*
økonomi n (en) *12 economics*
øl n (et) *1 beer, ale*
ønske v (1) *10 wish*
ønske n (et) *11 wish*
øre n (en) *5 1/100th of a krone*
øre n (et) *8 ear*
øye n (et) *8 eye*
øyeblikk n (et) *6 moment*

åpen a *4 open*
åpne v (1) *10 open*
åpningstid n (en) *5 opening time*
år n (et) *7 year*
årsak n (en) *5 reason*
årstid n (en) *12 season*
åtte *2 eight*
åttende *10 eighth*
åtti *5 eighty*
åttiende *10 eightieth*

Approx 1307 entries

English–Norwegian vocabulary

n	noun	adv	adverb
(en) (en/ei) (et)	gender	pre	preposition
v	verb	p	pronoun
(s)	strong/irregular verb	c	conjunction
(1) (2) (3) (4)	weak verb group	pl	plural
a	adjective		

The unit in which the word is first used is indicated by a number.

a little **litt adv** *3*
accept **akseptere v** *(2) 14*
accident **ulykke n (en)** *8*
additional **ekstra a, adv** *6*
address **adresse n (en)** *6*
admire **beundre v** *(1) 10*
advert **annonse n (en)** *12*
aeroplane **fly n (et)** *1*
after **etter adv, pre** *2*
after all **likevel adv** *12*
afterwards **etterpå adv** *4*
again **igjen adv** *4*
ago **for ... siden pre** *7*
air **luft n (en)**
airport **flyplass n (en)** *3*
alcohol **alkohol n (en)** *3*
all **(pl) alle p** *4*
allergic **allergisk a** *9*
allergy **allergi n (en)** *9*
allowed to, be **få lov til** *5*
almost **nesten adv** *5*
alone **alene adv** *5*
along **langs pre** *13*
already **allerede adv** *12,* **alt adv** *10*
also **også adv** *2*
always **alltid adv** *3*
ambulance **ambulanse n (en)** *8*
America **Amerika**
American **amerikansk a** *4*
amusing **morsom a** *10*
and **og c** *1*
angel **engel n (en)** *7*
anorak **anorakk n (en)** *13*
answer **svare v** *(2) 6*
apple juice **eplesaft n (en)** *10*
applicant **søker n (en)** *12*
april **april** *10*

aquavit **akevitt n (en)** *11*
Arctic Circle, the **Polarsirkelen** *16*
argue **krangle v** *(1) 6*
arm **arm n (en)** *8*
around **rundt pre, adv** *4*
arrive **ankomme v (s)** *15*
artist **kunstmaler n (en)** *12*
ask **spørre v (s)** *7*
at **på pre** *2*
at the house of **hos pre** *2*
at home **hjemme adv** *6*
au pair **au pair n (en)** *1*
august **august** *10*
aunt **tante n (en/ei)** *2*
autumn **høst n (en)** *9*
away **borte adv** *4,* **vekk adv** *13*
awful **ekkel a, adv** *13*

back **tilbake adv** *3*
bad **dårlig a, adv** *5*
bake **bake v** *(2) 10*
balcony **balkong n (en)** *11*
bang **smelle v** *(2) 11*
bank **bank n (en)** *5*
bank of snow **brøytekant n (en)** *13*
bank manager **bankdirektør n (en)** *12*
bar **bar n (en)** *3*
barbecue **grille v** *(1) 15*
bathe, swim **bade v** *(1) 8*
bathroom **bad n (et)** *15*
be **være v (s)** *2*
beating **juling n (en)** *7*
beautiful **vakker a** *4*
because **fordi c** *2*
become **bli v (s)** *2*
bed **seng n (en/ei)** *8*
bedroom **soverom n (et)** *13*

bedsit **hybel n (en)** *14*
beer **øl n (et)** *1*
before **før pre, adv** *6,* **innen adv** *12*
begin **begynne v (2)** *9*
beginner **begynner n (en)** *13*
beginning **begynnelse n (en)** *13*
behind **bak pre** *5*
believe **tro v (4)** *3*
bell **klokke n (en/ei)** *6*
belt **belte n (et)** *9*
bend **bøye v (1)** *13*
best **best a, adv** *3*
better **bedre a, adv** *2*
bicycle **sykkel n (en)** *1*
big **stor a** *2*
bill **regning n (en)** *15*
biological **biologisk a** *13*
birth, give **føde v (2)** *15*
birthday **fødselsdag n (en)** *10*
bit **stykke n (et)** *16*
black **svart a** *8*
blouse **bluse n (en)** *9*
blow **blåse v (2)** *16*
blue **blå a** *4*
board, on **ombord** *3*
boat **båt n (en)** *15*
body **kropp n (en)** *8*
boil **koke v (2)** *3*
bone **ben n (et)** *9*
bonfire **bål n (et)** *15*
book **bestille v (2)** *2,* **bok n (en)** *11*
booked seat **plassbillett n (en)** *6*
bookshelf **bokhylle n (en)** *13*
boot **støvel n (en)** *9*
boring **kjedelig a** *2*
borrow **låne v (2)** *7*
boss **sjef n (en)** *12*
both **begge p** *5,* **både c** *6*
bottle **flaske n (en/ei)** *3*
bowl **fat n (et)** *13*
box **eske n (en)** *9*
boy **gutt n (en)** *4*
bra **bh n (en)** *9*
brass band **musikk-korps n (et)** *14*
brat **drittunge n (en)** *7*
bread roll **rundstykke n (et)** *3*
bread **brød n (et)** *3*
break **brekke v (s)** *8*
breakfast **frokost n (en)** *3*
breast **bryst n (et)** *14*
bridge **bro n (en)** *4*
british **britisk a** *4*
brochure **brosjyre n (en)** *5*

bronze **bronse n (en)** *4*
brother **bror n (en)** *7*
brother-in-law **svoger n (en)** *7*
brown **brun a** *4*
bucket **bøtte n (en)** *13*
building **bygning n (en)** *4*
bun **bolle n (en)** *7*
bunk **køye n (en/ei)** *3*
burn **brenne v (s)** *15*
bus **buss n (en)** *3*
business **forretning n (en)** *12*
busy **travel a** *13*
but **men c** *1*
butter **smør n (et)** *4*
buy **kjøpe v (2)** *5*
by **av pre** *3,* **ved pre** *5*
by, with **hos pre** *2*

cabin **lugar n (en)** *3*
café **kafé n (en)** *12*
cafeteria **kafeteria n (en)** *3*
cake **kake n (en/ei)** *10*
called, be **hete v (s)** *1*
camera **kamera n (et)** *16*
campsite **campingplass n (en)** *8*
candle **lys n (et)** *10*
cap **lue n (en/ei)** *9*
car **bil n (en)** *1*
car key **bilnøkkel n (en)** *7*
car trip **biltur n (en)** *16*
card **kort n (et)** *5*
careful **forsiktig a, adv** *13*
caretaker **vaktmester n (en)** *12*
carpenter **snekker n (en)** *12*
casserole **gryterett n (en)** *10*
castle **festning n (en)** *4*
cat **katt n (en/ei)** *15*
celebrate **feire v (1)** *11*
certain **bestemt a** *13*
certainly **sikkert adv** *16,* **visst adv** *10*
chair **stol n (en)**
change **forandre v (1)** *4,* **skifte v (1)** *7*
change (money) **veksle v (1)** *5*
changing room **prøverom n (et)** *9*
chatter **prate v (1)** *10*
cheap **billig a** *6*
checked **rutet a** *9*
cheers **skål** *3*
cheese **ost n (en)** *3*
chemist **farmasøyt n (en)** *9*
child **barn n (et)** *7*
child **unge n (en)** *14*
childhood **barndom n (en)** *10*

childhood home **barndomshjem n (et)** 10

chips **pommes frites n (pl)** 8

chives **gressløk n (en)** 10

chocolate **sjokolade n (en)** 13

Christmas **jul n (en/ei)** 10

church **kirke n (en)** 11

church bell **kirkeklokke n (en/ei)** 11

church service **gudstjeneste n (en)** 11

cinema **kino n (en)** 2

clean **ren a** 13

clever **flink a** 10

clock **klokke n (en/ei)** 6

clothes **klær n (pl)** 9

cloudberry **multe n (en)** 11

coast **kyst n (en)** 16

coat (lady's) **kåpe n (en/ei)** 9

coat **jakke n (en/ei)** 7

coffee **kaffe n (en)** 1

coin **mynt n (en)** 5

cold **kald a** 8

cold, suffering from a **forkjølet a** 9

cold buffet **koldtbord n (et)** 3

colleague **kollega n (en)** 9

collect **hente v (1)** 6

colour **farge n (en)** 9, **farge v (1)** 11

come **komme v (s)** 1

common **felles a** 7

complain **klage v (1)** 15

completely **helt adv** 8

concert **konsert n (en)** 5

concussion **hjernerystelse n (en)** 8

condition **betingelse n (en)** 16

congratulate **gratulere v (2)** 10

consequently **altså adv** 6

constipation **forstoppelse n (en)** 9

constitution **grunnlov n (en)** 14

contact **kontakt n (en)** 9

coral red **korallrød a** 9

cost **koste v (1)** 5

cosy, pleasant **koselig a** 10

cottage **hytte n (en/ei)** 13

cotton **bomull n (en)** 9

cough **hoste v (1)** 9

cough medicine **hostesaft n (en)** 9

counter **disk n (en)** 5

country **land n (et)** 14

couple **par n (et)** 6

course **kurs n (et)** 2

cousin (f) **kusine n (en)** 7

cousin (m) **fetter n (en)** 7

coward **reddhare n (en)** 13

cream **krem n (en)** 11

credit card **kredittkort n (et)** 15

crème caramel **karamellpudding n (en)** 10

crooked **skjev a** 8

cross **sint a** 4

crown prince **kronprins n (en)** 14

cry **skrike v (s)** 7

cup **kopp n (en)** 1

cured salmon **gravlaks n (en)** 3

curtain **gardin n (en)** 13

custard **vaniljesaus n (en)** 3

custom **skikk n (en)** 11

customer **kunde n (en)** 9

cut **klippe v (1)** 8

dance **dans n (en)** 10, **danse v (1)** 10

dangerous **farlig a** 13

Danish **dansk a** 14

dare **tore v (modal)** 13

dark **mørk a** 8

date **dato n (en)**

day **dag n (en)** 2

dear **kjære** 10

December **desember** 10

decorate **pynte v (1)** 11

decoration **pynt n (en)** 11

deep **dyp a** 13

delicious **deilig a** 10

Denmark **Danmark** 14

dentist **tannlege n (en)** 6

departure **avgang n (en)** 6

dial **slå v (s)** 6

diaper **bleie n (en)** 7

diarrhoea **diaré n (en)** 8

different **forskjellig a, adv** 16

difficult **vanskelig a** 6

dig **spa v (4)** 13

dinner **middag n (en)** 3

director **direktør n (en)** 2

directory **telefonkatalog n (en)** 6

dirty **skitten a** 15

dissatisfied **misfornøyd a** 15

divide **dividere v (2)** 6

division **divisjon n (en)** 6

divorced, get **skilles v (2)** 15

do **gjøre v (s)** 5

doctor **lege n (en)** 8

dog **hund n (en)** 15

door **dør n (en/ei)** 5

doorbell **dørklokke n (en/ei)** 10

double **dobbel a** 15

down **ned pre** 5

dress **kjole n (en)** 9

driftwood **rekved n (en)** 15

drink **drikke v (s)** 3, **drink n (en)** 10

drive **kjøre v (2)** *2*
driver **bilist n (en)** *13*
driving licence **sertifikat n (et)** *3*
dry **tørke v (1)** *10*, **tørr a** *7*
duty **plikt n (en)** *10*

each **hver p** *2*
each other **hverandre p** *5*
eager **ivrig a** *13*
ear **øre n (et)** *8*
early **tidlig a, adv** *10*
earth **jord n (en)** *13*
Easter **påske n (en)** *12*
easy **lett a** *5*
eat **spise v (2)** *3*
economics **økonomi n (en)** *12*
egg **egg n (et)** *3*
eight **åtte** *2*
eighteen **atten** *5*
eighty **åtti** *5*
electricity **elektrisitet n (en)** *13*
elegant **elegant a** *9*
eleven **elleve** *5*
eleventh **ellevte** *10*
embassy **ambassade n (en)** *4*
enclose **vedlegge v (s)** *12*
end **ende n (en)** *5*, **slutt n (en)** *12*
engineer **ingeniør n (en)** *10*
English **engelsk a** *1*
enjoy **nyte v (s)** *16*
enough **nok adv** *3*
especially **spesielt adv** *9*, **særlig adv** *14*
Europe **Europa n** *2*
evening **kveld n (en)** *2*
everything **alt p** *5*
examine **undersøke v (2)** *8*
exciting **spennende a** *12*
excuse me **unnskyld** *5*
exhausted **utkjørt a** *14*
exhibition **utstilling n (en)** *5*
expensive **dyr a** *9*
experience **erfaring n (en)** *12*, **oppleve v (3)** *11*
explain **forklare v (2)** *5*
eye **øye n (et)** *8*

face **ansikt n (et)** *8*
fairly **nokså**
faithfully, yours **ærbødigst** *12*
fall **falle v (s)** *13*
family **familie n (en)** *6*
family party **familieselskap n (et)** *10*
fantastic **fantastisk a** *8*
far **langt adv** *4*

fashion **mote n (en)** *9*
fast **fort a, adv** *12*
fat **tykk a** *4*
father **far n (en)** *6*
February **februar** *10*
fed up with **lei av** *9*
feel **føle seg v (2)** *9*
ferry **ferge n (en)** *2*
festive **festlig a** *10*
fever **feber n (en)** *9*
fifteen **femten** *5*
fifth **femte** *10*
fifty **femti** *5*
fill in **fylle ut v (2)** *15*
film **film n (en)** *2*
find **finne v (s)** *5*
fine **fin a** *3*
finger **finger n (en)** *8*
fireplace **peis n (en)** *13*
fireworks **fyrverkeri n (et)** *11*
firm **firma n (et)** *10*
first **først adv** *4*
fish **n fisk n (en)** *3*, **fiske v (1)** *16*
fit **passe v (1)** *9*
five **fem** *2*
fjord **fjord n (en)** *15*
flag **flagg n (et)** *11*
flat **leilighet n (en)** *7*
floor **etasje n (en)** *8*
follow **følge v (s)** *10*
fond of **glad i** *7*
food **mat n (en)** *3*
foot **fot n (en)** *8*
football **fotball n (en)** *12*
for **for pre** *5*
forbidden **forbudt a** *3*
forget **glemme v (2)** *3*
forgive **tilgi v (s)** *14*
form **forme v (1)** *11*
forty **førti** *5*
forward **forover adv** *13*
forward **frem adv** *11*
found, can be **finnes v (s)** *15*
fountain **fontene n (en)** *4*
four **fire** *2*
fourteen **fjorten** *5*
fourth **fjerde** *10*
free **fri a, adv** *15*
freeze **fryse v (s)** *13*
French **fransk a** *7*
Friday **fredag** *2*
friend **venn n (en)** *3*
friend (female) **venninne n (en)** *10*

frightened **redd a** *13*
from **fra pre** *1*
from here **herfra adv** *14*
fruit **frukt n (en)** *10*
full **full a** *6*
fun **gøy adv** *13,* **kul (slang) a** *14*
funtime **moro n (en/ei)** *10*
further **videre adv** *2*
future **fremtid n (en)** *16*

garden **hage n (en)** *7*
gate **port n (en)** *4*
gateau **bløtkake n (en)** *10*
get **få v (s)** *3*
get hold of **få tak i** *7*
get to know **bli kjent med** *10*
get well soon **god bedring** *8*
girl **jente n (en/ei)** *13,* **pike n (en)** *4*
give **gi v (s)** *7*
give birth **føde v (2)** *15*
give in **gi opp** *16*
gladly **gjerne adv** *1*
glass **glass n (et)** *1*
go **gå v (s)** *1*
go **dra v (s)** *15*
goat cheese **geitost n (en)** *4*
good **god a** *2*
Gothenburg **Gøteborg** *3*
grandchild **barnebarn n (et)** *7*
grandfather (paternal) **farfar n (en)** *7*
grandfather (maternal) **morfar, n (en)** *7*
grandmother (paternal) **farmor, n (en)** *7*
grandmother (maternal) **mormor, n (en)** *7*
grandparents **besteforeldre n** *7*
granite **granitt n (en)** *4*
gravy **brun saus, saus n (en)** *8*
green **grønn a** *4*
greet **hilse v (2)** *6*
greeting **hilsen n (en)** *11*
grey **grå a** *9*
growing **voksende a** *12*
gruesome **fæl a** *9*
guest **gjest n (en)** *10*
guesthouse **pensjonat n (et)** *16*
guitar **gitar n (en)** *15*
gym **trimrom n (et)** *15*

hairdresser **frisør n (en)** *6*
half **halv** *11*
hand **hånd n (en/ei)** *8*
hang **henge v (2)** *9*
happen **hende v (2)** *12*
happy **glad a, adv** *7*

hard **hard a** *2*
hat **hatt n (en)** *9*
have **ha v (s)** *1*
he **han p** *1*
head **hode n (et)** *8*
headache **hodepine n (en)** *9*
headache pill **hodepinetablett n (en)** *9*
healthy, well **frisk a** *8*
hear **høre v (2)** *6*
heavy **tung a** *13*
help **hjelp n (en), hjelpe v (s)** *5*
help oneself **forsyne seg v (2)** *10*
her **henne p** *2*
here **her adv** *3*
herring **sild n (en)** *3*
hers **hennes p** *6*
hi **hei** *1*
high **høy a** *8*
him **ham p** *7*
history **historie n (en)** *14*
hit **slå v (s)** *6*
hold **holde v (s)** *6*
holiday **ferie n (en)** *2*
home **hjem adv** *6*
hope **håpe v (1)** *10*
horse **hest n (en)** *14*
hospital **sykehus n (et)** *8*
hotel **hotell n (et)** *2*
hotel business **hotellbransje n (en)** *12*
hour **time n (en)** *3*
house **hus n (et)** *4*
how **hvordan adv** *1,* **hvor adv** *8*
hug **klem n (en)** *7,* **klemme v (2)** *11*
humour **humør n (et)** *5*
hundred **hundre** *5*
hungry **sulten a** *3*
hurry **skynde seg v (2)** *16*
hurt **såre v (1)** *14*

I **jeg p** *1*
ice cream **is n (en)** *7*
idea **idé n (en)** *14*
idiot **idiot n (en), tulling n (en)** *13*
if **hvis c** *2*
imagine **tenke seg** *16*
impatient **utålmodig a** *11*
important **viktig a** *6*
in **i pre** *1*
in, about **om pre** *4*
in front of **foran adv, pre** *13*
in love **forelsket a** *14*
include **inkludere v (2)** *15*
independent **selvstendig a** *14*

inform **meddele v (2)** *12*
inside **inne adv** *7*
installation **anlegg n (et)** *10*
interested **interessert a** *9*
interesting **interessant a** *11*
into **inn i** *3*
invite **invitere v (2)** *10*
islet **holme n (en)** *15*
it **den, det p** *4*
itch **klø v (4)** *9*

jacket **jakke n (en/ei)** *7*
January **januar** *10*
jealous **sjalu a** *14*
jeans **ola-bukser n (en)** *8*
jelly **gelé n (en)** *3*
job **jobb n (en)** *7*
joke **spøk n (en)** *16*
juice **saft n (en)** *7*
July **juli** *2*
June **juni** *10*
just **nettopp adv** *9*, **like adv** *12*

key **nøkkel n (en)** *15*
kill **drepe v (2)** *7*
kind **snill a** *7*
king **konge n (en)** *4*
kiosk **kiosk n (en)** *5*
kiss **kyss n (et), kysse v (1)** *11*
kitchen **kjøkken n (et)** *10*
knee **kne n (et)** *8*
know (somebody) **kjenne v (2)** *10*
know (as of knowledge) **vite v (s)** *5*

lady **dame n (en/ei)** *2*
lamb **lam n (et)** *10*
lambswool **lammeull n (en)** *9*
last **sist adv** *9*, **vare v (2)** *14*
last year **i fjor** *12*
late **sen a** *6*, **sent adv** *2*
later **senere adv** *6*
laugh **le v (s)** *10*
laughter **latter n (en)** *15*
learn **lære v (2)** *1*
left **venstre a** *4*
leg **ben n (et)** *9*
less **mindre adv** *9*
letter **brev n (et)** *12*
lie **ligge v (s)** *4*
life **liv n (et)** *12*
life jacket **redningsvest n (en)** *15*
lift **heis n (en)** *15*, **løfte v (1)** *10*
light **lys n (et)** *10*, **lys a** *15*, **tenne v (2)** *11*

like **like v (2)** *2*, **som c** *8*
live **bo v (4)** *1*
lively **livlig a** *13*
living room **stue n (en/ei)** *10*
log cabin **tømmerhytte n (en/ei)** *13*
lonely **ensom a** *14*
long **lang a** *3*
long time **lenge adv** *5*
loo **do n (en)** *13*
look **se v (s)** *1*
look forward to **glede seg til** *2*
look like **likne v (1)** *4*
lorry **lastebil n (en)** *3*
love **elske v (1)** *10*
lovely **nydelig a** *16*
luckily **heldigvis adv** *9*
lucky **heldig a** *6*
lunch **lunsj n (en)** *15*

main **hoved-** *11*
main road **riksvei n (en)** *6*
main street **hovedgate n (en)** *4*
majesty **majestet n (en)** *12*
make **lage v (1)** *4*
man **mann n (en)** *5*
manager **direktør n (en)** *2*
many **mange p,a** *3*
map **kart n (et)** *2*
March **mars** *10*
march **marsj n (en)** *14*
married to **gift med** *7*
marry **gifte seg v (1)** *7*
marzipan **marsipan n (en)** *11*
mayonnaise **majones n (en)** *8*
me **meg p** *2*
meal **måltid n (et)** *11*
mean **mene v (2)** *5*
meat **kjøtt n (et)** *3*
meat ball **kjøttkake n (en/ei)** *8*
medicine **medisin n (en)** *9*
meet **møte v (s)** *1*, **treffe v (s)** *8*
melt **smelte v (1)** *13*
milk **melk n (en)** *3*
mind **passe v (1)** *3*
mineral water **mineralvann n (et)** *10*
minus degree **kuldegrad n (en)** *13*
minute **minutt n (et)** *5*
mirror **speil n (et)** *8*
miss **savne v (1)** *9*
Miss **frøken n (en)** *12*
moment **øyeblikk n (et)** *6*
Monday **mandag** *2*
money **penger n (pl)** *5*

monolith **monolitt n (en)** *4*
month **måned n (en)** *7*
more **mer a, adv** *3,* **flere a, p** *8*
morning **morgen n (en)** *9*
mother **mor n (en/ei)** *6*
motorbike **motorsykkel n (en)** *1*
motor boat **motorbåt n (en)** *15*
mountain **fjell n (et)** *3*
mountain, high **høyfjell n (et)** *13*
move **flytte v (1)** *12*
move (limbs) **røre seg** *8*
Mr **herr** *12*
Mrs **fru** *12*
much **mye adv** *3*
much **meget adv** *3*
much too **altfor adv** *5*
music **musikk n (en)** *10*
mustard **sennep n (en)** *8*
mutton dish **pinnekjøtt n (et)** *11*
my, mine **min p** *2*

nag **mase v (2)** *14*
name **navn n (et)** *5*
nappy **bleie n (en)** *7*
narrow **smal a** *9*
national day **nasjonaldag n (en)** *14*
nature **natur n (en)** *8*
nauseous **kvalm a** *8*
neck **hals n (en)** *9*
need **trenge v (2)** *5*
neighbour **nabo n (en)** *10*
neighbourhood **omegn n (en)** *14*
nephew **nevø n (en)** *7*
never **aldri adv** *11*
new **ny a** *7*
New Year **nyttår n (et)** *11*
news on TV **Dagsnytt** *11*
newspaper **avis n (en)** *11*
next **neste s** *3*
nice, pleasant **hyggelig a** *2*
niece **niese n (en)** *7*
night **natt n (en/ei)** *15*
nine **ni** *2*
nineteen **nitten** *5*
ninety **nitti** *5*
no **nei** *1*
nobody **ingen p** *5*
noise, make a **bråke v (2)** *11*
north **nord** *3*
Norway **Norge** *1*
Norwegian **nordmann n (en)** *12,* **norsk a** *1*
nose **nese n (en/ei)** *8*
not **ikke adv** *1*

note **seddel n (en)** *5*
nothing **ingenting p** *16*
now **nå adv** *1*
now and then **av og til** *16*
nuisance **bry n (et)** *12*
number **nummer n (et)** *6*
nurse **sykepleier n (en)** *8*

occupy **besette v (s)** *12*
ocean **hav n (et)** *8*
October **oktober** *10*
of **av pre** *3*
of course **selvfølgelig adv** *11*
offer **tilbud n (et)** *13,* **tilby v (s)** *16*
office **kontor n (et)** *12*
often **ofte adv** *7,* **stadig adv** *12*
old **gammel a** *2*
older **eldre a** *16*
oldest **eldst a** *7*
on **på pre** *2*
on board **ombord** *3*
only **bare adv** *1*
open **åpen a** *4,* **åpne v (1)** *10*
opening time **åpningstid n (en)** *5*
or **eller c** *2*
order **bestille v (2)** *2*
organization **organisasjon n (en)** *12*
others **andre p** *6*
ouch! **au!** *8*
out **ut adv** *4*
outside **ute adv** *4*
overcoat **frakk n (en)** *9*
own **egen a** *11,* **eie v (3)** *13*

pack **pakke v (1)** *6*
packed meal **matpakke n (en), niste n (en)** *15*
painful **vond a** *8*
palace **slott n (et)** *4*
pale **blek a** *9*
pants **truse n (en)** *9*
paper **papir n (et)** *5*
parade **tog n (et)** *14*
paraffin lamp **parafinlampe n (en)** *13*
parents **foreldre n (pl)** *7*
park **park n (en)** *4*
parking place **parkeringsplass n (en)** *13*
partner, live-in **samboer n (en)** *10*
party **selskap n (et)** *9*
passage **gang n (en)** *13*
passenger **passasjer n (en)** *3*
passport **pass n (et)** *2*
past **forbi pre** *4*
patient **pasient n (en)** *6,* **tålmodig a** *14*

pattern **mønster** n (et) *9*

pay **betale** v (2) *3*

peak **topp** n (en) *8*

perhaps **kanskje** adv *5*

person **menneske** n (et) *14*

pharmacy **apotek** n (et) *9*

photograph **fotografere** v (2) *16*

picture **bilde** n (et) *11*

pig **gris** n (en) *11*

pill **pille** n (en) *9*

place **sted** n (et) *8*

plan **plan** n (et) *16*

plaster **plaster** n (et) *8*

play **spille** v (2) *14*

play (with toys) **leke** v (2) *7*

playroom **lekerom** n (et) *15*

plough **pløge** v (1) *13*

policeman **politiman** n (en) *14*

poor **stakkars** a *8*

population **befolkning** n (en) *14*

portion **porsjon** n (en) *3*

position **stilling** n (en) *12*

possibility **mulighet** n (en) *12*

post **poste** v (1) *11*

potato **potet** n (en) *8*

prawn **reke** n (en/ei) *3*

present **presang** n (en) *11*

pretty **pen** a *4*

prince **prins** n (en) *14*

procession **prosesjon** n (en) *14*

programme **program** n (et) *11*

province **provins** n (en) *14*

pub **pub** n (en) *2*

pupil **skolebarn** n (et) *14*

put **legge** v (s) *11*

put **sette** v (s) *10*

qualify **kvalifisere** v (2) *12*

quay **brygge** n (en) *4*

queen **dronning** n (en, ei) *4*

quieten **dempe** v (1) *10*

quite **ganske** adv *12*

rain **regne** v (1) *5*

rather **heller** adv *2*

reach **nå** v (4) *7*

read **lese** v (2) *11*

ready **ferdig** a *12*

really **egentlig** adv *14*, **virkelig** adv *8*

reason **årsak** n (en) *5*

receipt **kvittering** n (en) *5*

receive **få** v (s) *3*

red **rød** a *9*

red wine **rødvin** n (en) *3*

reference **attest** n (en) *12*

regret **angre** v (1) *16*

remember **huske** v (1) *3*

rent **leie** v (1) *12*

respect **respekt** n (en) *15*

return ticket **returbillett** n (en) *6*

ribbon **bånd** n (et) *14*

right **høyre** a *3*

ring **ringe** v (2) *6*

road **vei** n (en) *2*

rocket **rakett** n (en) *11*

room **rom** n (et) *8*

roughly **omtrent** *5*

royal family **kongefamilie** n (en) *14*

rucksack **ryggsekk** n (en) *13*

ruin **ødelegge** v (s) *13*

run **løpe** v (2) *14*

run over **påkjørt** a *8*

rush **fly** v (s) *13*

Russian **russisk** a *7*

salad **salat** n (en) *3*

salmon **laks** n (en) *3*

satisfied **fornøyd** a *15*

Saturday **lørdag** *2*

sauce **saus** n (en) *10*

sauna **badstue** n (en) *13*

sausage **pølse** n (en) *3*

say **si** v (s) *5*

Scandinavian **skandinavisk** a *3*

scar **arr** n (et) *8*

scared (very) **livredd** a *13*

school **skole** n (en) *2*

scrambled eggs **eggerøre** n (en) *10*

sculpture **skulptur** n (en) *4*

sea **sjø** n (en) *4*

season **årstid** n (en) *12*

second **andre** a *5*

see **se** v (s) *1*

See you (soon) **På gjensyn!!** *1*

sell **selge** v (s) *5*

send **sende** v (2) *5*

seriousness **alvor** n (et) *16*

serve **servere** v (2) *15*

seven **sju** *2*

seventeen **sytten** *5*

seventy **sytti** *5*

several **flere** a p *8*

share **dele** v (2) *11*

she **hun** p *1*

shine **lyse** v (2) *11*, **skinne** v (2) *4*

shirt **skjorte** n (en/ei) *9*

shoe **sko** n (en) 9	stand **stativ** n (et) 5, **stå** v (s) 8
shop **butikk** n (en) 9	start **begynne** v (2) 9
short **kort** a 9	start **starte** v (1) 15
shoulder **skulder** n (en) 8	starter **forrett** n (en) 10
shout **rope** v (2) 14	station **stasjon** n (en) 5
show **vise** v (2) 16	stay overnight **overnatte** v (1) 10
shower **dusj** n (en) 15	steep **bratt** a 13
shut **lukke** v (1) 11	still **fremdeles** adv 11, **stille** adv 8
siblings **søsken** n (pl) 7	stitch **sting** n (et) 8
side **side** n (en) 3	stocking **strømpe** n (en) 9
since **siden** c 6	stop **stoppe** v (1) 4
sing **synge** v (s) 11	stove **ovn** n (en) 13
sister **søster** n (en/ei) 7	strange **rart** adv 16; **merkelig** a 16
six **seks** 2	stream **strømme** v (1) 16
sixteen **seksten** 5	street **gate** n (en/ei) 4
sixty **seksti** 5	strictly **strengt** adv 3
size **størrelse** n (en) 9	strong **kraftig** a 8, **sterk** a 13
ski **ski** n (en/ei) 13	studded tyre **piggdekk** n (et) 13
skiing trip **skitur** n (en) 13	study **studere** v (2) 1
skirt **skjørt** n (et) 7	study loan **studielån** n (et) 16
sky **himmel** n (en) 11	stupid **dum** a 10
sleep **sove** v (s) 7	style **stil** n (en) 9
sleeve **erme** n (et) 9	subsequently **så** adv 2
slide **gli** v (s) 16	suddenly **plutselig** a, adv 6
slippery **glatt** a 13	suggest **foreslå** v (s) 12
slope **bakke** n (en) 13	suit **dress** n (en) 9, **kle** v (4) 9
slow **langsom** a 13	summer **sommer** n (en) 1
slowly **sakte** adv 11	sun **sol** n (en/ei) 3
small **liten** a 3	Sunday **søndag** 2
smaller **mindre** adv 9	sunglasses **solbriller** n (pl)
smile **smil** n (et) 10, **smile** v (2) 5	super **lekker** a 9
smiling **smilende** a 10	supper **aftens** n (en) 10
smoked salmon **røkelaks** n (en) 10	sure **sikker** a 12
sneeze **nyse** v (s) 9	surge **fosse** v (1) 16
snowflake **snøfnugg** n (et) 9	surgery **legekontor** n (et) 7
snow **snø** n (en) 11, **snø** v (4) 11	surname **etternavn** n (et) 7
sock **sokk** n (en) 9	surprise **forbause** v (1) 10
somebody **noen** p 5	sweater **genser** n (en) 9
something **noe** p 5	Sweden **Sverige** 2
soon **snart** adv 6	Swedish **svensk** a 14
sorry **om forlatelse** 13	sweet **søt** a 4
sorry, be **beklage** v (1) 15	sweet (pudding) **dessert** n (en) 10
sounds good **høres bra ut** 15	
south **sør** 16	table **bord** n (et) 3
southwards **sørover** 8	take **ta** v (s) 2, **besette** v (s) 12
space **plass** n (en) 3	take part **delta** v (s) 11
sparkling (wine) **musserende** a 11	talk **snakke** v (1) 3
speech **tale** n (en) 10	tall **høy** a 8
speed **fart** n (en) 13	taste **smak** n (en) 9, **smake** v (2) 11
speed limit **fartsgrense** n (en) 3	tea **te** n (en) 3
spoon **skje** n (en) 9	teacher **lærer** n (en) 2
spring **vår** n (en) 12	tear **tåre** n (en) 10
stamp **frimerke** n (et) 5	telephone **telefon** n (en) 6

television **televisjon (TV) n (en)** 10
tell **fortelle v (s)** 7
telling off **alvorsord n (et)** 7
ten **ti** 2
tent **telt n (et)** 6
terrible **fryktelig a** 14
terribly **fryktelig adv** 14
than **enn c** 7
thank **takke v (1)** 10
thank you **takk** 1
that **som p** 2, **at p** 3, **den p** 5
theatre **teater n (et)** 5
them **dem p** 5
then **da adv** 5
there **der adv, dit adv** 4
therefore **derfor adv** 13
thermos **termos n (en)** 15
these **disse p** 4
they **de p** 3
thick **tykk a** 4
thin **tynn a** 15
think **tenke v (2)** 8, **synes v (s)** 4, **mene v (2)** 5
thirsty **tørst a** 3
thirteen **tretten** 5
thirty **tretti** 5
this **denne, dette p** 5
this evening **i aften** 10
this morning **i morges** 14
thoughtless **tankeløs a** 12
thousand **tusen** 5
thousands **tusenvis** 5
three **tre** 2
thrive **trives v (s)** 16
through **gjennom pre** 13
throw **kaste v (1)** 8
Thursday **torsdag** 2
thus **slik a, adv** 1
ticket **billett n (en)** 2
tidal flow **tidevannsstrøm n (en)** 16
tidy **rydde v (1)** 7
tie up (a boat) **fortøye v (1)** 15
tights **strømpebukse n (en)** 9
till **kasse n (en/ei)** 5
time **gang n (en)** 5, **tid n (en)** 2
tinsel **glitter n (et)** 11
tiny **bitteliten a** 12
tired **trett a** 13
to **til pre** 1
toast **riste v (1)** 3
today **i dag** 7
together **sammen adv** 2
toilet **toalett n (et)** 15
tomorrow **i morgen** 2

too **for adv** 8
tot (drink) **dram n (en)** 11
touch **røre v (2)** 8
tourism **turisme n (en)** 12
towards **mot pre** 8
tower **tårn n (et)** 4
town hall **rådhus n (et)** 4
town **by n (en)** 3
tradition **tradisjon n (en)** 11
traffic **trafikk n (en)** 15
train **tog n (et)** 1
tram **trikk n (en)** 4
travel **fare v (s)** 11, **reise v (2)** 1
tree **tre n (et)** 11
trip **tur n (en)** 7
troll **troll n (et)** 9
trouble **bry n (et)** 12
trousers **bukse n (en)** 9
true **sann a** 5
try **prøve v (3)** 8
Tuesday **tirsdag** 2
tune **melodi n (en)** 14
turn **svinge v (2)** 13; **turn (en)** 10
turquoise **turkis a** 9
twelve **tolv** 5
twenty **tjue** 5
two **to** 2
typical **typisk adv** 3
tyre **dekk n (et)** 13

ugly **stygg a** 9
unbelievable **utrolig a** 16
uncle **onkel m (en)** 7
under **under pre** 11
underpants **underbukse n (en/ei)** 9
understand **forstå v (s)** 6
unfortunately **dessverre adv** 12
up **opp pre** 6
us **oss p** 6
use **bruke v (2)** 9
usual **vanlig a** 13

vacant **ledig a** 6
vegetable **grønnsak n (en)** 10
very **veldig adv** 3, **meget adv** 3
vest **trøye n (en)** 9
view **utsikt n (en)** 8
Viking ship **vikingskip n (et)** 6
visit **besøke v (2)** 7, **besøk n (et)** 7
voice **stemme n (en)** 16

waffle **vaffel n (en)** 10
wait **vente v (1)** 6

waiter **servitør n (en)** *15*
wake up **våkne v (1)** *8*
war **krig n (en)** *14*
warm **varm a** *8*
wash **vaske v (1)** *7*
washroom **vaskerom n (et)** *13*
watch-maker **urmaker n (en)** *12*
water **vann n (et)** *4*
wave **vinke v (1)** *14*
wevip2
weak **svak a** *7*
wear **bruke v (2)** *9*
weather **vær n (et)** *5*
Wednesday **onsdag** *2*
week **uke n (en/ei)** *5*
welcome **velkommen a** *10*
well **bra adv** *1,* **brønn n (en)** *13,* **godt adv** *3*
west **vest** *12*
wet **våt a** *8*
what **hva p** *1*
what kind of **hva slags** *5*
when **da c** *7,* **når adv** *1*
where **hvor adv** *1*
whether **om c** *12*
which **hvilken p** *5,* **som p** *2*
while **mens c** *7,* **stund n (en)** *6*
white **hvit a** *7*
white wine **hvitvin n (en)** *3*
who **hvem p** *4*
who **som p** *2*

whole **hel a** *2*
why **hvorfor adv** *2*
wife **kone n (en/ei)** *10*
window **vindu n (et)** *11*
window seat **vindusplass n (en)** *6*
wine **vin n (en)** *3*
winter **vinter n (en)** *12*
wise **klok a** *16*
wish **ønske v (1)** *10,* **ønske n (et)** *11*
with **med pre** *1*
without **uten pre** *8*
wonder **lure på v (2)** *16*
wood panelling **trepanel n (et)** *13*
wool **ull n (en)** *9*
work **arbeide v (1)** *4,* **jobbe v (1)** *12*
working day **arbeidsdag n (en)** *10*
world **verden n (en)** *14*
worst **verst a** *6*
wound **sår n (et)** *8*
write **skrive v (s)** *8*
wrong **galt adv** *13*
year **år n (et)** *7*
yellow **gul a** *4*
yes **ja** *1,* **jo** *6*
yesterday **i går** *6*
you **du (subject) p** *1,* **deg (object) p** *1,* **dere pl** *6*
you (formal) **De p** *9*
young **ung a** *9*
your, **yours din p** *5;* **deres p** *9*
yuk! **Æsj!** *7*

Index

Bold numbers refer to units.

VOICE CREDITS:

Recorded at Alchemy Studios, London

Cast: Camilla Laxton, Erich Nielsen, Sarah Sherborne